中华文化大博览丛书

崇文重教的
蔚然民风

鹿军士 编著

中国出版集团　现代出版社

图书在版编目（CIP）数据

崇文重教的蔚然民风 / 鹿军士编著. -- 北京：现
代出版社，2018.1
ISBN 978-7-5143-6559-7

Ⅰ．①崇… Ⅱ．①鹿… Ⅲ．①教育史－介绍－中国－
古代 Ⅳ．①G529.2

中国版本图书馆CIP数据核字(2017)第285467号

崇文重教的蔚然民风

作　　者：鹿军士
责任编辑：李　鹏
出版发行：现代出版社
通讯地址：北京市定安门外安华里504号
邮政编码：100011
电　　话：010-64267325　64245264（传真）
网　　址：www.1980xd.com
电子邮箱：xiandai@vip.sina.com
印　　刷：天津兴湘印务有限公司
字　　数：380千字
开　　本：710mm×1000mm　1/16
印　　张：30
版　　次：2018年5月第1版　　2018年5月第1次印刷
书　　号：ISBN 978-7-5143-6559-7
定　　价：128.00元

习近平总书记在党的十九大报告中指出："深入挖掘中华优秀传统文化蕴含的思想观念、人文精神、道德规范，结合时代要求继承创新，让中华文化展现出永久魅力和时代风采。"同时习总书记指出："中国特色社会主义文化，源自于中华民族五千多年文明历史所孕育的中华优秀传统文化，熔铸于党领导人民在革命、建设、改革中创造的革命文化和社会主义先进文化，植根于中国特色社会主义伟大实践。"

我国经过改革开放的历程，推进了民族振兴、国家富强、人民幸福的"中国梦"，推进了伟大复兴的历史进程。文化是立国之根，实现"中国梦"也是我国文化实现伟大复兴的过程，并最终体现在文化的发展繁荣。博大精深的中国优秀传统文化是我们在世界文化激荡中站稳脚跟的根基。中华文化源远流长，积淀着中华民族最深层的精神追求，代表着中华民族独特的精神标识，为中华民族生生不息、发展壮大提供了丰厚滋养。我们要认识中华文化的独特创造、价值理念、鲜明特色，增强文化自信和价值自信。

如今，我们正处在改革开放攻坚和经济发展的转型时期，面对世界各国形形色色的文化现象，面对各种眼花缭乱的现代传媒，我们要坚持文化自信，古为今用、洋为中用、推陈出新，有鉴别地加以对待，有扬弃地予以继承，传承和升华中华优秀传统文化，发展中国特色社会主义文化，增强国家文化软实力。

浩浩历史长河，熊熊文明薪火，中华文化源远流长，滚滚黄河、滔滔长江，是最直接的源头，这两大文化浪涛经过千百年冲刷洗礼和不断交流、融合以及沉淀，最终形成了求同存异、兼收并蓄的辉煌灿烂的中华文明，也是世界上唯一绵延不绝的古老文化，并始终充满生机与活力。

中华文化曾是东方文化摇篮，也是推动世界文明不断前行的动力之一。早在五百年前，中华文化的四大发明催生了欧洲文艺复兴运动和地理大发现。中国四大发明先后传到西方，对于促进西方工业社会发展和形成，起到了重要作用。

中华文化的力量，已经深深熔铸到我们的生命力、创造力和凝聚力中，是我们民族的基因。中华民族的精神，业已深深植根于绵延数千年的优秀文化传统之中，是我们的精神家园。

总之，中国文化博大精深，是中华各族人民五千年来创造、传承下来的物质文明和精神文明的总和，其内容包罗万象，浩若星汉，具有很强的文化纵深，蕴含着丰富的宝藏。我们要实现中华文化的伟大复兴，首先要站在传统文化前沿，薪火相传，一脉相承，弘扬和发展五千年来优秀的、光明的、先进的、科学的、文明的和自豪的文化现象，融合古今中外一切文化精华，构建具有中国特色的现代民族文化，向世界和未来展示中华民族的文化力量、文化价值、文化形态与文化风采。

为此，在有关专家指导下，我们收集整理了大量古今资料和最新研究成果，特别编撰了本套大型书系。主要包括巧夺天工的古建杰作、承载历史的文化遗迹、人杰地灵的物华天宝、千年奇观的名胜古迹、天地精华的自然美景、淳朴浓郁的民风习俗、独具特色的语言文字、异彩纷呈的文学艺术、欢乐祥和的歌舞娱乐、生动感人的戏剧表演、辉煌灿烂的科技教育、修身养性的传统保健、至善至美的伦理道德、意蕴深邃的古老哲学、文明悠久的历史形态、群星闪耀的杰出人物等，充分显示了中华民族厚重的文化底蕴和强大的民族凝聚力，具有极强的系统性、广博性和规模性。

本套书系的特点是全景展现，纵横捭阖，内容采取讲故事的方式进行叙述，语言通俗，明白晓畅，图文并茂，形象直观，古风古韵，格调高雅，具有很强的可读性、欣赏性、知识性和延伸性，能够让广大读者全面触摸和感受中国文化的丰富内涵，增强中华儿女民族自尊心和文化自豪感，并能很好地继承和弘扬中国文化，创造具有中国特色的先进民族文化。

教育之本

历代官学与民风教化

儒学天下

　　教育是伴随人类社会出现而产生的一种社会现象。我国古代教育起源于原始社会人的生产劳动和社会生活的需要及人自身身心发展的需要。在原始社会末的尧舜时期，就实施了素质教育、人才教育，以及教化民众等一系列教育措施，开创了古代早期教育的先河。

　　春秋战国时期，由于社会动荡，夏商周时期的官学逐渐式微，而私学适应了新时期的需要。当时的儒家私学最为成功，孔子、孟子、荀子在教育理论上的建树也极富特色，对后世的影响十分深远。

五氏授技的教育启示

传说在上古时候，人少而禽兽多，人类居住在地面上，经常遭受禽兽攻击，每时每刻都存在着伤亡危险。在恶劣环境的逼迫下，一部分人开始往北迁徙，他们来到中原一带。

■原始人生活场景图

在这里，人们受鼠类动物的启发，在黄土高原的山坡上打洞，人居住在里面，用石头或树枝挡住洞口。尽管如此，还是经常遭受禽兽的攻击，随时都有生命危险。

在气候寒冷的北方先民走向穴居的同时，一部分畏寒不愿北迁的南方先民，则开始考虑自己安全的居住了。在南方先民中，有一个聪明的人，受到鸟雀在树上搭窝的启发，也想在树上搭建屋子，以躲避地面上野兽的袭击。于是，他教人们先用藤条在高大的树干上缠绕成框架，再用树枝遮挡四围和顶部，待弄得严严实实后，房屋就这样建成了。

■ 原始巢居

这种构木为巢建成的房屋，既能挡风避雨，又可防止禽兽攻击。从此以后，人们白天采摘橡栗，夜晚栖宿在树上，不再过那种担惊受怕的日子了。

人们非常感激这位发明巢居的人，便推选他为当地的部落酋长，尊称他为"有巢氏"。有巢氏被推选为部落酋长后，为大家办了许多好事，影响很大，各部落人都认为他德高望重，一致推选他为总首领，尊称他为"巢皇"。

自有巢氏之后，中华民族的先民告别洞处穴居，从此开始了安居生活。有巢氏的功德，反映了我国原

中原 为中华民族、中华文明、中原文化的发源地，万里母亲河黄河两岸，千里太行山脉、千里伏牛山脉东麓，在古代被华夏民族视为天下中心。广义的中原是以中原洛阳、开封、商丘、安阳、郑州、南阳、许昌七大古都群为中心，辐射黄河中下游的广大平原地区。狭义的中原即指天地之中、中州河南。

■ 燧人氏取火塑像

始社会由穴居进入巢居的文明进程。

那时候，人们还只能吃生食，茹毛饮血。由于生食腥臊恶臭，伤害肠胃，导致许多人生了疾病。后来，人们发现火烤熟的食物味美且易消化。但是，因雷击等产生的自然火种很少，而且容易熄灭，人们很难得到并保留火种。

这时，有个人发现，当鸟啄燧木的时候，燧木就出现了火花。于是，他就折下一截燧木枝，对着燧木反复钉钻，时间不长，拿在手里的这截燧木枝冒出火来，就这样获得了火种。

这个聪明的人把钻木取火的方法教给了人们，人类从此学会了人工取火，用火烤制食物、照明、取暖等。人们感谢这位能人，尊称他为"燧人氏"。

人类自从有了火，就跟其他所有的动物永远分道扬镳了。因为其他动物始终不会用火，而人们却因之改吃熟的东西，生活方式呈现划时代的突破。人类虽然有了火，不等于就有了食物。为了获取更多的食物，当时的人们靠自然采集和追逐、围猎野兽，竭泽而渔的生活方式。但随着人口的增长，食物来源越来越困难。

这时，有一个部落的首领叫伏羲，有一天他看到蜘蛛结

■ **伏羲** 是三皇之首，百王之先。他和女娲同是中华民族的人文始祖，受到了中华儿女的称赞和共同敬仰。他发明创造了八卦和文字，是我国古文字的发端，从此结束了"结绳记事"的历史。伏羲后来被中国神话描绘为"人首龙身"。

网捕虫，很受启发，就借鉴蜘蛛结网的方式，发明了网。然后，他教会部众用绳索编结成网，用网来捕捉禽兽鱼虾。这样一来，人们的食物来源增加了。

伏羲具有神圣之德，他不仅教会了人们结网捕鱼，还教会了人们如何用火烹饪，从此人们享受到香喷喷的饮食；还教导部落里的男女固定他们的配偶，并制定夫妇制度；还教导人们训练捕捉到的动物，将它们驯化成家畜；还教导人们种植桑树养蚕，抽丝纺织。

此外，伏羲仰观天空云彩变幻、电闪雷鸣、下雨下雪，又俯察地上会刮大风、起大雾时飞鸟走兽的动向，然后根据天地间阴阳变化之理，创造了八卦，就是用八种简单却寓意深刻的符号来概括天地之间的万事万物。后人称之为"伏羲八卦"。他还创造了文字，从而替代了在绳子上打结记事的方法。

伏羲以上的这一系列开创文明的贡献，不仅对当时社会的发展起了巨大的推动作用，而且成了中华文化的源头。伏羲得到了后世人们的赞颂和崇敬。

在伏羲做了这些工作后不久，天地间却发生了一件惊天动地的大事。在当时，有两个部落的首领共工氏和颛顼氏，他们为了自己部族

■ 伏羲女娲画像

的生存，在不周山这个地方进行决斗，结果共工氏失败。共工氏愤怒得发狂，他用头猛烈地撞向不周山，一声可怕的声响之后，不周山被从中撞断，轰然崩坍了。

不周山是天和地之间的主要支柱，支柱折断，天庭立刻裂开一条巨缝。大地失去平衡，向东南急剧倾斜。一时间，日月无光，狂风暴雨在天地间肆虐。人类奔走呼号，眼看着就要像碎石子一样滚落到地极的黑暗深渊里去了。

这时，在伏羲去世之后代替伏羲管理部众的女娲氏，不忍心看到人们面临浩劫，她采来山上的五色石头烧炼，炼好之后，用它把天上的裂缝补住了。接着，女娲氏又用神龟的四只脚，当作四根支柱，把大地重新支起。因天裂而漏下来的大水还在地上奔流，女娲氏就用芦草烧灰，铺在地上把水吸干，这就是现在的华北大平原，由于它是用芦草灰铺成的，所以平坦而又肥沃。

当人类不再担心天塌地陷时，却又因为另外两件事而苦恼：一是不知道什么东西可以吃和什么东西不可以吃；二是对疾病不知道该如何治疗。这时候，又有一个伟大的人物出现了，他就是神农氏。

不周山 为古代传说中的山名，据说在昆仑山西北。相传不周山是人界唯一能够到达天界的路径，但不周山终年寒冷，长年飘雪，非凡夫俗子所能徒步到达。由于古人对土地产生了泛敬畏心理，因此，所有的山都成了不周山。

神农氏的样貌非常奇特，他身材瘦削，身体除四肢和脑袋外都是透明的，因此内脏清晰可见。他为了辨别食物是否能吃，就采集各种花草果实，一一地放到口中咀嚼并吃下。只要吃下的东西是有毒的，他的内脏就会呈现黑色，因此什么药草对于人体哪一个部位有影响就可以轻易地知道了。

有一次，神农氏把一棵草放到嘴里一尝，霎时天旋地转，一头栽倒。臣民们慌忙扶他坐起。

神农氏明白自己中了毒，可是已经不会说话了，只好用最后一点力气，指着面前一棵红亮亮的灵芝草，又指指自己的嘴巴。

臣民们慌忙把那红灵芝放到嘴里嚼嚼，喂到他嘴里。神农氏吃了灵芝草，毒气解了，头不昏了，能说话了。从此，人们都说灵芝草能起死回生。

臣民们担心神农氏这样尝百草太危险了，都劝他回去。他又摇摇头说："不能回！黎民百姓饿了没吃的，病了没医的，我们怎么能回去呢！"说罢，他又接着尝百草。

神农氏通过尝百草，分辨出了可以吃的五谷，并通过试种，掌握了栽培方法，然后教人们种植这些五谷。从此，人

灵芝草 又称"灵芝""神芝"等，是多孔菌科植物赤芝或紫芝的全株，具备很高的药用价值。经过科研机构的研究证实，灵芝对于增强人体免疫力，调节血糖，控制血压，辅助肿瘤放化疗，保肝护肝，促进睡眠等方面均具有显著疗效。

■ 神农氏画像

们有了自己种植的粮食作物。

在教人耕作过程中，神农氏还因天之时，分地之利，"斫木为耜，揉木为耒"，发明了农业工具。耒耜的使用，大大提高了人们征服自然的能力。

在尝百草的过程中，神农氏还掌握了很多植物药性，于是撰写了一本书，定名"本草"。在这部人类最早的著作上，他详细记载了各种药物的性能，告诉人们怎样利用这些草药防病治病，以求得寿命更长。

神农氏教会了人们开展种植业，开创了人类更加实用和可靠的生存方式，并引领农耕时代的到来。由于他对华夏农业文明做出了突出的贡献，被称为"华夏农业文明的缔造者"。

上述关于有巢氏、燧人氏、伏羲氏、女娲氏、神农氏的传说，在原始社会末期的尧舜时期，就开始流传了，这些传说被称为"五氏传说"。五氏都是三皇之后出现的伟大的神祇人物。

五氏诸神的一切活动，虽出自尧舜时的追记，却也大致勾勒出华夏民族的祖先"人猿相揖别"的历程。正是由于五神教会了人们诸多技能，人类从此成为主宰世界和创造世界的先锋。

更重要的是，尧舜时的"五氏传说"，表明尧舜时的人们已经有了教育观念，而华夏民族的早期教育实践也由此开始了。

阅读链接

据传说，神农氏的母亲安登有一天去华阳游玩时，因感应神龙之气，在姜水河畔生下了他。他生下来时牛首人身，第三天就会讲话，第五天就能行走，第七天牙齿就长全，魁梧伟岸，仪表堂堂。他因在姜水边长大，就以姜为姓。

长大后，他带着他的部落逐渐沿渭水、黄河向东发展，因与黄帝在阪泉发生冲突，被黄帝所败，便来到了中原，先都陈，后徙鲁，他一生最伟大的功绩尝百草和种五谷就是在这里完成的。

尧舜时期的教育实践

尧舜时的"五氏传说",不仅反映出当时的人们已经认识到了教育的作用,其重要的意义在于,这一认识激发了当时的人们更自觉、更主动地去加以实施,促成了华夏民族早期教育实践活动的展开。

事实上,作为以仁德教化天下的氏族部落联盟首领,尧舜针对当时的情况采取了不少教育举措,包括执政者的自身教育、人才的考试和选拔、教化民众、生产方面的教育以及对下一代的教育,等等。

执政者要积极进行自我教育,这是尧舜所重点

尧帝画像

五刑 即墨、劓、刖、宫和大辟。尧舜时期对不同的人或不同性质的罪过，其量刑是区别对待的。尧舜时期的刑法，较黄帝时代的"内行刀锯"，具体得多了，而且对量刑的规定也比较合理，这是社会进步的一种反映。进入封建社会后，奴隶制肉刑开始逐渐被废除。

倡导的。

据《尚书·尧典》记载：

若稽古，帝尧曰放勋。钦明文思安安，允恭克让，光被四表，格于上下；克明俊德，以亲九族；九族既睦，平章百姓。

意思是说：如果考查历史，帝尧的名字叫放勋。他严肃恭谨，明察是非，善于治理天下，宽宏温和，诚实尽职，能够让贤，光辉普照四面八方，以至天上地下。他能够明察有才有德的人，使同族人亲密团结。族人亲密和睦了，又明察和表彰有善行的百官，协调诸侯各国的关系，民众也随着变得友善和睦起来了。

■ 舜帝画像

在《皋陶谟》中，更是通过皋陶之口指出执政者如何进行自我教育："表正万邦，慎厥身修思永；弘敷五典，无轻民事惟难。"

意思是说：执政者是"万邦"之表率，需谨言慎行，勤勉政事，深谋远虑，以达到维持长治久安的目的；要广泛地传布少昊、颛顼、高辛、唐、虞的著作，以仿效先代圣贤的做法，也不要忽视国计民生，要体会到其中的艰难。

《皋陶谟》中还记载了皋陶所说的执政者应该具备的九德：

　　宽而栗，柔而立，愿而恭，乱而敬，扰而毅，直而温，简而廉，刚而塞，强而义。

意思是说：行事谨慎，如履薄冰；办事方式柔和，又立场坚定；与人为善，从人心愿，又严肃负责；处事公平而持重；耐心随顺，又极其果敢；严于律己，宽以待人；平易近人，又坚持原则；做事主动坚决，又有节制；能力强，又能协调好关系。

在尧舜时的教育举措中，人才的考试和选拔是一项重要内容。尧选鲧治水采取了先让鲧试一试的做法，表明尧帝对选贤任能是非常审慎的。

舜即位后，通过民主形式，选拔任命了禹等22人分管各方面的工作，并规定了"三载考绩，三考黜陟幽明"的制度，即通过3年的考察，然后再黜退昏愚的官员，晋升贤明的官员。

尧舜时的教育举措，还通过推行教化来调节人际关系，改善社会风俗，并由此形成了传统。

帝舜为天下共主时，一方面任皋陶为士，制定五刑以惩治邪恶，一方面又任契为司徒，负责推行父义、母慈、兄友、弟恭、子孝五伦

尧帝禅让石刻

教化，此即古代教化史上有名的"契敷五教"的典故。

契的工作比皋陶更有成效，他不以法令为先行，而以教化为先，被后人传为美谈。契开展他的教化工作的方法是，他先将五种伦常之教的要义悬挂在"象魏"上，让民众都来观看，然后亲自逐条解说，使之深入人心并转化为自觉的行为准则。

象魏是当时天子和宫门外的一对台观式建筑物，因其台高像山一样巍然耸立，故名"象魏"。"魏"和"巍"是通假字。当时称国家的礼法教令为"象法"，用来悬挂象法的载体就是象魏。后来周族拥有天下后，象魏悬教的古法被发展完善成一整套制度，一直贯穿于奴隶社会乃至封建社会的始终。

在当时，象法的内容分十二类：一为祭礼教育，使民知敬；二为阳礼，即乡射饮酒礼教育，使民知让；三为阴礼，即婚礼教育，使民知亲；四为乐礼教育，使民知和；五为仪式教育，使民安分；六为传统教育，使民守业；七为法制教育，使民遵纪；八为安全教育，使民不怠；九为制度教育，使民知足；十为职业教育，使民自立；十一为荣誉教育，使民修德；十二为奖优教育，使民建功。

此外，又有父子、兄弟、夫妇、君臣、长幼、朋友、宾客七种伦

崇文重教的蔚然民风

理教育，统称"七教"，与"十二教"互通。

尧舜都十分注重生产方面的教育。尧帝在这方面做出了许多安排，比如：他命令羲氏与和氏，严肃谨慎地遵循天数，推算日月星辰运行的规律，制定出历法，把天时节令告诉人们。

命令羲仲，居住在东方的旸谷，恭敬地迎接日出，辨别测定太阳东升的时刻。昼夜长短相等，南方朱雀七宿黄昏时出现在天的正南方，这一天被定为"春分"。

命令羲叔，居住在南方的交趾，辨别测定太阳往南运行的情况，恭敬地迎接太阳向南回来，白昼时间最长，东方苍龙七宿中的火星，黄昏时出现在南方，这一天被定为"夏至"。

命令和仲，居住在西方的昧谷，恭敬地送别落日，辨别测定太阳西落的时刻，昼夜长短相等。北方玄武七宿中的虚星黄昏时出现在天的南方，这一天被定为"秋分"。

命令和叔，居住在北方的幽都，辨别观察太阳往北运行情况。白昼时间最短，西方白虎七宿中的昴星黄昏时出现在正南方，这一天被定为"冬至"。

命令发布后，尧帝教导他们说："你们羲氏与和氏，一周年是366天，要用加闰月的办法确定春夏秋冬四季来成岁。由此规定百官

■ 皋陶蜡像

的职守，各种事情就都兴起了。"

舜帝在位时也有许多这方面的教育举措，比如：命弃为农官，教民百谷播种时间；命禹做司空，治沟洫，平水土；命益为虞官，掌山林；等等。尧舜还注重对下一代的教育，不仅有"教胄子"的专职人员夔，还有了专门场所"成均"。成均就是学校。舜帝时的学校，兼有养老、藏米之所，并且已有大学、小学之分。养老的场所逐渐成为传授生产、生活经验和知识的学校。

舜时就有专门的学官，管理教育事业，并已分为三大部分：契负责主持五种伦理道德的教育，伯夷负责主持祭祀天、地、宗庙之礼，夔负责专掌乐教。

以上事实说明，我国古代的德教思想、考试选拔人才的思想、社会教化思想、注重生产教育思想、借助乐教培养贵族下一代的思想，在原始社会就已萌芽了。

舜帝时专门教育培养下一代的教育场所学校的萌芽，以及考试选才制度的发端，在古代教育史上具有开创性的意义。它表明，教育已开始成为一种专门的人类社会实践活动，显示了华夏民族早期教育实践水平的飞跃。

阅读链接

尧舜时洪水泛滥，尧的几个大臣即五岳之主就推荐鲧治水，但尧对人才的选拔非常谨慎，决定先让鲧试试。鲧治水用堵截之法，结果失败了。通过实践考验，尧发现鲧的能力不足，还带来了更大的灾害，就重重地处罚了鲧。

此后，尧又对鲧的儿子禹进行考察，看看他能不能完成这项任务。禹继承父亲遗志，认真总结前辈的经验教训，采取疏导之法，终于治水成功，成为英雄人物。尧对禹很满意，就让他担负更多的工作。禹的能力也越来越强了。

夏商周时期的教育

据传说，舜帝年纪很大的时候，尧帝的异母弟契去世了。契是舜帝任命的主要掌管教育的官员，他在世的时候，自始至终没摆半点儿皇亲、长者、老臣的架子，大家都很尊重他。

契的去世，让舜帝非常心痛。他下令辍朝七日，举朝深切悼念，然后又为契举行了隆重的葬礼。

老臣们一个一个地去世，这让已经不再年轻的舜帝无比感伤。岁月流逝，人生易老。于是，他决定开设庠这样的学校，将年岁大的老臣供养在这里，并建立了养老制度。这样，不仅可以使老臣们老有所养，而且更能教化人们尊老爱

夏代宗教教育

■ 夏代乐舞壁画

甲骨文 又称"契文""甲骨卜辞"或"龟甲兽骨文"，主要指商代后期王室用于占卜记事而在龟甲或兽骨上镌刻的文字，殷商灭亡周朝兴起之后，甲骨文还延绵使用了一段时期。是我国已知最早的成体系的文字形式，它上承原始刻绘符号，下启青铜铭文，是汉字发展的关键形态。

老，也算不辜负契生前教化人心的愿望。

"庠"作为养老教化之所在，一方面反映了原始氏族公社尊老敬长的优良传统，以及与教化相关的礼仪和内容；另一方面，它在古代太学的发展过程中，首开高等教育之先河，实属功不可没。

太学是古代的大学，事实上，"太学"之名始于后来的汉代。但夏商周时期时创办的学校，则是具有太学性质的教育机构，只是当时的叫法与后世不同，而且功能也不完备，总之处于初始阶段。

据史料记载，夏代国都有"序"这种学校的设置。它的性质，起初是教射的场所，后来发展成为奴隶主贵族一切公共活动如仪征、祭拜、养老的场所，也是奴隶主贵族教育子弟的场所。

夏代地方也有学校，被称为"校"，属于乡学性质。夏代曾利用宽广的场所来进行军事训练，从而成为习武的场所。

至商代，由于奴隶制度进一步发展，生产力日益提高，文化更加丰富，科学也有相应进步，教育也有了明显的进步。甲骨文的发现和研究，证实古籍中关于商代学校的记载是可信的。

商代的学校名称有"序""庠""学"和"瞽宗"等。"学"是学习一般文化知识、专门进行思想品德教育的场所。"瞽宗"原是商人祭祀乐祖的宗庙，后来发展成为商代贵族子弟学习唱歌、舞蹈的场所，即所谓"以乐造士"。

教师由国家职官担任，教育的内容包括宗教、伦理、军事和一般文化知识。因此，在商朝已经具备了比较完备的学校。

商代颇重礼乐教育，即所谓"以乐造士"。当时有用作祭祀的场所"殷学瞽宗"，是乐师的宗庙。它位于国都南郊明堂西门之外，故也称为"西学"。祭祀时礼乐相附，瞽宗便逐步变为对贵族子弟进行礼乐教育的机构。

商代崇尚天命，教育之中虽也包含道德因素，但未分解出纯粹意义上的伦理道德教育。这种"德"也只在于强化顺从天命和先祖旨意的观念行为。

商代教育活动充满神秘的宗教色彩，几乎无事不占不卜。由此，与宗教有密切关系的数术，就成为殷人教育的重要内容。商代的数术教育，实际上是依附于宗教占筮活动的。

当时的占卜已成为一种职业，不仅商王室的卜辞龟甲需要分类归档和专职管理，占卜活动本身也完全职业化了。巫者是掌握商代文化、文字、宗教占卜事务的主要集团，他们所从事的每一项职业，都需要

占卜 意指用龟壳、铜钱、竹签、纸牌或星象等手段和征兆来推断未来的吉凶祸福的迷信手法。原始民族对于事物的发展缺乏足够的认识，因而借由自然界的征兆来指示行动。但自然征兆并不常见，必须以人为的方式加以考验，占卜的方法便随之应运而生。

■ 商代甲骨文

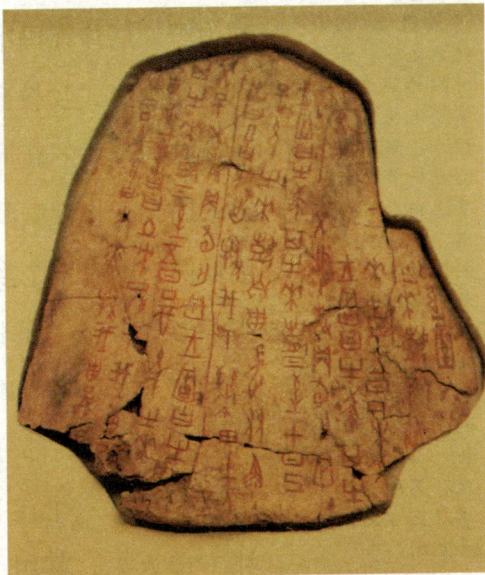

崇文重教的蔚然民风

■ 商代学习礼乐雕刻

有严格的专业训练。

商代王室供职者或称"臣""王臣"及"小臣"。他们大多数都具有一技专长，或司主国家政权某一方面的要职，或具体分管某一方面的业务，都是一种经过一定专业教育的国家公职人员。

周武王克商以后，对全部国土进行了行政区划。天子或诸侯国王所居的都城及其近郊称为国，郊以外称为野。居住在国中的是国人，其余则是野人。国与野的组织形式及教育情况均有定制，开创了周王朝人才培养与选拔的新局面。

周天子将都城及其近郊划分为乡。周有六个乡，诸侯国大的有三个乡。据《周礼·大司徒》记载，其组织形式为："五家为比，五比为闾，四里为族，五族为党，五党为州，五州为乡。"

西周的野一部分分划为遂，其余封予卿大夫作为采邑。周有六个遂，诸侯国大的有三个遂。据《周礼·遂人》，其组织形式为："五家为邻，五邻为

《周礼》 儒家经典之一，西周时期的著名政治家、思想家、文学家、军事家周公旦所著。所涉及之内容极为丰富，凡邦国建制，政法文教，礼乐兵刑，赋税度支，膳食衣饰，寝庙车马，农商医卜，工艺制作，各种名物、典章、制度，无所不包。堪称上古文化史之宝库。

里，四里为酂，五酂为鄙，五鄙为县，五县为遂。"

西周的学校设置可以分为两类：一类是国学，也就是后来所说的大学；另一类是乡学。设在天子或诸侯国王都内的学校称国学；设在王都郊外六乡行政区内的学校总称乡学。由此可见，西周已具备了较为完备的学校教育制度，有了不同类型和级别的学校。

西周天子或诸侯国王的子女教育大致分为三个阶段：第一阶段，6岁至9岁在家中学习，学习简单的数字、东南西北中等方位名、天干地支等。第二阶段，10岁入小学，学习以书写、计数、音乐、舞蹈为主。这是沿袭氏族公社训练孩童要住宿在外的风俗。第三阶段，13岁为成童，这时该入大学。

西周时期的国学，当时称为"辟雍""泮宫"，是贵族举行隆重的冠礼的地方，也是贵族进行重要政治军事活动的地方，他们常在这里举行祭祀和宴会，比赛射箭，选拔和考核武士。

西周国学要求学习的主要内容是"六艺"，包含六门课程，即：礼、乐、射、御、书、数。

"礼"是政治伦理课，其考核的内容很广泛，包括奴隶社会的宗

周朝分封各诸侯

分封诸侯

周公旦制礼作乐群像画

法等级世袭制度、道德规范和仪节等。《周礼·大宗伯》把礼分为五类：吉礼、凶礼、宾礼、军礼、嘉礼等。吉礼讲祭祀，敬事邦国鬼神；凶礼讲丧葬凶荒，救患分灾，哀悼死亡；宾礼讲朝会过从，使诸侯亲附；军礼讲兴师动众，征讨不服；嘉礼讲宴饮婚冠等喜庆活动。

"乐"是综合艺术课，考核的内容主要有六代乐舞等。六代乐舞，包括黄帝时期的《云门》、尧时期的《大章》、舜时期的《大韶》、夏时代的《大夏》、殷商的《大濩》，加上西周新创的《大武》，简称为"六乐"。其中《云门》《大章》《大韶》《大夏》属文舞，要求手执乐器龠和鸟羽翟，《大濩》《大武》属武舞，要求手执盾牌干和斧钺戚。

据《周礼·春官·乐师》记载，周代还有六种小舞：《帔舞》，为祭祀社稷时的舞蹈，要求舞者手执五色缯帛，持之而舞；《羽舞》，为祭祀四方时的舞蹈，要求舞者持白鸟羽而舞；《皇舞》，为祈雨时的舞蹈，要求舞者头插鸟羽，上衣饰翡翠的羽毛，手执五彩鸟羽而舞；《旄舞》，为祀辟雍时的舞蹈，要求舞者执牦牛尾而舞；《干舞》，为祭祀山川时的舞蹈，要求舞者持盾牌而舞；《人舞》，为祭祀星辰时的舞蹈，徒手舞，要求舞者挥袖而舞。

"射"与"御"是军事训练课。当时作战以战车为主力。每辆战车由甲士和徒兵各若干组成。甲士包括御者、射手、盾牌手,身穿盔甲,在车上;徒兵步随。战车士兵进攻的武器主要是弓箭,所以射箭与驾车是最基本的军事技术训练。

据《周礼·地官·保氏》记载,射箭的考核标准有五条:"白矢",要求射者的箭穿透箭靶,露出箭头,重在考核射者开弓的臂力;"参连",要求射者第一箭射出之后,接着三箭连发,重在考核射者发射的速度;"剡注",要求射者矢入箭靶,羽颈高,箭头低,重在考核射者箭头锋利易入;"襄尺",要求射者礼让,如君臣同射,臣不得与君并立,须后退一尺,以别上下尊卑,重在考核射者礼让水平;"井仪",要求射者四箭射中箭靶,如"井"字形状,重在考核射者箭法准确。

据《周礼·天官·保氏》记载,驾车的考核标准

六代 "六代"的说法不一。《晋书·乐志上》指黄帝、唐、虞、夏、殷、周。《资治通鉴·魏明帝景初元年》指唐、虞、夏、殷、周、汉。《六代论》指夏、殷、周、秦、汉、魏。这里指的是第一种说法。

■周代驾车图

■ 周代驾车图

九数 是指古代教学礼、乐、射、御、书、数六门功课中的"数"，这门功课有九个细目。关于"九数"的细目，《周礼》并没有列出。东汉的郑玄认为："九数：方田、粟米、差分、少广、商功、均输、方程、赢不足、旁要；今有重差、夕桀、勾股也。"

也有五条："鸣和鸾""和"与"鸾"是车上装饰的铃，要求御者驾车时，铃声共鸣而有节奏；"逐水曲"，要求御者驾车时，沿着曲折的江河驰驱而不颠坠；"过君表""君表"指在险阻处插着旌旗的辕门，辕门中间放置石磴为障碍物，要求御者驾车驰入辕门时不碰撞石磴；"舞交衢"，要求御者驾车在交叉道上，往来驰骋，像舞蹈一般轻盈而有旋律；"逐禽左"，要求御者驾车追赶禽兽，使其向左边逃奔，以便君主射之。总之，考核时要求御者沉着、敏捷、熟练，并能随时密切配合射手。

"书"与"数"是基础文化课。"书"指书写常用字，如天干、地支名等。"数"指计算加减及乘除等。《周礼》还提出"六书""九数"等考核标准。

按照《礼记·学记》所记载，西周的国学已建立起一套分年考试的制度。学生到了规定的年龄入大学，大学每隔一年考查学生的学业及操行一次。

"一年视离经辨志"，即入学第一年考查学生阅读经书的能力，能否分章析句，能否辨明学习的志趣。

"三年视敬业乐群"，即入学第三年考查学生对学业是否专心，与学友相处是否和睦。

"五年视博习亲师"，即入学第五年考查学生学识是否广博，对教师是否尊敬。

"七年视论学取友"，即入学第七年考查学生在学问上的见解和对交友的选择是否得当。七年结束，考试合格者，谓之"小成"，即达到"小有成就"的标准。

"九年知类通达，强立而不反。"即入学第九年考查学生在学识上能否触类旁通，在志趣上能否坚定不移。九年结束，考试合格者，谓之"大成"，即达到"大有成就"的标准。

西周除了在天子的王城和各诸侯的国都设立了国学之外，还依照地方行政区域组织而设立了乡学。

乡学规模比较小，仅设一级，都是小学程度。不过，因为地方区域组织的大小不一样，乡学的名称也各不相同，如州设序，党设庠，间里设塾或校，等等，皆属于西周的地方学校。

按《礼记·王制》记载，西周规定，乡学可以经过考试选拔少数

周代编钟

司徒　我国古代的一个重要官职名，由《周礼》地方官司徒演变而来。《周礼》以大司徒为地官之长。位次三公，与六卿相当，与司马、司空、司士、司寇并称"五官"，金文多作"司土"，与司马、司工即司空合称"三有司"。是管理土地、人民的官，与后世的户部尚书相当。春秋时沿置。

■古代儿童学习雕塑

俊秀者进入国学深造。其过程与步骤是这样的：先由地方官"乡大夫"主持考试，选拔出乡学中非常优秀的学生，报告于西周王室的"司徒"官，这些被选中的学生称之为"选士"。"司徒"官主持考试，"选士"中的优秀者升入"国学"，称之为"俊士"。

凡已提名于"司徒"官的选士，可免其一乡的劳役；凡有升入国学的"俊士"，可免其一国的劳役。这些"选士"与"俊士"，皆称之为"造士"，意思为进入国学"深造之士"。

"造士"入国学九年学成后，"大乐正"官再主持考试，就"造士"中的优秀者提名于"司马"官，称之曰"进士"。又经"司马"官主持考试，就"进士"中选拔其贤能者报告于周天子，视其才能的高下而任之以官职，予之以爵禄。

这就是从"乡学"中选拔优秀人才的四步考试制度。当然这种经过严格考试选拔的"国之俊秀"，是极少数的，绝大多数学生仍在地方的序、庠、塾、校里学习。

按《周礼·地官·乡大夫》记载，西周还存在一种贡士荐举人才的制度，不过这仅限于较低级的官职，其途径有二：

一是"乡里选举"，或

称之"宾兴"之制，是在王畿之内施行的。西周设民政官员"司徒"官，负有各乡教化之责，并命令各乡大夫考察荐举乡里有德行道艺的优秀人才。乡里选举每三年一次，称之为"三年则大比"，即三年一考试。考试主要内容是"德行与道艺"，其中的"乡射之礼"是考试大比的关键环节。

027

■ 古代学生雕塑

二是"诸侯贡士"。王畿之外的诸侯国也有贡士之制。天子对诸侯贡士的时间和人数都有规定，并对诸侯能否及时贡献及贡士的质量如何，还有相应的奖惩之制。天子还要亲自考核诸侯所贡之士，先令其试射于选士之处泽宫，然后在大射典礼上再行比试，射宫是举行大射典礼的地方。

天子在射宫考校士子的箭术，如果射箭时仪容、动作合于礼，节度合于乐，而且射中靶子的次数多，就可以参与天子的祭祀。如果仪容、动作不合于礼，节度不合于乐，而且射中靶子的次数少，则不得参与天子的祭祀。多次参与祭祀的诸侯就能得到褒奖，多次未能参与祭祀的诸侯就要受到斥责。多数得到褒奖的就可以增加封地，多次受到斥责的就要削减封地。

试射时要合乎一定的礼乐标准。不论是乡里选士还是诸侯贡士，都十分重视试射。在其他条件都相同的情况下，则以试射的成绩作为最后的裁决。但是对

大射 我国古代重武习射，常举行射礼。射礼有大射、宾射、燕射、乡射四种。将祭祀择士举行的射礼称为大射；诸侯来朝或诸侯相朝而射为宾射；宴饮之射为燕射；卿大夫举士后所行之射为乡射。清代学者朱大韶以为射礼有三：曰大射、燕射、乡射，无所谓宾射。

■ 周代编钟

崇文重教的蔚然民风

射礼 春秋时民间的一种射箭比赛。这是一种非常正规的竞技运动，有长度固定的射道、严格的比赛规则。但是，评价一名射手，不仅要看他能否命中靶心，而且要看他形体是否合于音乐节奏，此外，还要求他处处礼让竞争对手，正确对待失败，等等，总之，要求他的身心与体魄和谐、健康地发展。

考核成绩的好坏，各有赏罚之制，反映了西周王朝对贡士的重视，对贡士试射的重视。

射礼含有多方面的人伦道德内容，就连射箭的技能之中，也包含人的道德修养。射箭的人，内心意志坚定，外表身体挺直，然后张弓搭箭对准箭靶，手臂稳固，这样才能射中目标。从这些动作就可以看出一个人的德行了。

西周的学校教育颇为发达，中央有国学，地方有乡学，学校内还有一套比较系统、比较严密的教学，考核、奖惩、视学制度。学生学成以后是否被推举，与其在学校的学习成绩、考试成绩及奖惩情况密切相关，这便能激励学生，尤其是庶民学生勤奋读书，努力上进，这给了庶民学生以希望和鼓舞。

选士与选官为一途，选士即为选官，士有所举则必有所官。《文献通考·选举九》说：

古人之取士，盖将以官之，然则举士

与举官非二途也。三代之时，法制虽简，而考核本明；毁誉既公，而贤愚自判。往往当时之士被举，未有不入官者也。

这里说的"三代之时"，主要指的是西周初期，西周时代的选士制度"举士"与"举官"为一途，必然大大刺激了士人读书学习的积极性，给广大士人指出了读书进学努力的方向，这也就促进了学校教育的大发展，反过来，又促进了士的培养规模的扩大。

西周的考试制度不但有利于西周时期文化教育的发展，有利于西周社会的政治稳定，也奠定了我国古代考试制度的基础。

总之，夏商周三代的大学教育，表明华夏民族以惊人的智慧和能力，开创了古代高等教育的先河。对中华民族的人格塑造和文明传承产生了深远的影响。

阅读链接

《周礼》中教育人们，见到不同等级的人，不同的场合，要有十多种不同的磕头方式。连走路说话也都有章法。

比如在登上堂的时候，从东边上的话先迈右脚，从西阶上的话先迈左脚，每登一级都要稍停一下，让两足都在同一阶之后再登。登堂以后，由于堂空间比较狭小，所以不必趋，而要"接武"，就是后一步要踩在前一步的足迹之半的地方。如果手里拿着贵重的礼玉，那无论是在堂上或是在堂下庭院，则不必趋，因为怕跌倒摔坏了玉。

春秋战国时期的教育

青年孔子像

孔子继承前人注重教育的思想，在三十岁左右创办了私学，并开始招收弟子。孔子私学的开创，揭开了古代教育的新篇章。

子路是孔子的第一批弟子之一。他比孔子小9岁，拜孔子为师时二十一二岁。子路名叫仲由，子路是他的字。子路是卞这个地方的人，当地的人都说他是一个"野人"。

子路个头高大，性格粗犷，戴着一顶鸡冠似的帽子，上面还插着一支雄鸡的黄黑翎毛；衣襟上佩戴着公猪一样的饰物。这两样东西是古人用来表明自己是一个真正的勇士的标志性佩饰。

子路没有正经职业，喜欢戴着一身饰物到处游荡。他走在大街上，人们都要退避三舍。子路是个粗人，他听说孔子很有学问，就脱掉原来那一身装束，换上了儒者温文尔雅的衣服，来见孔子。

孔子问子路："你爱好什么？"

子路回答说："喜好长剑。"

孔子说："凭你的才能，加上学习，谁能比得上呢？"

子路说："学习难道有好处吗？"

孔子说："驱赶狂马的人不能放下鞭子，操持弓弩的人，不能丢下正弓的器具；木材经过绳墨作用加工就能取直，人们接受直言规劝就会通达；从师学习，重视发问，哪有不顺利成功的！"

子路说："南山出产竹子，不经加工，自然就很直，砍下来用它做箭，能穿透犀牛皮做的铠甲，为什么要学习呢？"

孔子说："把箭的末端装上羽毛，把箭头磨得更加锋利，箭刺入得不更深吗？"

子路施礼道："感谢你的指教。"

孔子与子路最初相见时的这段对话，表明孔子循循善诱、诲人不倦的教育思想。面对子路的疑惑和反问，他因势利导，语言简明而深入地纠正了子路的观点，让人无可辩驳。

孔子创办私学，是和当时的历史背景分不开的。

■ 子路雕塑

私学 是古代私人开办的学校，与官学相对而言。私学产生于春秋时期，以孔子私学规模最大，影响最深。此外还有墨、道、法家。各个学派为了培养自己的人才，向各诸侯宣传各自的主张，求各诸侯采纳，以扩大政治上的势力。在学术上各家有长短。私学促成了战国时期"百家争鸣"的局面。

■ 孔子读书画像

春秋战国时期，是我国社会大动荡、大变革的时期。西周后期"学在官府"的教育走向衰落，而适应新形势需要的新教育形式私学开始兴起。而"士"的出现，则是私学兴起，造成"文化下移"的社会基础。

"士"，是春秋时期新出现的社会阶层。士阶层中有文士、武士，也有能文能武之士。士最初是从奴隶主贵族中游离出来的，有一些是属于平民阶级，也有一些是属于新兴地主阶级，以及获得解放的奴隶上升为士的。

周平王东迁时，王宫里的一些文化官吏流落到各地，比如宫廷中掌管礼乐的官吏纷纷出走，大乐师挚到齐国，二乐师干去楚国，三乐师缭到蔡国，四乐师缺去秦国，打鼓的方叔流落到黄河之滨，摇小鼓的武入居汉水附近，少师阳和击磬的襄移居于海边。

这些文化官吏由于失去了世袭的职守，流落到社会之后，成了古代历史上第一批专靠出卖知识糊口的士。其中有些人就做了私学的教师。后来，由于奴隶主贵族或新兴地主阶级都想增强自己的实力，就纷纷招贤纳士，士就成了他们竞相争取的对象，以至于在春秋初期就出现了"养士"之风。到了战国时期，

周平王（约前781—前720），东周时期第一代王。公元前771年，犬戎侵袭西周都城镐京，周幽王被犬戎杀死，太子宜臼继位。为避犬戎，把都城从镐京东迁至洛邑，史称"东周"。我国历史从此进入春秋时期。随着东周时期的政局变化，又细分为"春秋"与"战国"两个时期。

"养士"之风就更为盛行。

随着阶级斗争的深入，士阶层中有些人墨守成规，有些人则转变成为批判旧奴隶制、批判旧文化的思想先驱。士阶层产生、发展和分化的过程，同时也就是春秋战国时期私学产生、发展的过程。

春秋中期已经有了私学，至春秋末期，私学日益兴盛。儒、墨两家的私学，是当时的"显学"。儒家学派是春秋时期在政治上、教育上影响都较大的一个学派，它的代表人物主要有孔丘、孟轲、荀况等。孔子从30岁时开始讲学，创办了儒家学派的第一所私学。

孔子平时在曲阜城北的学舍讲学，出外游历时弟子们也紧相随。由于他在社会上渐渐有了名声，弟子也就越来越多，孔子私学成了规模很大的教学团体。

孔子开办私学，主张"有教无类"。教育的对象，不分地区、不分贵族与平民，都可以入学。这一

显学 通常是指与现实联系密切，引起社会广泛关注的学问；相反，隐学则是离现实较远，不那么为世人瞩目的学问。我国历史上最早的显学，是春秋战国时期的儒家学派和墨家学派，这两个学派在当时百家争鸣的局面中影响最大。

■ 孔子讲学图

周公 姓姬名旦，又称周公旦，也称叔旦，谥"文公"。他是周代周文王的儿子，是西周初期杰出的政治家、军事家和思想家。他曾先后辅助周武王灭商、周成王治国。他制定和完善宗法、分封等各种制度，使西周奴隶制获得进一步的巩固。

■ 孔子讲学图

主张适应了当时士阶层的兴起，顺应了文化下移的历史潮流，在古代教育史上具有重大的意义。

孔子私学的教育目的是"学而优则仕"，培养从政的人才。"学而优则仕"包含这样的意思，即不学或者虽学而不优，就没有做官的资格。孔子用它来补充世袭制，这一点对于奴隶制传统是有所突破的，对以后两千多年的封建教育产生了深远的影响。

孔子私学，以六艺作为教育的内容。这是儒家私学有别于墨家、法家私学的基本特征。孔子私学里主要的科目是"诗、书、礼、乐"，目的在于灌输奴隶主阶级的政治、道德思想，是为了恢复周王朝初期周公所制定的典章制度。

孔子私学所传授的也不都是宣扬奴隶主阶级意识

形态的东西，其中一部分是关于自然科学的知识，如讲到动植物的形态、物性、栽培和饲养的方法等。

孔子要求学生以"礼"来约束自己的言行，因而特别重视道德教育，而且积累了不少经验。首先是重视树立学生的道德信念，并予以感情的陶冶与意志锻炼，使之成为自觉的行为习惯。这在一定程度上，是符合道德教育的客观规律的。

在春秋末期，孔子私学的规模最大，存在了四十多年，弟子三千人，"身通六艺者七十二人"。这是其他学派的私学所不及的。

孔子去世后，儒家分为八大派。在教育上影响最大的是孟子私学和荀子私学。他们继承和发展了孔子的教育学说。

孟子私学是战国中期有很大影响的学派。孟子私学的教育目的是"明人伦"，因而特别重视人的内在能力的培养，主张发挥人天生的善性。把教育看作是人心内发的作用。孟子私学的这些理论和经验，

成了后世儒家教育的经典。

荀子私学是战国末期集大成的学派。荀子私学对学生要求很严格，教师有绝对权威，因而能够培育出像李斯、韩非这样在当时属于一流的政治家和理论家。荀子私学非常重视传统文化知识的教育，因而在儒家经典的传授上，有着特殊的地位。西汉的许多经学大师，在学术思想上大多是渊源于荀子学派。

墨家学派在春秋末期及战国时期和儒家私学并称为"显学"。墨家创始人是墨翟，被称为"墨子"。墨家学派成员多数来自社会的下层，有些人直接从事生产劳动。

墨家私学是个严格而有纪律的政治团体和学派。墨家私学可以派学生去做官，但不能违背墨家"兼爱""非攻"的宗旨，否则随时将学生召回。墨家私学要求学生具有刻苦、耐劳、服从和舍己为人的精

稷下 战国中期，诸侯兼并战争加剧，齐国为实现"一匡天下"的理想，于齐都临淄稷门附近建稷下学宫，广招天下贤良博学之士到稷下学宫传道授业、著书论辩。稷下学宫的出现及其成就，不但是古代文化发展史上的一座里程碑，也是世界文化史上辉煌的一页。

036

崇文重教的蔚然民风

■老子论道壁画

神。在墨家私学里，生产劳动、科技知识是主要科目，并且要求学生参加实际的生产劳动。

道家创始人是老子，道家私学主要有两派：一派集中在齐国稷下，称为"稷下黄老学派"，以宋钘、尹文、接予、环渊等为代表；另一派是以庄子为代表。他们都继承了老子的思想。

稷下黄老学派的学说经过荀子、韩非的改造后，向唯物论方向发展，产生了积极的意义。

以庄子为代表的道家学派，则把老子"绝圣弃智""绝仁弃义"的思想引向极端，庄子认为教育是桎梏人性的，应该取消。庄子消极、颓废的思想，对魏晋时期的教育发生了深刻的影响。

■ 商鞅雕像

法家学派的产生，与孔子的弟子子夏有关。孔子去世后，子夏到魏国，在西河讲学，弟子三百多人，李悝、吴起、魏文侯等都是他的学生。战国中期著名的法家商鞅，就是李悝的学生。

法家代表人物商鞅提倡"耕战"，非议"诗书"，排斥"礼乐"，主张"燔诗书而明法令"，以官吏"为天下师""学读法令"。另一个代表人物韩非又发展了这些思想。法家学派的主张，实际上是取消了学校教育，以后的历史也证明了它是不可取的。

法家 通常法家是指春秋战国时期的一个学派。主要代表人物有申不害、商鞅、韩非等。主张法治，反对礼治。另外，法家在古时候是指明法度的大臣。法家在古代与"方家"同义，都是指对书法家、画家等的尊称。

孟子像

春秋战国时期私学的发展，冲破了"学在官府"的旧传统，教育对象由贵族扩大到平民。同时，由于各家各派相互抗衡，又相互补充，形成了"百家争鸣"的盛况。这既促进了先秦时期学术思想的发展，又培养出了大批的人才，各家各派大师辈出。孔子、墨子、孟子、荀子、韩非等是其中的佼佼者。

春秋战国时期的私学，在古代教育史上的重大贡献，还在于教育理论上的成就，尤其是儒家在教育理论上的贡献。儒家后学，总结了这一时代的教育思想和教育经验，撰写了《学记》《大学》《中庸》，阐述了教育的作用、学制的体系、道德教育体系、教学原则和方法、教师的地位等方面的理论，成为世界上最早的、自成体系的教育著作，奠定了古代教育的理论基础。

阅读链接

现在的学界一般认为孔子是第一位打破学在官府、开办私学的人。但有的史学家认为，孔子时私学已经比较繁荣，因此他不可能是第一位开办私学的人；老子先为朝廷教官，后在民间教学，具备了打破学在官府的条件；《史记》《汉书》等典籍都有老子在民间收徒讲学的记载。

但不可否认的是，孔子的"有教无类""因材施教"等教育理念，其影响是最为久远的。也许正是基于此，《中国古代教育史》上说，孔子"开创私学，建立了儒家学派"。

先秦儒家的道德教化

有一次，孔子的弟子曾参与父亲曾皙一同在瓜地里劳作，曾参稍不留神，斩断了瓜苗的根。曾皙看到儿子不知爱惜物力，做事不谨慎，举起手上的大杖就向曾参的背部打去。

曾参见父亲因自己做错事而生气，心里很惭愧，也不逃避，就跪在地上受罚，可身体承受不住，便晕倒在地，不省人事，过了很久才慢慢苏醒过来。

曾参刚睁开眼睛，就想到

曾子耘瓜断瓜根

■ 曾父责子

琴 古代弦乐器，又称瑶琴、玉琴，俗称古琴。最初是五根弦，后加至七根弦。古琴的制作历史悠久，许多名琴都有可供考证的文字记载，而且具有美妙的琴名与神奇的传说。琴作为一种特殊的文化，概括与代表着古老神秘的东方思想。古琴目睹了中华民族的兴衰，反映了华夏传人的安详寂静、洒脱自在的思想内涵。

了父亲。为了让父亲安心，他欢欢喜喜地爬了起来，整理好衣冠，恭恭敬敬地走到父亲面前行礼，向父亲问道："父亲大人，刚才孩儿犯了大错，使得父亲费了很大的力气来教育我，您的身体没有什么不舒服的地方吧？"

父亲听了儿子的问候，又见儿子似乎没有什么大碍，也就放了心。

曾参退回了房间，拿出琴开始高声弹唱起来，他希望欢乐的音乐与歌声能传到父亲耳中，让父亲更加确认自己的身体无恙，可以安心。

听到这件事的人都很敬佩曾参对父亲的孝顺，可孔子却很不高兴，对门下的弟子们说："曾参来了，不要让他进来。"弟子们有些奇怪。

曾参知道后，内心很是惶恐不安，先生如此生气，一定是自己有做得不好的地方，可仔细检点反省，却又不知道自己错在哪里。于是，他就请其他同学去向老师请教。

孔子对前来请教的弟子说："舜在侍奉他的父亲瞽叟的时候非常尽心，每当瞽叟需要舜时，舜都能及时地侍奉在侧；但当瞽叟要杀他的时候，却没有一次能找到他。如果是小的棍棒，能承受的就等着受罚；

可如果是大的棍棒时，就应该先避开。"

"这样，瞽叟就没有犯下为父不慈的罪过，既保全了父亲的名声，舜也极尽自己孝子的本分。而如今，曾参侍奉他的父亲，却不知爱惜自己的身体，轻弃生命直接去承受父亲的暴怒，就算死也不回避。倘若真的死了，那不是陷父亲于不义吗？哪有比这更不孝的呢？"

弟子们一听，深受教育，都觉得先生说得正确，就把先生的话告诉了曾参。

曾参感叹地说："我真是犯了大错呀！"于是就亲自前来，很诚恳地向先生拜谢并悔过。

在先秦时期，儒家的道德教化思想中，孝道是实施教化最重要的一条。儒家的孝道是基于传统所重的

■ 孔子拒见曾子

教化 是一种政治、道德和教育三者有机结合的统治术。它把政教风化、教育感化、环境影响等有形和无形的手段综合运用起来，既有皇帝的宣谕，又有各级官员的面命和行为引导，还有立功德碑、树牌坊、传播通俗读物等多种形式，向人们正面灌输道理，又注意结合日常活动使人们在不知不觉中达事明理。

血缘根基上的，这一根基早在西周时期就被重视并确立起来了。

古代道德教化的主调是由周公奠定的。周公为我国儒家教化理论奠定了两个理论基础：一是对血缘亲情纽带的重视；二是以情感为道德教化的核心，方法是熏陶、涵养、塑造。

周公的伟大之处并不仅仅限于倡导对亲情的重视，更在于制订了温文尔雅的表达血缘亲情的仪式，获得了濡染人心、教化人群的伟大功效。

至春秋时期，虽然出现了"礼崩乐坏"的局面，但此时血缘根基在家庭的稳定上仍是一个根本原则。因此，儒家仍然把道德的根基奠于亲情之上。

孔子的贡献是把孝悌与仁联系起来，认为孝悌作为自然的孝亲敬兄的情感，是道德意识的始点。正如他所说："孝悌也者，其为仁之本欤！"意思是说，孝顺父母、敬爱兄长，就是仁的根本。

■ 孔子说教图

孔子讲学浮雕

作为儒家的创始人，孔子继承前代重民教民的传统，开创性地将"仁"作为教化的核心，强调人道情怀。在孔子看来，仁德离我们并不是很远，只要需要仁德，那仁德就来了。仁是一种普遍的人道价值，其本质是爱。由此孔子开显了道德的大本大源。

围绕着"仁"这一核心，孔子不仅提出了以孝教化的主张，还充分肯定了榜样教化和音乐教化的力量，使儒家学派的教化思想更加丰富了。

在先秦时期儒家的道德教育理论中，道德榜样占据着异乎寻常的关键地位。儒家对道德榜样在道德教育中的巨大作用的深信不疑，在先秦时期的著作中常常可以看到。

譬如，孔子说："君子之德风，小人之德草。草上之风，必偃。"意思是说，上层的道德好比风，平

君子 特指有学问有修养的人。"君子"一词出自《周易》，被全面引用最后上升到士大夫及读书人的道德品质上始自孔子，并被以后的儒家学派不断完善，成为中国人的道德典范。"君子"是孔子的人格理想。君子以行仁、行义为己任。《论语》一书，所论最多的，均是关于君子的论述。

王道 古时指以仁义治天下的政策。与霸道相对。儒家提出的一种以仁义治天下的政治主张。其他各家提出的所谓儒的仁义治天下，道的无为治天下等都是站在民间角度，为王创造的一种政治主张，即实现王道的不同方法。其目的都是保全诸夏，谐和万邦，驱除鞑虏。

民百姓的言行表现像草，风吹在草上，草一定顺着风的方向倒。

他又说："君子笃于亲，则民兴于仁；故旧不遗，则民不偷。"意思是说，君王对自己的亲眷忠厚深情，则普通人民就会因此走上仁德，只有这样古人的礼仪仁德才不会败坏遗失，民众才会不偷盗枉法。

他又说："德不孤，必有邻。"意思是说，有道德的人是不会孤单的，一定会有志同道合的人来和他相伴。

他还说："见贤思齐焉，见不贤而内自省也。"意思是说，见到贤人就向他学习，希望和他看齐；见到没有贤能的人，就要以他为反面教材做自省。

曾参也说过："吾日三省吾身：为人谋而不忠乎？与朋友交而不信乎？传不习乎？"

■ 孔子及弟子塑像

周公制礼作乐

意思是说，我一日反省自己三次，为人做事忠诚不忠诚？交朋友有没有诚信？传授的学业是否不曾复习？曾子的这一点后来成为儒家学者进行道德修养的功课，称为"日课"。

这些言论表明，先秦时期儒家赞扬道德榜样在改变人心与行为方面的功效。他们确信，当道德高尚的圣人存在时，社会的混乱就不会长久持续下去。

在先秦时期儒家道德教化的主张中，还特别强调用礼、乐等方法和手段来化民成俗，从而给人心以启发，使合于善。

早在周代，就用"雅""颂"音乐来强化严格的等级秩序，同时又收集、引导民间词曲，吸取民间情歌中有利的成分进行加工，为其朝廷管理工作服务。

周代的王道音乐依其功用可分为致鬼神、和邦国、谐万民、安宾客等，其中与宗教祭祀相关的音乐

周武王（约前1087—前1043），西周政权建立者。西周时期青铜器铭文常称其为斌。他继承父亲遗志，消灭商王朝，夺取全国政权，建立了西周王朝。表现出卓越的军事、政治才能，成为了历史上的一代明君。

是王道音乐中最为盛大的，有祀天的、有祭地的，还有享其先祖的。在这些活动中，音乐被充分运用，发挥了它的恐惧修省、教化人心的作用。

至春秋时期，儒家提出"修身齐家治国平天下"的思想，主张用"礼乐"作为建立秩序、教化万民的基本途径，于此礼和乐的关系就变得亲近起来。孔子认为，乐曲的高下涉及乡风民俗的善否，所以，制礼作乐就不是普通之人所能插手的事。他认为，只有西周时期的周文王、周武王和周公具备这样的条件。所以孔子说，有其位无其德和有其德无其位者，都没资格制礼作乐。

乐产生于人心，却又反过来作用于人本身，将人陶冶、教化。乐的功能不仅在于对民的教化，教民辨别是非，而且可以用乐来治国安民。比如王者引领贵族在特殊的时期特殊的场合，对他们施以教化，以王道之乐来引导他们向符合王政的方向发展。

总之，孔子为传统的教化系统灌注了人类本源性的情感，并使之成为后世儒家道德教化文化的生命旗帜。对于锤炼中华民族的人格气质产生了深远而积极的重要影响。

阅读链接

子路曾经问孔子："听说一个主张很好，是不是应该马上实行？"

孔子说："还有比你更有经验、有阅历的父兄呢，你应该先向他们请教请教再说，哪里能马上就做呢？"

冉有也问这个问题，说："听说一个主张很好，是不是应该马上实行呢？"孔子却答道："当然应该马上实行。"

公西华问孔子为何答复不同，孔子说："冉求遇事畏缩，所以要鼓励他勇敢；仲由遇事轻率，所以要叮嘱他慎重。"

孔子就同一问题做出不同的回答，表明了孔子的"因材施教"的教育方法。

秦汉时期是我国统一的中央集权制国家确立与初步发展时期，其文教政策过程经历了由秦代法治教育向汉代德治教育的转变，完成了一个华丽转身，由此奠基了其后古代社会文教政策的基调。

魏晋南北朝时期，官学及门阀家学虽然时兴时废，但尊孔崇儒学的汉化教育是其主流。隋唐时期，教育高度发展，尤其是在唐代，学校齐全，生徒众多，不仅儒家教化及经学成就非比以往，科技教育也取得了显著成效，彰显了封建社会教育的繁盛景象。

承前启后

教化之风

秦代法治教化的政策

秦始皇画像

公元前215年的秋天，秦始皇第四次出巡。秦始皇乘着车辇，在文武群臣的护卫下，浩浩荡荡地从碣石向东北的仙岛前进。

随着均匀的马蹄声，秦始皇不觉沉入对往事的追忆中，他回想起自己幼年在邯郸时的老师，仿佛老人家就在眼前，虽说严厉，可令人钦敬难忘。

秦始皇想：我嬴政能有今日，其中也有他的一份功劳呢！

那位威严的老人第一次给

■ 李斯（约前284—前208），秦代著名政治家、文学家和书法家。在秦王政灭六国的事业中起了较大作用。秦王朝统一天下后，制定礼仪制度。李斯政治主张的实施对我国和世界产生了深远的影响，奠定了我国两千多年政治制度的基本格局。

秦始皇授课时，讲的就是舜帝赐给大家的姓。他给秦始皇先分别讲了"亡、口、月、女、凡"，然后再合成一个"嬴"字。第二天就要秦始皇背写这个字。

秦始皇说："老师，这字太难写了！"

老师说："什么？一个嬴字就难住了！将来秦国要你去治理，难事多着哩，能知难而不进吗？"说着就举起了荆条棍惩罚他。

秦始皇已多年没见过这位老师了，他听说老人家已经去世了。

突然，车停了。前卫奏道："仙岛离此不远，请万岁乘马。"

于是，秦始皇换乘了心爱的大白马。过不多时，便到了岛上。始皇环视渤海，胸襟万里，豪气昂然，更加思绪万千。待到他低头察看眼前时，忽然下马，撩衣跪拜起来。

随从的大臣们见此情景，莫名其妙，也只好跟着参拜。等皇帝站起身来，大臣李斯才问他为何参拜。

跪拜 跪而磕头。在我国的旧习惯中，作为臣服、崇拜或高度恭敬的表示。古人席地而坐，"坐"在地席上俯身行礼，自然而然，从平民到士大夫皆是如此，并无卑贱之意。只是到了后世由于桌椅的出现，长者坐于椅子上，拜者跪、坐于地上，"跪拜"才变成了不平等的概念。

秦孝公（前381—前338），战国时期秦国国君，谥号为"孝"。他重用商鞅实行变法，奖励耕战，并迁都咸阳，建立县制行政，开阡陌，在加强中央集权的同时，不断增进农业生产。自此国力日强，为秦统一天下奠定了基础。

秦始皇深情地说："众位卿家，此岛所生荆条，正是朕幼年在邯郸时老师所用的荆条，朕见荆条，如见恩师，怎能不拜！"

后来，人们就把这个岛称为"秦皇岛"。传说岛上的荆条为秦始皇敬师的精神所感动，皆垂首向下，如叩头答谢状。

秦始皇当上皇帝以后，还记得已去世多年的那位严格教诲过自己的老师，说明他有着尊师重教的良好修养，同时也在一定程度反映了秦王朝礼教的面貌。

秦国自秦孝公用法家思想为指导，实行变法后，就把"公"和"忠"作为最高的道德规范。由于变法的胜利，巩固了地主阶级的新秩序，所以自秦昭王起及至秦始皇统一全国，以血缘为纽带的宗法观念，逐渐被秦国管理者所重视。

秦简《为吏之道》记载：

为人君则鬼，为人臣则忠，为人父则慈，为人子则孝；君鬼臣忠，父慈子孝，政之本也。

这说明"孝"不仅已被承认，而且提到了与"忠"相辅的地位。

其实，秦始皇后，秦王朝推行的封建道德规范，主要不是以教育

■ 秦始皇蜡像

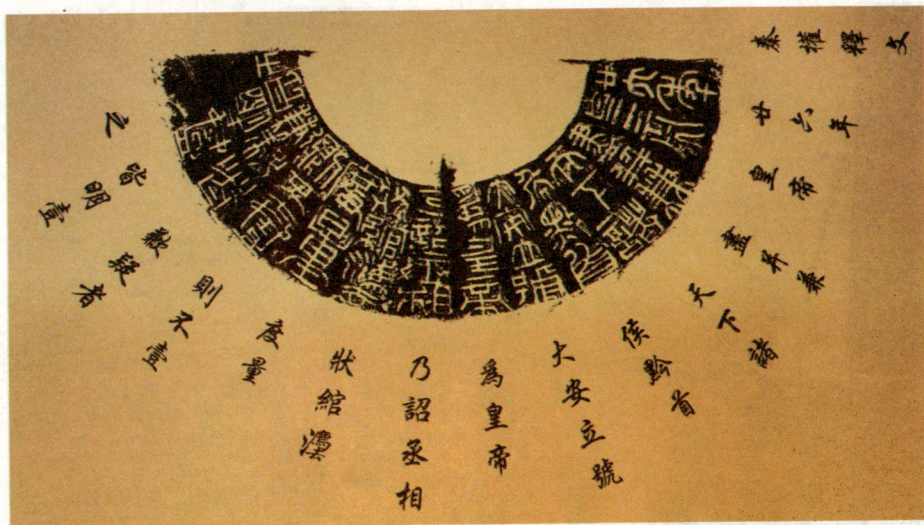

■ 秦篆

为手段，而是仍依法家的"立法化俗"的思想。事实上，秦王朝在政治、经济、文化教育上采取的所有措施，莫不与巩固统一有关，而其指导思想，主要来自法家的"一统"理论，其教化政策因此表现出鲜明的法家特色。

秦代在文化教育方面，将法家的法制思想发挥、推广到极端的地位，采取了"书同文""行同伦""设三老以掌教化""禁私学"等一系列文教政策，使文化教育为巩固中央集权服务。"书同文""行同伦"，这是秦始皇统一初年推行共同文字和规范社会伦理、行为习俗的教化举措。

秦始皇统一后，为了消除战国时期"言语异声、文字异形"的现象，丞相李斯建议秦始皇进行文字的整理和统一工作，将"大篆"和"古文"综合改造，减省笔画，使之简单易写，形成新的文字"小篆"，又称"秦篆"。

为了推动"书同文"在全国范围内的有效实施，

秦简 是战国时期的秦国及后来的秦王朝遗留下来的简牍总称，于1975年底在湖北省云梦县睡虎地的秦墓葬中出土。战国时期和秦代，书写主要利用竹木简，没有现在的纸张。秦简的发现对于研究秦的历史有着无法替代的重要作用，特别是对秦法律的研究，尤其重要。

■ 秦始皇巡视蜡像

郡 我国古代的行政区划单位之一。始见于战国时期。秦统一天下设三十六郡，后汉起，郡成为州的下级行政单位，介于州刺史部和县之间。隋朝废郡制，以县直隶于州。唐朝道、州、县，武则天时曾改州为郡。明清称府。

秦王朝统一文字后，立即组织编写了字书颁发全国。

秦代"书同文"的文教政策，不仅使汉字在走向统一、规范化、定型化的过程中迈出了关键性的一步，对古代文化教育的发展具有重大贡献，而且对维护政治上、思想上的统一，形成中华民族统一的文化心理也有不可轻视的作用。

为了使民众在行为上规范，秦始皇又推行了"行同伦"的治国政策，以整合统一后的各国民众。

"行同伦"的目的在于改变原来六国贵族的不同民俗、道德和思想，教化民众，使全国人民统一法度，统一思想。

这一政策虽属专制国家对民众强化管理的举措，但它进一步融合当时各民族的风俗习惯，对于形成中华民族的共同心理状态，增强民族凝聚力，也起到了积极的作用。

"设三老以掌教化"，这是对民众实施普遍的思想教化的政策。"三老"是一种乡官，是中央集权统治机构的基层组织中的官职之一。

公元前211年，秦国将天下分为三十六郡，郡下有县，县下有里、亭、乡。基本上是十里一亭，十亭一乡，乡设三老，掌管乡民的法制教育、耕战教育和尊卑教育。三老由国家给予一定的公职待遇。朝廷通过设置三老直接对一般民众进行广泛的法制教育和思想教化。三老与"行同伦"的政策相辅相成，构成从朝廷到地方的思想教化系统，巩固了国家的统一。

对于私学，李斯认为，必须由政治上的统一再推进到学术上的统一，否则异说横行，会危及并瓦解政治上的统一。他指出，今天下已定于一尊，但各私家学派仍以自己的学说相传授，以标新立异为高，特别是"诸生不师今而学古，以非当世，惑乱黔首"，这是绝对不能容忍的。于是，李斯主张禁止私学。

私学是传播学术思想的途径，书籍是文化知识的载体，禁绝私学，就必然要取缔在民间收藏流传的各种文献典籍。为了达到禁私学的目的，秦王朝通过刑法来强制执行，加大了对文化教育领域的治理力度。

■ 李斯塑像

方术 *方术有两种意思，一是指古代关于治道的方法；二是指古代用自然的变异现象和阴阳五行之说来推测、解释人和国家的吉凶祸福、气数命运的医卜星相、遁甲、堪舆和神仙之术等的总称。秦始皇信方士之说，派人求不死之药，终无结果。*

秦代的博士制度也是秦代教育的重要内容。秦代没有设置专门管理教育的职官，与教育关系相对比较密切的，当推博士。博士官在战国时期已经出现，但尚无定制。秦统一后建立官制，博士才正式成为朝廷中的固定职官。

秦代的博士是指当时的博通古今之士。这些博士不专限于治六经，学术上有一专长即可得为之。秦代博士有不少是儒生，也有各种文学、方术之士。博士没有专职的行政事务，他们作为专家、学者，主要起咨询、顾问的作用，都曾受秦始皇器重。

秦代博士是执掌《诗》《书》和百家之语的，与教育管理关系密切。秦代的焚书禁令不施于博士执掌的书籍文献，但在当时文化专制主义政策下，博士的讲学和学术研究力受到一定影响。

吏师制度是秦代培养官吏的主要方式。吏师制度

■ 秦始皇与诸臣子雕塑

虽然渊源于西周时期"学在官府"的教育管理制度，但它的指导思想却出自法家的"以法为教，以吏为师"。秦代禁绝私学，士民唯一可学的只有国家的法令，教育者必然是执法的官吏。

李斯说："今天下已定，法令出一，百姓当家则力农工，士则学习法令群禁。"他又明确指出："若有欲学法令，以吏为师。"这些主张得到秦始皇的认可，成为秦王朝的一项基本文化教育政策。

秦王朝在统一六国之前，曾经在朝廷机构设有专门训练吏员的"学室"。《秦律》规定：

■ 李斯书法刻石

非史子也，毋敢学学室，犯令者有罪。

"史"即在朝廷机构中从事文字工作的低级文吏。由此可见，秦代很早就存在"学室"，入学的弟子必须是"史"之子，学习的目的是培养为朝廷服务的文化官员。

秦代还专门制定《除弟子律》，就学吏弟子的管理、任用办法做了具体规定。秦简有一篇《为吏之

《秦律》 秦代法律的总称。公元前356年商鞅变法时曾改李悝的《法经》为律，颁行秦国。公元前221年秦始皇统一天下后，将秦律修订，作为全国统一的法律颁行各地。秦二世即位后，又修订了秦朝的律令。《秦律》的律文涉及政治、经济、军事、文化、思想、生活等各个方面。

竹简《为吏之道》

道》，据有关学者推测，这可能是学室中供吏师弟子学习的文化课本和政治课本。

秦王朝在政治方面注重实效、功利，质朴而率直，不事虚浮，主动性极强；在教育方面不师古，不崇经，以法为治，以吏为师，同样具有鲜明的法家特色。

秦文化在古代历史上影响最为深远的，就是它的这种政治文化和教育文化。显而易见，由于秦代的教育政策及社会教化推行至极致，在大一统国家形态和大一统国家观念的秦文化中，占据着不可或缺的重要地位。

阅读链接

秦始皇统一六国后，准备在公元前213年执行郡县制。这时，博士淳于越等人反对当时实行的"郡县制"，要求根据古制，恢复分封制，还拿出"祖宗之法不可变"之类的陈词滥调。面对淳于越等人的反对意见，秦始皇不但没有处罚他们，还让大臣们一起讨论这个事情。

丞相李斯驳斥了淳于越等人的观点，主张禁止百姓博士尤其是以古非今，诽谤朝政的。同时，李斯又力陈郡县制的好处，最后讨论的结果仍然是执行郡县制。

秦始皇最终采纳了李斯的建议。

汉代德育教化的举措

西汉初年，朝廷为复苏社会经济，信奉黄老之学，实行"无为而治"的"休养生息"政策。这时的儒家尚未受到重视，但一些儒家学者却在积极宣传自己的主张，为以后汉王朝制定文化教育政策做了理论上的准备。

■ 陆贾与赵佗石刻像

董仲舒（前179—前104），西汉时期思想家、儒学家，著名的唯心主义哲学家和今文经学大师。他把儒家的伦理思想概括为"三纲五常"，汉武帝采纳了董仲舒的建议，从此儒学开始成为官方哲学。他的著作汇集于《春秋繁露》一书。

汉代初期儒生总结了秦王朝灭亡的历史教训，得出一个重要结论，即"取天下"和"守天下"的时势任务不同，管理者采取的治术也应有所不同。他们认为，秦王朝的灭亡，是一味执行法家路线造成的。

汉代初期政治家陆贾，提出"逆取而以顺守，文武并用，长久之术"的策略性建议。他认为对人民的领导，应以"教化"为主要手段，而不可单靠刑罚，因为刑罚只能"诛恶"，不足以"劝善""劝善"要靠教化。

汉文帝刘恒时，政论家贾谊继承陆贾的教化思想，进一步提出推行教化的关键是在各级官吏，因此主张"敬士""选吏"。选吏必须用士，用士之道则在于"敬士"。

汉武帝刘彻时，经学家董仲舒把战国时期以来的各家学说以及儒家各派，在《春秋》公羊学的名义下融汇起来，建立了一套"天人感应"的唯心主义思想体系。他表达了独尊儒术的主张，他说：

■ 汉武帝画像

《春秋》大一统者，天地之常经，古今之通宜也。今师异道，人异论，百家殊方，指意不同。是以上无以持一统，治制数变，下不知所守。臣愚以为不在六艺之科，孔子之术

者，皆绝其道，勿使并进。邪辟之说灭息，然后统纪可一，而法度可明，民知所从矣。

■ 董仲舒建言汉武帝

这段话，学界多年以来一直以"罢黜百家，独尊儒术"八个字加以概括。

董仲舒所总结的"罢黜百家，独尊儒术"的观点，得到了汉武帝的认同。汉武帝采纳了董仲舒提出的文化教育政策建议，并加以实施。

公元前136年，汉武帝下令置儒家五经博士，罢免其他诸子、传记博士，定儒术为一尊。公元前124年，又为五经博士置弟子员。此为古代太学之始。

自汉武帝始崇尚儒经，经学的昌盛，推动了学校教育的发展。至东汉时期，班固在《东都赋》中以"学校如林，庠序盈门"赞其盛况。

太学 我国古代的大学。太学之名始于西周。汉代始设于京师。汉武帝时，董仲舒上"天人三策"，提出"愿陛下兴太学，置明师，以养天下之士"的建议。其始设于京师。其后历时六七百年，是屹立在世界东方的第一所国立中央大学，对后世产生了深远的影响，堪称古代教育史上的奇葩。

两汉时期的绝大多数皇帝，或在太子阶段，或在幼年即位之后，都有接受教育的经历。按儒家古制，太师、太傅、太保均为国君之师，合称"三公"。汉代君权大为强化，"三公"之职遂演化成最高的荣誉虚衔，而且不轻易授人，经常空缺。

皇帝经常聘请某些学者名流入宫给他讲授儒经，如桓荣、桓郁、桓焉祖孙三代，先后分别为东汉前期六个皇帝讲授《尚书》。

汉代的太子太傅及其副职太子少傅，仍保持着作为太子教师的身份和职责。太子太傅、少傅均由当世名儒或通才担任，例如叔孙通、张良、周勃、匡衡、师丹、桓荣等。这些人因当过太子的老师，极受尊崇，后来多有升至相位者。

除太子太傅和少傅外，其他学有专长者也可被皇帝派遣教授太子。如汉元帝时博士郑宽中以《尚书》授太子，博士张禹以《论语》授太子。

在自幼接受良好教育的基础上，汉代皇帝中好经学、能讲论者不乏其人。如汉明帝通《尚书》《春秋》；自撰《洪范五行章句》进行讲

崇文重教的蔚然民风

■汉代学生场景

授。经学已成为最高治国者所须具备的基本素养，在太后代替年幼的皇帝督理朝政时，也要补习经学。

纵观两汉，学校制度分官学和私学两类：官学有朝廷官学和地方官学之分；私学又分经师讲学和书馆。

朝廷官学即太学。汉武帝时置博士弟子50人。博士弟子入学资格，一由太常选拔"年十八以上，仪状端正"者；二由郡国选送优秀者。汉平帝时，规定元士的子弟也可入学。东汉质帝时，又规定自大将军至六百石官吏都可送子弟入学。太学学生名额大有增益。西汉成帝时增至3000人，东汉顺帝时增至3万余人。

东汉时出现了专门为贵族子弟设立的学校。公元66年，汉明帝为外戚樊氏、郭氏、阴氏、马氏的子弟开设学校，又称"四姓小侯学"，设五经师教授，均是选择"高能之士"充任。后来招生范围扩大到功臣子孙，连匈奴贵族也派遣子弟前来留学。

太学教师皆由博士充任。西汉时期以名流升任，东汉选博士要经过考试。太学以儒家"五经"为教学内容。

西汉末年，出现古文经与今文经之争。今文经以

■ 授经图

五经 指儒家的五圣经，即《周易》《尚书》《诗经》《礼记》《春秋》。《易》教洁静精微，《书》教疏通知远，《诗》教温柔宽厚，《礼》教恭俭庄敬，《乐》教广博易良，《春秋》教属词比事。汉武帝立五经博士，儒教国家化由此开端，长期作为官方指定的教科书，对中华民族文化的发展至关重要、无可替代。

当时通行的隶书书写，古文经晚出，以战国时期古文字书写。同时，经文的字句、篇章及解说也有差异。今文经得到朝廷的支持，太学所准立的皆今文经博士。古文经只在民间私学中传授。

两汉时期，书籍甚少，学者难得，训诂句读皆赖口授，故博士讲经重视传授关系，形成师法和家法。比如某一经的大师，如得到朝廷尊信被立为博士，这个经师的经说便成为师法。弟子相传，又别为章句，便成家法，故一经有数家。两汉时期朝廷规定太学博士只能依师法家法传授，违背师法家法者则罢用。

太学博士的教学方式，除个别传授外，还由高足弟子转相传授和集合弟子"大讲授"等方式。

太学注重考试，西汉时期每年考试一次，其方式是"设科射策"，类似今日的抽签答问考试，分甲乙两科，以区别程度的高低。

汉代太学图

经过考试，一旦发现有下材或不能通一经者，即令退学。

东汉桓帝时，改为每两年考试一次，通过者授予官职，不能通过者允许继续学习。因考试甚严，又无学习年限的规定，故有太学生童年入学而白首空归者。

地方官学即郡国学，首创者为西汉景帝时蜀郡太守文翁。当时的蜀地文化落后，文翁为淳化民风，选派郡县小吏至京师受业于博士，研习儒经，学成归蜀，委以官职。文翁又在成都市中，修筑学舍，招收下县子弟入学。数年后，蜀郡为之一变，可与文化较发达的齐鲁之地媲美。

■ 汉代考试场景

汉武帝时，令"天下郡国皆立学校官"，郡国学日渐推广。郡国学设郡国文学官充任教师，其别名有文学祭酒、文学师、文学掾、文学主事掾，郡国学学生则称文学弟子。

东汉时期郡国学更盛，不少郡守皆热心于创办学校。尤引人注目的是，除中原地区外，当时的边陲之地也办了学校。创办地方学校的目的，在于通过儒家经学来宣传孝悌仁义等封建道德，以改造民间风俗。

两汉时期地方学校，对地方文化水平的提高和中华民族共同心理的形成，起了积极的作用。经师讲学

文翁（前156—前101），西汉时期官吏。汉景帝末年为蜀郡守，兴教育、举贤能、修水利，政绩卓著。文翁在蜀地兴办汉代地方官学，功德垂于青史，被誉为"古代教育史上一颗明星"。

郑玄（127—200），东汉末年的经学大师，他遍注儒家经典，以毕生精力整理古代文化遗产，使经学进入了一个"小统一时代"。著有《天文七政论》《中侯》等书，共百万余言，世称"郑学"，为汉代经学的集大成者。后人为纪念其人建有郑公祠。

是汉代教育的另一种重要形式。经师讲学，其中有居官教授，而大多数为一代名儒自立"精舍"，隐居教授。《汉书》《后汉书》的《儒林传》以及其他列传中，记载甚多。

东汉时期经师讲学之风更是盛况空前。一些经师鸿儒，及门下弟子和历年著录的门生，常有数百、数千之众，乃至万人以上。求学者也不顾背井离乡，远行千里，负笈寻师。在私人精舍中，师生关系尤为亲密，学生对师长恭敬礼让。

两汉经师讲学之所以兴盛，一方面是受国家"以经术取士"的影响；另一方面私人讲学思想束缚较少。太学博士多专一经，墨守章句，少有撰述，而私人讲学常兼授数经。

东汉时期经师，有的不仅精通儒经，还兼及天

■ 华佗传授医学

文、历法、算学、律学等知识的传授。比如：何休"善历算"，郑玄通"京氏易、公羊春秋、三统历、九章算术"，郭躬通"小杜律"，钟皓"以诗、律教授门徒"。

东汉时期，除经师私人讲学外，民间还有传授科学和技术的教育如名医华佗以"刳破"（外科手术）和针灸传授弟子。涪翁著《针经脉诊法》传于弟子。樊英、段翳、廖扶等精通星占、天文，皆传弟子。

两汉时期儿童识字习字的场所叫作书馆，也称"书舍"。书馆教师称为"书师"。当时练习的字书最早起于西周时期《史籀篇》，秦始皇时期，李斯、赵高、胡母敬分别编写《仓颉篇》《爰历篇》和《博学篇》，汉代初期民间书师将此三篇合一，统称《仓颉篇》。经西汉时期学者扬雄、东汉文学家班固等人的增删，至东汉时期编成《急就篇》，内容涉及农艺、饮食、器用、音乐、生理、兵器、飞禽、走兽、医药、人事等方面的应用字。

汉代儿童，八九岁即入书馆学习，年限不定。习完字书后，即学习《孝经》《论语》，以做学经前的准备。入书馆学习需交纳很多学

汉高祖刘邦画像

费，并非贫家儿童皆可入学。

汉代地方教化活动进一步制度化，地方官学的兴办，就是为了树立行为准则和典范，引导民众崇德、循礼、进学。汉代在边远落后地区兴办学校，起到了移风易俗的作用。

汉代选拔和鼓励贤才也是推进教化的重要措施。尚贤使能的作用并非只是为了朝廷有得力的人才可用，更深远的影响表现在它可以鼓励天下之人都来效法贤才，力求上进，从而改善社会风尚。

崇文重教的蔚然民风

汉代通过"乡举里选"的途径来发现和荐举贤才已形成制度。选士的各个科目，既有一般品的要求，又有各自特定的学识和行为标准，对诱导人们修德、成才具有十分重大的作用。

但选士毕竟名额有限，非多数人所能及。汉代又设立了"孝""悌""力田"等荣誉称号。"孝"指孝顺父亲，"悌"指尊敬兄长，"力田"指努力耕作，这些都是以家庭为单位的小农经济社会条件下最基本的道德行为准则。而获此类称号者，享有免除徭役的待遇，还能获得朝廷赏赐。这些人一般仍在当地生活和劳动，因而对周围人的影响更大。

汉代从乡、县到郡国的行政机构中，都有专门负责教化的官吏，这就是"三老"。三老由当地"有修行，能率众为善"的德高望重者担任。

公元前205年，汉高祖刘邦下诏说道：

> 举年五十以上，有修行，能率众为善，以为三老，乡一人。择乡三老一人为三老，与县令、丞、尉以事相教，复徭戍。

就此将三老这一职掌提高到县一级层次上。至东汉时期又有郡三老和诸侯王国三老的设置。

三老的具体工作，除随时对民众行思想道德教育外，"凡有孝子顺手贞女义妇，让财救患，及学士为民法者，皆扁表其门，以兴善行"。三老尽到教育民众循礼德、改善风化的责任，国家有表彰。

和孝悌力田一样，三老也是一种享受优待的荣誉称号，同时又负有教化乡民的职责。如果民风不正，则三老有失职之咎。自汉代始，教化之务已初步形成制度。

汉代在文化教育政策上，从汉代初期的推崇"黄老之学"，过渡到汉武帝时期"罢黜百家，独尊儒术"宏观政策的正式确立，完成了一个历史性的大转变。从此以后，"独尊儒术"政策成为后世历代君主所奉行的文教总方针，对后世封建文化教育的发展产生了深远的影响。

阅读链接

汉代太学的教师均称为"博士"，即"五经博士"。始设于建元五年，也就是公元前136年。在此之前，博士原为通古今、备咨询的顾问官员。自太学设立后，开始成为专职学官，掌经学传授，同时亦参与政事议论或奉使以及巡视地方政教之类。

为了协调教学和管理，在五经博士中还设有一位"首席"博士，西汉时名曰博士仆射，东汉时改名为博士祭酒。而各门专经博士的人数与设置，则屡有变更和增加。汉武帝时设有7人，宣帝时增为12人，元帝时增为15人，平帝时又增为30人，至东汉初年，光武帝乃定为14人。

魏晋南北朝的官学

东汉末年，时局动荡，变化多端，官学的学制设置发生了越来越大的变化。尤其是到了魏晋南北朝时期，官学纷呈百态，难以划一；五胡诸国，南北六朝，自行其是，因势造置，学制方面也无一定成规。

魏晋南北朝时期形成的官学双轨体制，是由于门阀政治制度的进一步强化。当时的门阀士族在政治、经济、文化等诸方面均占有独特的地

古代学生读书场景蜡像

■ 古代学生学习场景蜡像

位，他们要求在现行的官学体制中扩大其文化优势，而现存的太学不能满足这种需求，于是，278年在太学之外另设国子学，从此太学与国子学泾渭两存。

国子学为贵胄学校，太学则专收六品以下的庶族地主官僚及平民子弟。这种区分士庶贵贱等级的学校制度从此在形式上正式确立，并一直延续了一千多年之久，成为古代封建社会的基本教育形态之一。

魏晋南北朝时期士庶双轨的学校体制建立之后，其发展并不稳定。这一点，与门阀势力的消长有直接的关系。

东晋时期，经过多年的战乱，门阀士族势力遭到很大削弱，江左苟安之时，也未完全恢复，竟不能有效地控制国子学这样一小块专有的领地，以致庶族布衣竟不顾禁令，争跻于其间，高门大族虽讥讽国学生员混杂，并自恃清高，却又无力改变这种士庶争夺官学位置的现状。

门阀 门第和阀阅的合称，指世代为官的名门望族。门阀制度是古代历史上从两汉时期至隋唐时期最为显著的选拔官员的系统，其实际影响造成国家重要的官职往往被少数姓氏家族所垄断。唐代逐渐被科举制度所取代。

■ 鲜卑贵族

晋宋时期，随着庶族地主势力的增强，其在教育领域，也多染指国子学。宋齐之间，国子学也兴废无常，劝课不广，其教学成果远在一般学校之下。梁武帝曾经开置五馆，已是不分士庶，广招生徒，而国子学虽然并存于世，其规模及影响竟远在五馆之下。

北朝时期官学最初未分双轨，北魏时期道武帝建都平城，先立太学而无国子学，后来增设国子太学，其时生员贵庶混一，而且学制未分。

明元帝在位时，将国子学改称"中书学"，另立教授博士，但学校设置仍未分立。至太武帝时方在平城以东别置太学，并征辟范阳卢玄、渤海高允等名士，拜为中书博士，兼掌太学、中书学之教。

但此时北魏时期贵族大体是对鲜卑拓跋旧部及北边部落氏族贵族而言，尚未归化于魏晋以来传统的门阀政治范畴之内，至太和改制时期，鲜卑贵族才逐步门阀化，并确定了族姓等级制度。与此相适应，北魏

梁武帝 （464—549），名萧衍，字叔达，小字练儿。南兰陵（今江苏常州）人。南梁政权的建立者。在位达48年，颇有政绩，在位晚年爆发"侯景之乱"，都城陷落，被侯景囚禁而死。谥"武帝"，庙号高祖，葬于修陵。

时期官学为适应门阀制度的需求，正式确立了士庶双轨的体制。

后来北魏时期边镇将领拥兵起事，从此，门阀大族多于战乱之中颠沛离散。因此，从北魏孝明帝后期开始，士庶双轨的官学体制已名存实亡，终至隋代也未曾改观。

魏晋南北朝时期，州郡学校制度的建立和完备，主要是在十六国时期的后赵和北朝元魏政权中完成的。南朝的宋、齐、梁、陈虽有地方官学与中央官学并行于世，但没有形成常规。

北魏时期基本统一了北方后，加快了鲜卑族汉化的进程，并重视恢复和发展朝廷及地方的学校教育，以此作为汉化政策实施的重要组成部分。

466年，北魏献文帝拓跋弘制定出古代第一个郡国学制模式，其内容包括：

鲜卑 鲜卑族是继匈奴之后在蒙古高原崛起的古代游牧民族，是魏晋南北朝时期影响最大的少数民族。属阿尔泰语系通古斯语族，兴起于大兴安岭。鲜卑族起源于东胡，在秦汉之际，退保鲜卑山，以山为号。隋唐时期，鲜卑作为民族实体和政权实体逐渐减弱，融入其他民族之中。

承前启后 教化之风

■ 古代学生学习场景蜡像

学校的规模与设置，按诸郡的大小分级排列；教师的录用标准；学生的录取标准与次序。

北魏时期天安学制的公布与实施，标志着古代郡国学校教育制度的建立，从此，地方教育改变了先秦时期相对独立于官方之外的状态，开始在行政、设置及教学内容等方面逐步增加了官方统一控制的比例，这也是封建专制文化建设日趋发展的必然结果。

北魏时期，历朝地方官学体制的设置，虽在形式、内容等方面略有损益，但基本制式和性质大体不变。因此，北魏时期天安学制模式是古代封建社会地方官学的基本模式。

值得一提的是，天安学制强调儒家经典和恢复名教的地位，也反映了北方地区在经历了十六国战乱之后，重建封建生活秩序、恢复儒家伦理观念的历史要求。这一要求，无疑也是推动社会文化建设的动力之一。

■ 私学教育雕像

魏晋南北朝时期官学的学校种类有所扩大，学科内容也更加丰富。这一点，与魏晋南北朝时期丰富活跃的社会文化现状有直接的关联。就学校种类而言，由于突破了秦汉时期以来单一的太学模式，魏晋南北诸朝时期官学类型不断分化扩大。其数量也因势消长，绝非两汉之常规所能囿限。

这一情况同当时学术文化的活跃状态、不同社会阶层对文化教育的多方面需求，有直接的关系；同时，胡汉文化的融合、帝王的雅好、国家政策的调整及和平环境的产生，均成为推动官学改进的力量。

■ 梁武帝画像

十六国时期，后赵于太学之下，又设宣文、宣教、崇儒、崇训等小学19所，后秦除太学、国子学之外，又设逍遥院，专门从事佛经的研究与教学；同时，还在长安创建律学，召郡县散吏，教授有关刑狱方面的专门知识，这是古代最早的刑律学校。

宋文帝元嘉年间，设置玄学、史学、文学、儒学四馆；宋明帝时期又设总明观以统儒、道、文、史、阴阳五部学。当时儒、道、文、史、阴阳诸单科学校，属于综合性的研究学院，从而开创了古代综合大学与研究院合为一体的先例。

南朝齐国的时间最短，但也广开学校，并置学士馆，其办学形式，也有独到之处。梁武帝在位期间，除置五馆教授五经之外，又置集雅馆，以招远学；又

阴阳 源自古代中国人民的自然观。古人观察到自然界中各种对立又相连的大自然现象，如天地、日月、昼夜、寒暑、男女、上下等，以哲学的思想方式归纳出"阴阳"的概念。早至春秋时代的易传以及老子的道德经都提到阴阳。阴阳理论已经渗透到中国传统文化的方方面面，包括宗教、哲学、建筑等。

建士林馆，广纳学生。

北朝时期的官学，多承汉魏遗风，兼采江左风情，而又自成一体。北魏官学除太学、国子学之外，又开了皇宗学和四门小学。

皇宗学的建立，把皇室子弟的教育正式纳入到官学教育体系之中，是对先秦时期朝廷保傅教育的重大改革。这一改革的成果，也说明对于皇室子弟进行汉文化教育，是太和改制期间的一项重要的政策措施。

四门小学的设置，虽然没有详细的史料说明其内容，但确实开创了古代四门学的先例，当是一种庶人教育的初级学校。同时，北魏时期伴随佛、道势力的消长，一度设置崇玄署，这虽然不属学校类型，但也内设仙人博士，专掌道教礼典与研究。

此外，北魏时期还设有太史博士、律博士、礼官博士、太医博士、太卜博士、方驿博士，这些博士虽不尽以教学为专职，但多于常职之外，兼负传授专业知识，培养专业人才的职责。这种现象是古代职业技术教育的主要官方形式，自隋唐时期以来被历代承袭。

四门小学 国立学校名。北魏孝文帝于496年置四门小学博士，专门面向皇族子弟的皇宗学。作为皇宗学的延续，四门小学在北魏末期并没有真正发挥作用。北齐时期循北魏时期制度，设国子、太学、四门学，至唐代四门小学逐渐演变为大学性质的中央学校，不再针对宗室子弟，转为面向低级官僚子弟及一般百姓。

■ 古代儿童学习雕塑

■ 古代学生学习场景塑像

北周时期官学的设置，带有明显的复古倾向，并对魏晋时期的传统给予大胆的否定。以皇室子弟学校为例，即完全仿照《礼记·内则》建制：虎门学为天子路寝之门学，也即内学；路门学则为燕朝之外的路门之学，相当于西周的门塾之学，也即《内则》所谓的"外傅"之学。这种完全模仿西周旧典的学校建置，也是北周时期管理者标榜自我承运西周正朔、服色，强化正统地位的政策内容之一。

魏晋南北朝时期官学种类的分化与学科内容的扩大，具有混合一体的关系，即学校的设置与学科的设置，尚未分解成两个独立的，或相互包孕的概念；在这种意义上，一个新学科的建立，就意味着同一专科学校的出现。

正朔 汉武帝时候和太初历直至今天的夏历，都用夏正。古时改朝换代，新王朝常重定正朔。虽然汉以后朝代很少改正朔，但改年号，颁历法仍然是天子体现皇权的重要手段。旧时称历书为皇历，盖因历书必须由皇帝所颁。直至近代，历法正朔，仍被视作是政权的标志。

■ 宋文帝画像

学校类型和学科门类的扩大，反映了魏晋南北朝时期学术文化事业多方面发展的成就，也体现了当时文化学术的多元性特色，促进了社会文化事业的进一步发展。同时，也为完备的唐代官学体制和学科文化建设，奠定了历史基础。从这种意义上看，魏晋南北朝时期实为古代官学的飞跃发展时期。

魏晋南北朝时期，官学的经营和办学手段具有多样性的特点，为后世官学教育提供了各种有益的先例。官学经营颇具特色的主要有后赵、宋、齐、梁和北魏的官学。

后赵石勒有功于教育者，一是扩大了小学的名目，反映其办学形式的多样化；二是颁定了郡国立学的诏令；三是采用了分科教学的形式。

南朝时期宋文帝崇尚文治，元嘉兴学，设置四学，即不拘常规，因人而立。这种办学形式，可谓对教师迁就备至，既有礼贤下士的因素，也反映了当时办学观念的灵活多样。

南朝梁武帝办学也颇有特色。梁武帝所设五经博士，本为汉魏传经，但不同的是，梁武帝将五经分设五馆，这是古代官学史上最早的经学专科学校，在办学形式上也大大突破了汉魏的旧学模式。

齐武帝于485年兴学，

■ 古代私塾

因世家大族出身的国子祭酒、临沂王俭精通礼学，谙究朝仪，遂省总明观，将学士馆开办于王俭家宅。这种门阀家学与官学合流的形式，在古代官学史上也是独一无二的。这种现象，在一定程度上反映了南齐官学的衰败和门阀家学对官学的兼并。

北魏时期办学是其汉化政策的重要组成部分，与此相应，北魏时期官学也以此政策为办学宗旨。比如为学生授官品之待遇，就反映了北魏时期办学并不完全拘泥于汉学的传统，因势而设，注重实际的特征。

魏晋南北朝政权，虽然多是在战乱中建成的，但仍然将视学、养老、释奠作为官学的古老传统，其宗旨在于昌明政教法令，显示帝王养贤尊德、重视文教

礼学 是自古至今一切关于礼的学术活动的总称，是以礼为研究对象的一个专门的学术。礼学跟我国传统的哲学、宗教、政治、道德等学术互相交叉，互相渗透，同时又相对独立，具有独特的基本范畴和自成体系。对我国传统的经学或儒学而言，礼学是它们的核心组成部分。

的意愿，对全国教育的发展具有法定的指导和示范作用。

晋代诸帝多躬讲《诗》《书》《孝经》《论语》，亲临太学释奠祀孔。南朝宋文帝也重视释奠、视学礼仪，并因袭晋制，由太子释奠国子学，讲授《孝经》。

其后，齐、梁、陈诸朝朝廷，也多有视学释奠活动。北魏朝廷十分重视养老、释奠礼仪以此标榜名教，倡励儒学。

这一时期视学、释奠、养老活动的频繁举行，既反映了当时政局变化多端的一个侧面，也反映了管理者力图拨乱反正，重建儒家伦理秩序的努力。从中也能看到：魏晋南北朝时期在一定程度上保留并恢复了汉代"以孝为本"的伦理教育传统。

总之，魏晋南北朝时期的官学，逐步形成并确立了中央官学的双轨体制，郡国学校制度逐趋完备，学校种类和学科门类扩大，办学形式灵活多样、不拘常格，重视国学的视学、养老及释奠礼仪。这些发展变化，上承秦汉，下启隋唐，在古代官学史上具有一定的意义。

阅读链接

北魏孝文帝拓跋宏，是北魏王朝的第六位皇帝，是一位杰出的政治家、改革家。他亲政后推行汉化改革，史称"孝文帝改革"。他的改革中有涉及习俗方面的内容：一是建行大典的明堂，开办太学，征求典籍，并定礼乐；二是在洛阳建立国子太学、四门小学，大兴儒术，重用儒生，以爵赏奖励学士。

孝文帝的汉化改革，使胡汉两族的血统、宗教、言语、风俗和习惯等，从此彻底融入于汉族的集团中，对各族人民的融合和发展起了积极作用。

南北朝时期的家学

门阀家学大体为门阀政治的产物，而家学本身又有其独特的历史渊源；两者的合流，起始于汉代末期，成形于魏晋时期，至南北朝时期则趋于鼎盛，并渐次衰落。

魏晋之初的世家大族，大多为汉代末期的儒学高门。故其家学世业，也与此有血脉承传的联系。如西晋颍川荀氏，其家学世传，为西晋儒学高门。再如汉末大儒范阳卢植，其后代以儒学标榜门户。

卢植画像

此外，如东海王氏、河东卫氏、清河崔氏、博陵崔氏，均为汉代末期以来以儒业显贵的门阀大族。

门阀家学的存在，旨在维系家族的世代特权和优越的文化地位。是利用家族的权力及稳定性，保护和延续学术文化的有效手段。而一旦经历了动乱之后，门阀家族的特权削弱、家族的观念淡薄，出现了有利于学术文化自由发展和生存的社会环境，在乱世之中一度仰赖门阀家学保存的学术文化，就会成为全社会范围内学术文化全面升华、融合的重要源泉。

魏晋南北朝时期的门阀家学，在历经治乱更替的几百年中，旧的世族集团在乱世之中衰落，一旦政局初见平宁，又在旧的废墟中滋生出新的世族集团，而旧世族或在动乱中绝户，或者重振门户。门阀家学也相应地发生着类似的变化，一些旧的门阀家学衰落甚至绝传了，而新的门阀家学又滋生出来。

在这种新旧兴废更替的过程中，门阀家学经受了社会风雨的洗礼，社会化的因素不断扩大，并最终演化成为社会大文化的有机成分之一，而将家族文化与社会文化分离开来的那种血缘性隔膜也日渐融化。

魏晋南北朝时期门阀家学的内容颇为广泛，其形式和特色各异，但总括而论，有以下几方面的内容或特色：

王筠画像

第一，门阀家族大多重视肃整家风，倡导忠孝为本的伦理观。比如，临沂王昙首为汉魏时期世代显赫的名门大族。仕宋官至太子詹事、侍中，其门户之内，雍雍如也，手不执金玉，妇女不得为饰玩；兄弟分财，唯取图书而已。再如，北魏时期博陵崔挺为魏晋时期的门阀大族，世尊儒家"重义轻利"的价值观。据说他的家族"三世同居，门有礼让"。后因频遇饥年，兄弟分家，彼此推让田宅旧资，争守墓田而已。

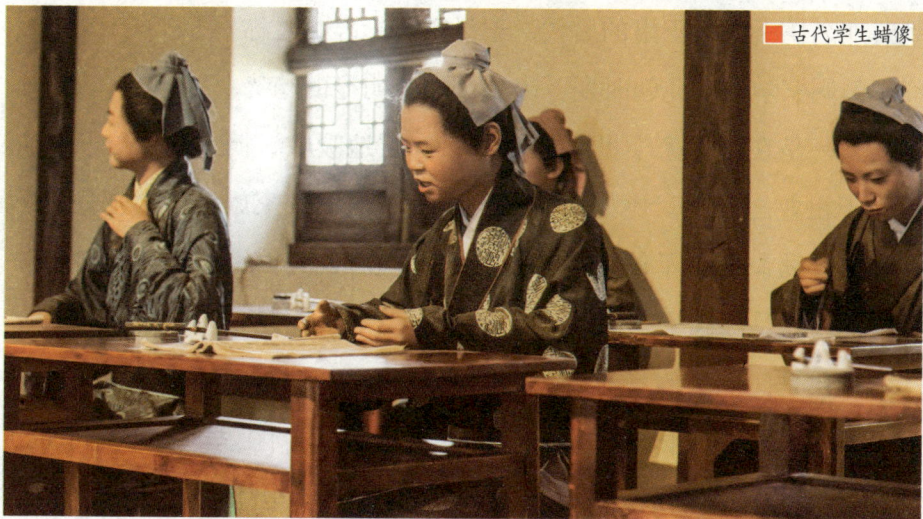

第二，儒学高门多以专经世传。诸如：西晋时期河东大族王接，世修儒史之学，尤精于礼传；会稽人贺场，为晋司空贺循的玄孙，其祖贺道力，精通《三礼》，其后子孙传习《礼》学，并视之为家业。

第三，多有专守一技之长，而为世业。诸如：南朝时期宋琅琊大族王淮之，自高祖以来世任朝职，曾祖王彪之任职尚书令，练悉朝仪，从此家世相传；南齐时期傅琰有治县谱，子孙相传，不以示人。类似的事例不胜枚举。大体家学所传，有家世史官者，有祖传医药者，有世习天文数术者，有父子并有琴书、丹青之艺者，也有书法、篆刻世家者。

第四，由于佛教、玄学的影响，南方门阀家族，也多成为文学玄谈之渊薮。如江南望族出身的张镜，其祖辈多以才学擅名，张氏兄弟五人，时称"张氏五龙"。张镜仕宋官至新安太守，名儒颜延之听其言谈清玄，深为心服。其侄张绪，被名儒袁粲赞有正始遗风。其家族中人张邵、张敷父子，好玄言，常常与名士宗少文谈论。自晋代末期，吴国张氏，累世显贵，并以玄谈擅名，奉佛著称。

至于文学世家，则有梁时彭城刘孝绰，其辞藻文章，多为后进所宗，兄弟、诸子七十余人，并能属文。还有琅琊临沂大族王筠，为汉魏时期名儒王朗、王肃的后代，累世以文彩辞赋著称。

门阀家学在南北朝时期，出现了两个明显的趋势：

其一是在传习家学世业的同时，广泛地吸收、博采众学之长，而不囿于祖业之旧学。比如，北魏赵郡李孝伯，其家族世传《郑氏礼》《左氏春秋》，李孝伯在少时传父业的同时，又博综群言。这种博学众长的风气是门阀家学得以更新的重要动因。

其二是门阀家族素有广集图书的传统，这使得门阀家学得以广泛地吸收古今社会文化的学术精华，并进一步社会化、开放化，同时也有利于保存学术文化遗产。比如，梁时王僧孺，出自名门大族，为汉魏名儒王肃的八世孙，嗜好典籍，聚书至万余卷，笃志精力，于书无所不览。

在门阀中人，类似王僧孺的藏书大家，为数甚多，不胜枚举。这种丰富的藏书，为士族子弟提供了优越的读书条件，这也是门阀家学得以兴盛并世传不绝的重要原因。

门阀家学至南北朝后期渐趋衰落，但其根底虽败，学业犹存，并逐步与官学及社会范围内的私学合流，成为集大成之学的隋唐时期文化教育的重要源泉之一。

阅读链接

北魏时期官员崔挺尊奉儒家重义轻利的价值观。他在地方任职时，掖县有个人，年过九十岁，脚踏板舆来到州治。自称少时曾经充任林邑吏卒，得到一块美玉，4寸见方，很有光彩，自己把它藏在海岛，至今已有将近六十年了。今天欣逢清明之治，自己愿意把它奉献官府。

崔挺派船随他去取，这块宝石果然光彩照人。但崔挺说："我虽然德不比古人，还是不能以此玉为宝。"最后不肯接受，上表把玉送到了京城，被时人赞为两袖清风的楷模。

唐代末期及五代时期，群雄割据，政局动乱，虽然朝代更替频繁，但崇儒之风和经学雕印却不比前朝逊色。五代时期各朝设置学校，雕印经书，奖掖明经人才非常普遍，在隋唐时期及宋辽金元代之间起着极为重要的中介作用。

古代教育在北宋初年，形成了大规模的兴学运动。范仲淹和王安石重视教育的社会地位，主张通过振兴教育来带动全社会的变革，代表了中华文明优秀的重教传统。元代朝廷对民间办学形式采取了积极的政策，反映出教育对促进民族团结的非凡作用。

开科举士

隋代初创科举选拔制

隋王朝建立之初，也实行过九品中正制。但由于这种选官制度不利于中央集权的加强，隋文帝杨坚很快废除了这种制度，把选官任人的权力集中到中央朝廷的吏部。

隋文帝画像

隋文帝规定各州每年以文章华美为标准选拔3人，荐给朝廷。后又命令京官五品以上、地方官总管、刺史等以考察才能的"志行修谨"、考察品德的"清平干济"二科来荐举人才。隋代已经摆脱了九品中正制的旧路子，开始向科举取士的新路子过渡。

隋文帝坚持荐举制度，直到他去世的前一年，还下了一道诏书：各州县发现明知古今、通识治乱的贤哲之士，"不限多少，不得不举"。

隋炀帝杨广即位后，注重文化教育事业，其标志性措施就是开创科举制度。在即位的第一年，隋炀帝就下诏说：

■ 隋炀帝铜雕壁画

　　君民建国，教学为先，移风易俗，必自兹始。

为此，隋炀帝恢复了国子监、太学以及州县学。并命视察各州的专使除了其他任务外，还要发现有模范行为、文才出众和学有专长的人，经过考察，再把他们送往京师。

随着学校的恢复和全国各地人才的汇集京师，隋炀帝于大业年间的607年增设进士科，并明确提出了十科举人的科目。他在诏令中说：

　　文武有职事者，以孝悌有闻，德行敦

刺史 职官，汉初，汉文帝以御史多失职，命丞相另派人员出刺各地，不常置。汉武帝始常置刺史，巡行郡县。当时分全国为13部或州，各置部刺史一人，后通称刺史。刺史制度在西汉中后期得到进一步发展，对维护皇权，澄清吏治，促使昭宣中兴局面的形成起了积极的作用。

厚，节义可称，操履清洁，强毅正直；执宪不挠，学业优敏，文才秀美，才堪将略，膂力骁壮十科举人。

对于全国诸郡举荐人才的标准，隋炀帝又于609年发布诏令，提出四科举人：

诸郡学业该通，才艺优洽，膂力骁壮，超群等伦，在官勤奋，堪理政事，立性正直，不避强御，四科举人。

当时秀才试方略、进士试时务策、明经试经术，形成了一套完整的国家分科选才制度。其进士科后来成为科举功名的最高等级，民间又称考中进士为"金榜题名"。

最早提出进士科创立于隋炀帝时期的人，要数唐代左补阙薛登，他曾上疏武则天要求革除选举弊端，疏文提到："炀帝嗣兴，又变前法，置进士等科。"唐代还有许多史籍记载这件事，文学家刘肃《大唐新语》曰："隋炀帝改置明、进士科。"史学家杜佑《通典》曰："炀帝始建进士科。"文学家王定保《唐摭言》曰："进士，隋大业中所

■ 隋炀帝杨广像

■隋唐士子科举图

置也，如侯君素、孙伏伽皆隋之进士也明矣。"

这些史料都说明隋炀帝大业时已创立了进士科，隋炀帝是实行科举考试的开创者。隋炀帝用进士科考试的方法以才取人，考取的就可到中央或地方政府中做官，这就是我国科举制度的开始。

当时的科举大体有两种情况：一类属于临时的特科，如隋炀帝以孝悌有闻、德行敦厚、节义可称等"十科举人"；又诏诸郡以品学方面的"四科举人"。特科只是临时下诏，偶一行之，并没有成为一种制度。另一类是常设科目，有秀才、明经、进士科。最初只设秀才、明经两科。秀才先试策，并加杂文。

整个隋代，大约只举行了四五次考试，开头考取的叫秀才，后来考取的才叫进士，总共只有秀才、进士十二人。据载，隋代考中者数少质高，均能成大器。隋代的著名进士、秀才如房玄龄、杨纂、杜正伦、许敬宗等均成为后来唐代的名臣。这些人才加强了唐代的统治力量，也为唐代推行并发展科举制提供了理论依据。

隋代的"进士"与"孝廉""秀才"都由州郡地方长官推举。但不

科举考生

同的是，进士由州郡推荐后，再由朝廷进行策试，以策试的成绩作为录取的标准。孝廉则以德行为重，但考试的成绩并不作为最后的衡量标准。至于秀才，其考试要求比进士尤为严格，所以应举者极少。

隋代科举属于初始阶段，考试没有定期，考试办法也不完备，考试题目和内容都有随意性，但开科取士这个政治措施，把读书、应考和做官三件事紧密联系起来了，科举成了封建知识分子进入官场的阶梯和取得高官厚禄的门路，从而改变了"上品无寒门，下品无士族"的流弊。隋代的科举是察举制向科举制的过渡，从此开创了我国考试制度的新纪元。

隋炀帝创置科举制度，是我国古代选官制度的一个重大改革。科举制度经过各个朝代的发展和完善，成为封建国家选官的基本制度。

阅读链接

据《隋书》《北史》记载，隋炀帝积极征召全国有才学的人到京师学习，使远近儒生纷纷前来，并被组织起来互相辩论学术问题。一名高级官员给他们排列名次，上报隋炀帝。因此许多寒士得以重振门庭；典籍研究盛极一时，南北的传统兼容并包。古代的典籍都被注疏。

隋炀帝在江南任扬州总管时就网罗学者来整理典籍，到他即帝位的近二十年间，共成书130部，1.7万多卷。他还组织人编写了《长洲玉镜》400卷和《区宇图志》1200卷，这对于保存我国古代的典籍做出了不可磨灭的贡献。

唐代科举制度的发展

　　唐代国运较长，政局相对稳定，这为科举考试制度的发展创造了条件。唐王朝一方面要求地方官员向朝廷推荐德才兼备的人才，另一方面积极推行科举考试制度，逐步扩大考试科目，增加考试内容，完

武则天时期朝拜图

■ 唐太宗李世民画像

尚书省 古代的官僚机构。南朝宋得名，前身为"尚书台"。由汉代皇帝的秘书机关尚书发展而来。是魏晋至宋的中央最高政令机构，为中央政府最高权力机构之一。"尚书省"的组织机构，到了隋朝定型。唐代有吏部、礼部、兵部、刑部、户部、工部共六部，下辖吏部、主爵等24司。

善考试程序，从而使科举考试制度取代了以荐举为主的选士制度，成为当时领先于世界各国的用人取士制度。

唐代参加科举考试的考生，来源有二：一是"生徒"，即当时在中央官学与地方官学上学的在校生。只要他们在学校内考试合格，便可以直接参加朝廷尚书省主持的考试，也称为省试。二是"乡贡"，即不在学校上学的社会知识青年欲参加科举考试的，可以向所在州、县官府报考。

报考办法是：每年农历十一月，中央官学和州县学馆把通过校内考试合格的"生徒"名单报送至尚书省。"乡贡"则由各人带自己的身份材料、履历证书向所在州、县报名。州、县逐级对他们进行考试。合格者由地方官长史举行乡饮酒之礼饯行，然后送至京城长安参加尚书省的省试。

无论是"生徒"或"乡贡"，送至尚书省报到后，均须填写姓名履历及具保结即有担保人，由户部审查后，送考功员外郎考试，自736年起移试于礼部。礼部命题考试的时间，大约是每年农历三月。所以当时有"槐花黄，举子忙"之谚。省试发榜后，合格者再参加吏部复试，吏部发榜后，合格者才可授官。

唐代规定，触犯过大唐法令的人、工商之子以及州县衙门小吏不得参加科举考试。如将不合格的士人推举到尚书省应试的，无论是学校的祭酒还是地方官长史，都要受罚。所以《新唐书·选举志》说：

凡贡举非其人者，废举者；校试不以实者，皆有罚。

为了确保科举考试的公平公正性，有的皇帝多次微服私访，多方听取民间的意见，考察科举考试之得失；有的皇帝亲自出题，主持考试；有的皇帝亲开制举，防止举人称门生于私门而不知有朝廷和皇帝，并由此结党营私。

唐代科举考试起初由吏部考功员外郎主持，后因吏部考功员外郎是从六品上，地位较低，不便主持全国规模的科举大考，于是在736年诏定由礼部侍郎主

■ 武则天制定考试法令

■ 童子科中举图

崇文重教的蔚然民风

持，礼部侍郎正四品上，从此科举考试改由礼部掌管，礼部直接对朝廷、皇帝负责。

礼部下设贡院，考试、阅卷等均在贡院举行。主持省试的官员称作"知贡举"，泛称作"主司""主考""主文"和"有司"等。皇帝有时也临时差遣主考官员，如以兵部侍郎、门下侍郎、户部侍郎、中书舍人、国子祭酒、尚书右丞、太常少卿、吏部尚书、左仆射、工部侍郎、左谏议大夫、黄门侍郎、御史中丞、刑部尚书等官员充任主考官。

唐代科举考试设科繁多，不同时期其科目设立也不尽相同，前后总计不下几十种。其中常设的科目有秀才、进士、明经、明法、明字、明算、诸史、礼科、童子科、道举、制科、武科、医举等。

秀才科考方略策五道题，依文理通顺透彻程度分为上上、上中、上下、中上四等录取。隋唐时代均以秀才科为最高，所以被录取也最难。

隋代秀才科先后录取不过十人，唐代秀才科每次录取的仅一二人，秀才科录取后，按四等授予官位，

贡院 是古代会试的考场，即开科取士的地方。贡，就是通过考试选拔人才贡献给皇帝或国家的意思。贡院最早始于唐朝。现存有江南贡院、北京贡院、定州贡院、川北道贡院等遗址，其中江南贡院作为中国古代最大的科举考场最为出名。

即正八品上，正八品下，从八品上，从八品下。由于秀才科录取的难度较大，唐初举行了一段时间，后来就停止了。

进士科唐初仅考时务策五道，后增加考试帖经和杂文。帖经是考默写经书的能力。杂文是指以规谏、告诫为主题的箴、铭。经策全通为甲等，策通四道、帖通四道以上为乙等。

唐中期后又增考诗赋，并重视诗赋的考试。往往帖经不合格的，如果诗赋考得好也可以录取，这是唐诗兴盛的反映，同时又反过来促进了唐诗的进一步发展。进士科录取分为两等，甲等授予从九品上之官职，乙等授予从九品下之官职。

唐代进士科最受士子青睐，唐玄宗时每年参加进士科考试的常不减千余人，但及第者最多时不过三十余人。《全唐诗》中有"桂树只生三十枝"句，反映了进士科每次录取名额在三十人左右。

进士科之所以受到社会的广泛重视，与进士及第者往往受到重用有关。有的进士及第者位及宰相，从唐宪宗到唐懿宗期间共有宰相133人，而其中进士出身者就有98人，宰相中进士出身的人数已

唐代讲学博士

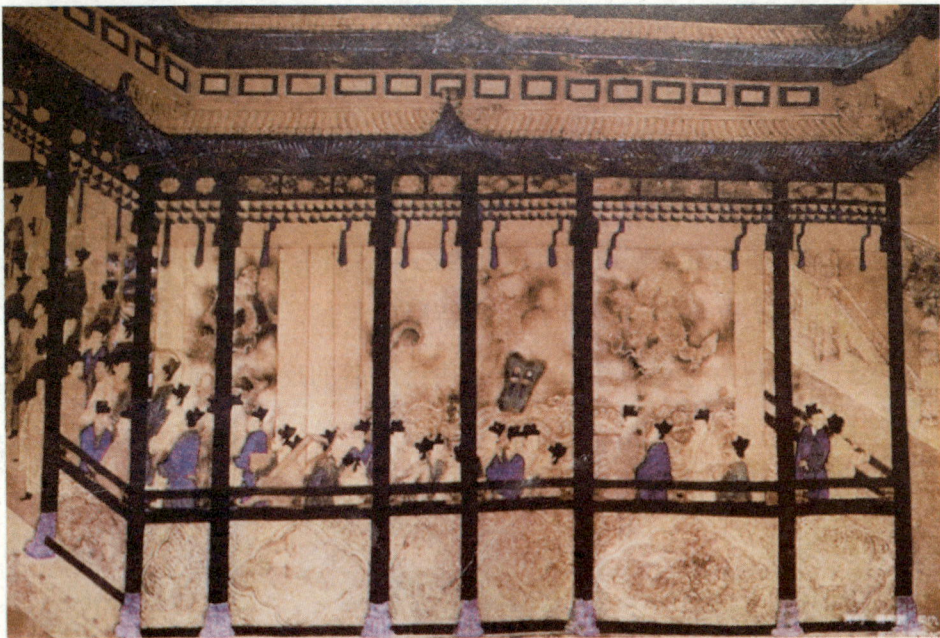

■ 唐代放榜图

《论语》儒家的经典著作之一，由孔子的弟子及其再传弟子编撰而成。它以语录体和对话文体为主，记录了孔子及其弟子言行，集中体现了孔子的政治主张、伦理思想、道德观念及教育原则等。《论语》成书于战国初期，全书一共20卷，11705个汉字，可谓汉语文章的典范。

经占了绝对优势，反过来又促使朝野上下更重视进士科。正是由于进士科及第者官位显赫，录取人数又少，所以进士科也最难考。

明经科又可细分为五经、三经、二经、学究一经、三礼、三传等。

在唐代按经书的分量又把经书分作大、中、小三类：《礼记》与《春秋左氏传》被称为大经；《诗》《周礼》《仪礼》被称为中经；《周易》《尚书》《春秋公羊传》《春秋穀梁传》被称为小经。《论语》《孝经》为共同必试，要求参加科举考试的人都要掌握。明经科就是考以上儒家经典著作，方式分帖经、墨义、时务策与口试等。

明经科的录取分为四等，分别授予从八品下、正九品上、正九品下、从九品下等官职。明经科的考试要求是不高的，只要求熟读经义注疏就行，对于经义也未必真懂。录取的比例也较大。

明经科大约每十人就有一二人被录取，而进士科大约每一百人只有一二人被录取。唐有重进士、轻明经的倾向，故有"三十老明经，五十少进士"的谚语，意思是说30岁的人去考明经科，算是年纪老的了，而50岁的人去考进士科，算是年纪轻的了。说明考明经科容易，考进士科很难。

明法科即法律科，主要考律、令等知识。试策共10条，其中律7条，令3条。全通为甲等，通8条以上为乙等，通7条或7条以下为不合格，不能录取。

明法科的考生来自律学的学生和州、县的乡贡。明法科主要是试考生对朝廷刑法和国家组织制度的了解程度。录取人数很少，有史可查的有李朝隐等以考法经出仕者。

明字科也称"明书科"或"书科"。明字科先试帖经，然后口试，最后试策。帖经试《说文》6帖，《字林》4帖，共10帖；口试"不限条数，疑则问之"；口试通过后再笔试《说文》《字林》20条，

唐代状元浮雕

训诂 即用易懂的语言解释难懂的语言，用现代的语言解释古代的语言，用普通话解释方言。训诂学是我国传统研究古书中词义的学科，训诂的任务是解释语言，训诂学是研究怎样正确地理解语言、解释语言，也就是讲清楚怎样注释的道理。

答对18条为合格。

明字科考生来自书学学生，合格者再经祭酒审定，而后参加省试，省试及第，仅取得了科举出身，再经吏部铨选才能放官。明字科及第叙任的品阶是从九品下。

明字科考核的是文字、训诂知识和书法，明字科的设置也反映了唐代重视书法的风尚。著名的楷书家欧阳询、颜真卿、柳公权和草书家张旭、怀素，除欧阳询生于隋唐之际外，其余四人都生于唐代，另外还有虞世南、褚遂良等书法家也生于唐代。

明算科即算术科，着重考核算术，要求详明术理。主要考《九章算术》三条，《周髀算经》《海岛》《孙子》《五曹》《张丘建》《夏侯阳》《五经算》各一条，十通六者为合格。《记遗》《三等数》帖读十得九者为合格。

明算科考生主要来自算学生，算学生学业完成后

■ 古人中举图

参加国子监考试，合格者再参加科举省试，及第后待铨选后叙任官员为从九品下。

诸史科即历史科。"一史"，主要考《史记》。"三史"，主要考《史记》《汉书》《后汉书》。史科为唐穆宗时所设。每史问大义百条、策三道，义通70条、策通二道者合格。

礼科就是指礼制科，主要考唐玄宗开元年间所制定的礼仪制度，为唐德宗贞元年间所设。应试者通大义70条、策二道者为合格，通大义百条、策三道者超资授官。

童子科规定凡10岁以下能通一经及《孝经》《论语》的，皆可参加童子科考试。能背诵十卷的可以授官，能背诵七卷的可以授予出身。

道举科在唐玄宗时举行过，主要考《老子》《庄子》和《列子》等，这是唐代注重道家思想、扶持道教势力的反映。

制科，皇帝的命令称为"制"，皇帝特别召集一些人举行的考试科目，称为"制科"。考试的时间及内容都由皇帝临时决定，随皇帝的一时高兴而举行。

左卫长史 我国古代皇帝禁军幕府中的幕僚长。唐代杰出将领郭子仪曾经凭武举考试高等成绩补左卫长史之职，此后任横塞军使，后以天德军使兼九原太守、朔方节度右兵马使等。郭子仪从左卫长史入仕，历事唐玄宗、唐肃宗、唐代宗、唐德宗四朝，对巩固唐王朝政权起了重要作用。

制科名目很多，诸如"贤良方正""直言极谏""博通坟典达于教化""军谋宏远堪任将帅""详明政术可以理人"等，前后不下八九十种名目。一般说，制科主要是考"时务策"，即对当世要事的对策，自唐玄宗以后加试诗赋。

武科创立于武则天长安年间的702年。由兵部员外郎主持，又分为平射、武举二科目。主要考步射、马枪、马射、负重、语言、身材等。《旧唐书》载，郭子仪就是"以武举高等，补左卫长史"的。

唐代武举，由州县考选后，以乡饮酒礼贡举至兵部进行考试，每年应试的常有数百至数千，因武举要求长垛、马射、马枪的技艺高超，故能及第者不过数十人。另外，如果是文官要求参加武科，取身材六尺以上、年龄40岁以下，强勇可以统人者。通过马射、马枪等科目五成以上的为合格。

■ 状元及第图

医举科是唐代设置的专门为选拔医学人才的科举考试科目。最早开设于玄宗开元年间的734年。考生主要是来自医学学校的学生。考试内容包括医经方术策、《本草》《脉经》《素问》《伤寒论》等。诸杂经方义二道，通七成以上的为合格。

以上常科经常采用的考试方法，主要有帖经、墨义、策问、诗赋等，间或还采用口试的方式。

■ 武举考试

帖经是唐代科举考试常用的方法。帖经就是将经书上某行帖上三个字，要求将所帖的三个字填写出来，这和现在流行的"填空"有些类似。这种考试方法原是很简单的，只要把经书文注读熟即可应付。

这种考试方法适合于考查记诵性的知识，对于测试认识能力、思辨能力及应变能力，是无能为力的。故即使考生对一般帖经均能回答，也使考官难以分出优劣。为了便于取舍，考官挖空心思提高考题的难度，出些孤章绝句、疑似参互、易于混淆的题目，如出一些偏题、怪题，这样把本来容易应付的帖经考试，变成考生的一道难关。针对这种情况，开元年间的国子祭酒杨玚建议，礼部考试开始实行开示三行，于是就不再于断绝疑似之处帖题了。

墨义是一种简单的对经义的问答，只要熟读经

国子祭酒 古代学官名。古代祭祀礼仪有一种叫浇奠祭祀，就是举起酒杯、向天祝祷、洒酒于地；执行这个礼仪的人叫祭酒。国子祭酒是我国古代国立最高学府和官府名，传授儒家思想，其中最重要的礼仪就是祭祀，故被命名为祭酒。晋武帝设，掌教导诸生，以后历代多沿用。

文和注疏即能回答。如原题："子谓子产有君子之道四焉，所谓四者何？"对答："其行己也恭，其事上也敬，其养民也惠，其使民也义。谨对。"如答不上来，就写上："对未审。"

口试方式出现较晚。规定问义应当众进行，问义结束时当即宣布考试成绩，以此来限制考官以个人好恶而取舍，让众人对口试进行监督。口试的方法比较灵活，但随意性较大，确实有复查无凭的缺点，容易给一些考官和考生提供联合舞弊的机会。

策问是沿袭西汉以来的"射策""对策"的考试方法，它是设题指事，由被试者做文章，题目的范围是当世要事和计谋策略，要求对现实中诸如政治、吏治、人事、教化、生产等问题提出建议，或写出政论性的文章。它比帖经、墨义的要求要高一些，这是一种较好的考试方法。

诗赋是后来加试的一种考试方法。鉴于考生多背诵经义和旧策，没有实才，于是在经义策问的基础之上加试一诗一赋，也称之为帖诗。诗赋比帖经、墨义更能考察考生的思想，且能反映出一个人的文学修养和文化水平。试帖诗中有很多被世人传诵的佳作。

读书人经过省试合格了，只不过是取得了"出身"，还不能马上去做官。要想做官，还得参加吏部考试。吏部考试包括"书、判、身、言"四个方面。

第一考"书"，即书法写字，试其"楷法遒美"。第二考"判"，即写考官指定文体的文章，试其"文理优长"。第三考"身"，考察其相貌是否端正，试其"体貌丰伟"。传说有一读书人名叫方于，由于他缺唇连应十余科而不得录取。第四考"言"，考察其口齿是否清楚，试其"言辞辨正"。如果"书、判、身、言"这四项全能够通过，便可以授予官职。

就整体状况而言，唐代科举是一个比较进步、比较合理的考试制

崇文重教的蔚然民风

度。它与前代选士制度相比较，有三个最明显的特点：

第一，把选拔官吏的权力更有效地由地方世族与地方长官手里集中于中央，加强了中央集权，满足了庶族地主参与政权的强烈欲望，扩大了执政集团的社会基础。

第二，把读书、应考、做官三者密切联系起来，为封建社会广大下层知识分子打开了报效国家、施展个人抱负的方便之门。

第三，力图改变选官只重品行、门第，而忽视知识、才能的弊端，它具有一定的客观标准，当官要凭真才实学，因而选拔了一些有才干的人。

从政治上来看，唐王朝实行科举考试制度的确满足了封建君主专制的政治要求，收到了集权中央、巩固封建政权的成效。这也就是科举考试制度之所以能在我国封建社会维持1300年之久的根本原因。

从文化教育上看，唐代实行科举考试制度，影响是十分深远的。由于选择人才与培育人才的标准和要求一致起来，科举考试制度促进了学校教育的发展与繁荣。

从影响上看，隋唐时期开创的科举考试制度，对东西方都产生了较大的影响。

阅读链接

唐代科举考试是很严格的，像韩愈这样的文豪，竟参加过四次省试，方才通过，又参加过三次吏部考试，一直未能通过。于是他企图通过当朝宰相推荐而得官，但他三次上书均无结果，最后到宣武军节度使董晋的麾下做幕僚，由董晋荐举，他才由此走上了仕途之路。可见科举考试之艰难。

在唐代，即使通过了吏部考试，所授官位无非八九品，其职位并不高。不过从此便登上仕途，成为朝廷一员，因而读书人仍把科举考试看成是一生之中的一件大事。

隋唐时期的儒学教化

隋唐时期儒学教化的发展主要表现在教化制度的创立方面，其足以影响后世教育的发展。

隋文帝杨坚非常重视振兴学校。为了管理各级各类学校，他曾特设国子监，作为教育的行政领导机构。国子监初名"国子寺"，593年改为"国子学"，607年又改为"国子监"，从此一直为后世所沿用。

■ 隋文帝杨坚（541—604），隋朝开国皇帝，谥号"文皇帝"，庙号高祖，尊号"圣人可汗"。他统一天下，建立隋朝，社会各方面都获得发展，形成了辉煌的"开皇之治"，使中国成为盛世之国。隋文帝时期也是人类历史上农耕文明的巅峰时期。

在当时，国子监设祭酒一人总管国家教育事业，在行政上不隶属太常寺，是独立的最高教育机构。通常，在祭酒之下设主簿、录事等专职人员，负责统领各级各类官学。可以说，这是古代历史上首次设立的专门教育的行政部门，也是专门设置教育负责官员之始，在古代教育的历史发展中，这是个了不起的进步。

在国子监的控制下，首先发展健全的是以国子学为首的中央官学系统。除有传统的国子学、太学、四门学外，隋代首创了书学、算学和律学等专科类的中央官学。

■ 隋文帝雕塑

开皇初，隋文帝颇为倡导文教，设国子寺，使强学待问之士毕集，京城聚集的人来自四面八方，负笈追师，不远千里，其中以齐鲁赵魏学者尤多，其讲诵之声，道路不绝。

隋文帝晚年，转而喜好刑名说，同时又发现国学虽然学生颇多，但徒有名录，空度岁时，在601年废天下学校，只存国子学一所，有学生72人。

隋炀帝杨广即位后，复开庠序，使国子学和郡县学之盛超过了开皇初年，形成了隋代第二个兴学高潮。在当时，远近儒生纷纷前来，并被组织起来互相辩论学术问题。一名高级官员给他们排列名次，上报

刑名 战国时期以申不害为代表的学派。主张循名责实，后人称为"刑名之学"。韩非把名辩学与法治紧密地结合起来，并使名辩学成为他建立和论证法、术、势相结合的法治理论的工具。是我国传统文化的有机组成部分，对当时的社会产生了重要的影响。

九品中正制 又称"九品官人法"，是魏晋南北朝时期重要的选官制度，是魏文帝曹丕为了笼络士族而采纳群臣的意见。此制至西晋时期渐趋完备，南北朝时期又有所变化。它上承两汉时期之察举制，下启隋唐时期之科举，在古代政治制度史上占有十分重要的地位，是封建社会三大选官制度之一。

《唐律》 唐代法律的总称。主要是武德时期的《武德律》《武德令》《武德式》，贞观时期的《贞观律》《贞观令》《贞观格》《贞观式》，永徽时期的《永徽律》《永徽律疏》，开元时期的《开元律》《大唐六典》，大中时期的《大中刑律统类》。

隋炀帝。因此许多寒士得以重振门庭；典籍研究盛极一时，南北的传统兼容并包。古代的典籍都被注疏。

隋炀帝时的藏书量是古代历代最多的，大兴城和洛阳建有大藏书殿，而最终的成果则是规模宏大的秘书省，在洛阳藏有珍本，藏书总数达数十万余卷。

随着士族门阀的衰落和庶族地主的兴起，魏晋时期选官注重门第的九品中正制已无法继续下去。隋文帝即位以后，废除九品中正制，开始采用分科考试的方式选拔官员。隋炀帝时，正式设立进士科，典定科举制度，古代科举制度正式诞生。这是古代历史上极其重大、影响极其深远的大事。

当时的进士科以考政论文章为主，选择"文才秀美"的人才。《通典》一书中说隋炀帝优先考虑的是个人的品质而不是文才。他注重个人品质的选拔人才的政策，为唐代初期培养了大批的强毅正直的人才。

唐代沿袭旧制，并将国子学、太学、四门学、律学、书学、算学等不同类型的学校，称为"六学"。学习内容的总体情况是：国子学、太学、四门学学习儒学经典，律学学习《唐律》，书学学习字书，算学学习数算著作算经。唐高宗时662年，又在东都洛阳设立了一个国子监，与长安国子监合称"两监"。

在国子监的统一领导和管理下，唐代太学随着朝廷官学教育行政管理制度的健全，其教学管理逐渐成熟，形成了较为完善的教育教学制度。

唐代太学教师有博士、助教、直讲几种，都是朝廷有品级的命官。博士分经或分专业授课，直讲辅佐

■ 唐代学习场景

助教，依次督课授业。博士一经开课，一门课程没讲完不得调离或充任他职。

唐代太学师生皆有定额，太学博士6人、助教6人，学生500人。其他朝廷官学也有定额，如国子学博士7人，助教、直讲各5人，学生300人。这些都被载之于《唐六典》和《唐律》等法律条文，必须严格遵守。每年学校招生数额根据当年毕业离校的学生数来确定，以保持定编不变，教学秩序比较稳定。

唐代太学制定了教官考课制度。博士、助教，皆以当年讲授多少作为评定等级的标准，还注意从教官的业务水平、教学效果、工作态度等方面进行考核。助教在任职时间内成绩优良者可以升任博士，博士在任职时间内治教有方者官职也可以上升。

唐代太学的这种升迁，必须经礼部核对当年的教学工作量，对其教学态度、业务水平和教学效果等进

《唐六典》全称《大唐六典》，是唐代一部行政性质的法典。是我们最早的一部行政法典。唐玄宗时期官修，旧题唐玄宗撰、李林甫等注，实为张说、张九龄等人编纂，成书于738年，是现存最早的一部会典，所载官制源流自唐初至开元止。

■ 房玄龄画像

《五经正义》
是唐代颁布的一部官学教材。五经指五部儒家经典著作，即《诗经》《尚书》《礼记》《周易》《春秋》。早在汉武帝时，朝廷就正式将这五部书宣布为经典，故称"五经"。642年编成，后经马嘉运校定，长孙无忌、于志宁等增损，于653年颁行。

行综合考察，以决定其进退。这种对教官所进行的晋级考试，是经常化、制度化的。每年有小考，三五年有大考。国家专设考试机关主持考试。其他朝廷官学也是如此。

唐代太学制订了严格的教学计划。太学修业年限为六年，六年内必须授完大经、中经和小经等必修和选修课程。大经和中经是必修科目，小经是选修科目，《论语》和《孝经》是公共必修课。

大经修习三年，包括《礼记》和《春秋左氏传》；中经修习两年，课程为《诗经》《周礼》《仪礼》；小经修习一年半，课程包括《易经》《尚书》《春秋公羊传》和《春秋穀梁传》。

习字是每天不可延误的功课，太学生每日必书一纸，而且要阅读《说文》《字林》《尔雅》等字书。

唐代太学对教材进行统一编审和颁行。唐太宗曾委托宰相房玄龄召开教材审定会议，并于633年"颁其所定书于天下，令学者习焉"，使儒家学者颜师古的《五经定本》以法定经典的形式颁行全国，成为太学等朝廷官学必须采用的标准教科书。也成为广大知识分子和社会一般读书人理解儒家经典的指南针，朝廷举行科举明经考试，也以此为评卷标准。

唐代太学有礼教内容，有束脩之礼、国学释奠礼、使者观礼等，通过这些定期性的隆重礼仪活动，使学生受到崇儒尊师、登科从政的教育，从思想上受到一定的熏陶。

其中束脩之礼自孔子开始，当时学生初入学拜见教师时总要带一些礼品作为见面礼，表示对教师的尊重，这种行为叫作行"束脩之礼"。

从唐代开始，这种礼仪被朝廷明文规定，成为一种制度。交纳束脩的多少，根据学校的等级不同而不同：国子学和太学学生每人送绢三匹，四门学学生每人送绢两匹，律学、算学学生每人送绢一匹，地方的州县学生也送绢两匹。此外，还必须赠送酒肉，数量不限。束脩的分配原则是三分送给博士，二分送给助教。这样，束脩就从原来只是见面礼而已，变质成官学教师的固定收入项目了。

唐代太学建立了严格的考试制度。太学所组织的各种考试，既是对学生学习成绩的检验，也是对博士、助教等教学效果的评估。

唐代太学考试有三种，包括旬试、岁试和毕业试。

旬考每10天举行一次，在旬假前进行，考10天内所学的课程，由博士主持，旬考分及格与不及格，及格有赏，不及格受罚。

岁试即岁考，在每年年终进行，考学生一年内所学的课程。由博士主持，考试经义10条，通晓8条为上第，通晓6条为中第，通晓5条为下第。下第为不及格，须当重习，即留级。如果留级后仍不及格，罚其补习九年，九年仍无长进，则令其退学。

毕业试在修业期满前举行。毕业考试由博士出题，国子祭酒监考。凡通二经或"俊士"通三经者，方准参加毕业试。考试及

雍和宫大学堂匾额

唐玄宗李隆基蜡像

格者可参加科举省试，也可由太学补入国子学，还可以直接分派官职。

唐代对太学生建立了宽严有节的休假制，除了国家统一的休假日以外，还给学生适当安排了假期，以保证其身心的健康发展。太学生修业期间安排有假日。常规休假有三种：一是旬假；二是田假；三是授衣假。旬假为每十天放假一天；田假安排在每年"五月人倍忙"之际，是给学生放的农忙假，期限为一个月；授衣假安排在每年九月秋凉，严寒逼近之际，期限也是一个月。

太学等朝廷官学在这三个固定假期之外，还根据学生的实际情况临时给假。学生三年内可以请一次探亲假。如遇家有特殊情况，诸如父母故去，或发生意外天灾人祸，学生皆可请假，校方不得刁难阻拦。

学生在家休假期间，遇有特殊情况也可以请求延长假期，学校给假时则可根据路途远近酌量期限，一般以距校200里为延长假期的基数，路途越远，时日越长。太学实行严格的销假制度。请假逾期，则做"不帅教"和"违程"处理，勒令退学。

唐代对太学等朝廷官学的管理，很多是通过《唐律》中的教育立法形式来完成的。比如生员殴打师长，则严惩不贷。《唐律》还规定，生员在学三年，不回家探望父母，学校必须以道德训谕，教导他们尽孝道。

唐代教育制度的完备是在唐太宗李世民执政阶段。唐太宗开展了全面的建设事业，在许多方面为后世树立了风范，开辟了领域，被后世奉为治世明君。

在这一时期，唐太宗曾于627年在门下省置弘文馆，聚《经》《史》《子》《集》四部书共20余万卷，精选天下著名儒者虞世南、褚遂良、姚思廉等人以本官兼学士，以褚遂良为馆主。馆中不仅讲论文义，商议政事，还传授书法，教授经业。

639年，唐太宗在东宫设立了崇贤馆，也就是后来改名的崇文馆。自此，在13年左右的时间里，在唐太宗等人的倡导和支持下，基本上形成了唐代以"六学二馆"为代表的官学体系。

起初，唐代朝廷尽召天下经师老德者以为学官，广建学舍1200区，大量增加学生员额。后又在屯营、飞骑等军事建置中设学舍，并由博士教授。高昌、吐蕃以及高丽、百济、新罗、日本等也都积极派遣子弟前来求学，学生总额达到8000余人。

唐玄宗李隆基时是唐代学校兴盛的又一个高潮时期。719年，唐玄宗敕令州县学生选送"聪悟有文辞史学者"入四门学为俊士，那些贡举落选而愿入学者也可入四门学学习，这是后世贡举入监之制的滥觞。

在这一时期，唐王朝还规定了学生补阙的制度。比如国子监所管的学生由尚书省补，州县学的学生由州县长官补。

尤其值得称道的是，朝廷此时明确规定百姓可以任意设立私学，有愿在州县学寄读受业者（非正式的寄读生）也可应允。在政策上为民间学术和教

大学堂匾额

育的发展提供了有利条件，使不少学者从家学和拜师求教的私学中获取了许多难得可贵的学识。

718年，置丽正书院，置文学名士徐坚、贺知章、张说等人为学士，在修书之余亦行讲读之事，为后世书院教学提供了有益的经验。725年，丽正书院改为"集贤书院"，五品以上为学士，六品以下为直学士，待遇颇为优厚。

至739年，朝廷敕令天下州县于各乡里设立学校，择师而教授，使当时的学校由州县又进一步扩展到乡里，拓宽了教育的普及面。

唐玄宗为了支持学校教育的发展，曾在753年敕令天下罢乡贡之举，规定不经由国子各学及郡县学学习的学生不许参加选举。尽管这一规定在两年后被取消，恢复了乡贡之制，但其影响是积极的，对学校教育的发展有促进作用。

隋唐时期主要实行崇儒兴学的文化教育政策，促进学校教育的发展。尤其是科举制的创立，是封建选官制度的一大进步。冲破世家大族垄断仕途的局面，扩大了官吏的来源，提高了官员的文化素质，大大加强了中央集权。因此，这一制度为历朝沿用，影响深远。

阅读链接

隋炀帝时，曾诏命天下诸郡绘制各地风俗物产地图，编撰《诸郡物产土俗记》131卷、《区宇图志》129卷、《诸州图经集》100卷。隋炀帝下令编撰的上述地方志书，规模宏大，既是承前启后的总结性著作，也是编撰全国性方志图经的开端，影响深远。

当时著名的地理学家裴世矩，在奉敕去张掖，管理西域商人交市时，收集了有关西域的山川、风俗等资料，撰成《西域图记》，书中有地图，有记述，还有穿着民族服装的各族人的彩绘图，是地理学名著。

隋唐时期的科技教育

隋唐时期在经济政治上的繁荣和科学技术上的发展等方面都在相当程度上借重于教育，特别在科学技术方面。我国当时在算学、农学、医学、造纸、印刷、建筑、天文历法、机械制造以及各种工艺制作方面都居于世界前列，积累了丰富的遗产和宝贵的经验。

唐代讲学教师塑像

隋唐时期的科技教育主要以当时的科学书籍为教材，以科学家和教育者的经验为依据，以初步建立和逐渐完善的教育制度为基础。从教育形式上看，有官学、私学、佛道隐士等的传授，以及当时国际间的交流等多种形式。

隋唐时期以前，官方科技

唐代釉陶算珠

教育主要是在民间进行的，也有一些专门机构，如在医学、天文历法等机构内设教育部门或部门有科技教育方面的机制。至隋唐时期，科技教育已在官学中占有一定的地位，形成独立的系统，形成了各种制度。其中最突出、最成熟的是算学、医学和天文历法等。

算学是官学中最高等级的"唐六学"之一，在隋代时已有设置，由国子寺统辖，只因隋代短暂，因此，其真正的发展与健全是在唐初。

唐代算学自656年置，学生30人。662年在东都洛阳再建国子监时又设算学，学员仅10人。算学生虽不多，但却是唐代科技教育最高层次和最正规的代表。

和国子监其他各学一样，算学也有着对学生学习、管理、考评，以及教材建设的一系列要求。算学生年龄限制在14岁至19岁之间，必须是"文武官八品以下及庶人通其学者"。入学前先要向博士献丝帛酒肉一类的礼品作为"束脩"（学费），入学后必须要学终其业。

所学算学教材，是由当时著名科学家李淳风等编注的"算学十经"。这是历史上第一次由皇帝下令整

算学十经 是指汉唐一千多年间的10部著名的数学著作，它们曾经是隋唐时期国子监算学科的教科书。10部书的名称分别是《周髀算经》《九章算术》《海岛算经》《张丘建算经》《夏侯阳算经》《五经算术》《缉古算经》《缀术》《五曹算经》《孙子算经》。

理颁行的第一套官方数学教科书，内容包括古典数学思想和当代实用的数学理论等。

在教学管理方面，算学受国子监统一管理，学生的成绩和学籍均于国子监备案。学生每10天放假一日，假前要考试一次，由算学博士负责，不及格者要受处罚，年终要考一年所学课程。若三次不及格或学习年满而达不到毕业水平的学生，一律罢遣。

学成后，可以参加科举中相应的"算学科"的考试，教材内容即标准答案。经考试确有实才者即送吏部委任职务。

医学在我国有悠久的历史，名医及医药图籍举不胜举。至唐代，在朝廷机构太医署下设立医药学校。其虽不属于官方学制系统，但朝廷规定："考试登用，如国子之法。"

医学教育由太医令掌管，下有药园师、药园生，医师、医学生，针师、针学生，按摩博士、按摩生，咒禁博士、咒禁生等。

据《唐六典》规定：医学诸生由医博士分科而教授之，在管理上大致与国子监相同，但仍有自己的一套教科书、考试、管理以及升迁

唐代医学教育

将作监 古代官署名，掌管宫室建筑。一般设有监、少监、总左校、右校、中校等署，百工等监。大明、兴庆、上阳宫，中书、门下、六军仗舍、闲厩，谓之内作；还有郊庙、城门、省、寺、台、监、十六卫、东宫等。

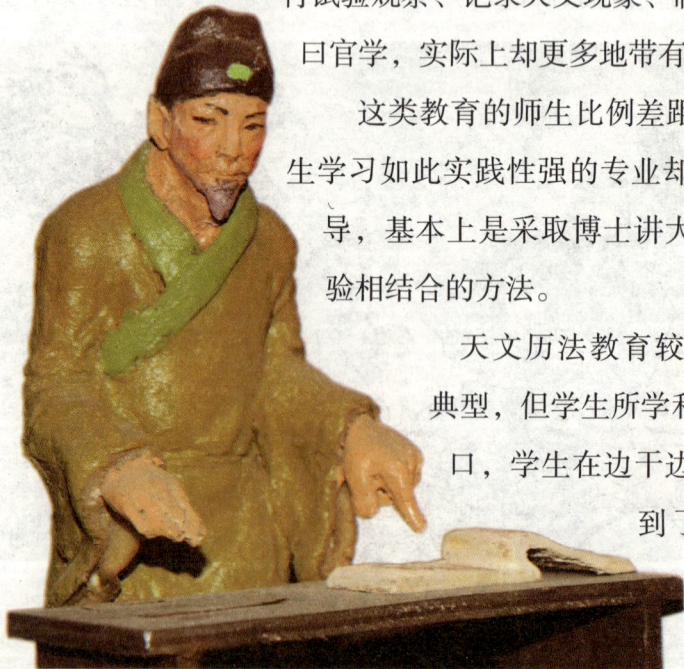

■ 唐代博士雕塑

奖惩的办法，各方面的要求是较为严格的。

地方医学主要包括京都医学、都督府医学和州医学等，是唐代地方学校体制中唯一与儒学和玄学并列的专业类学校。地方医学的管理和各方面的条件都比中央各学差得多，但由于处在地方，所以更容易接触实际，在官学中它是能兼得官私学各家之长的较好的教学形式。

天文历法方面的教学主要局限于太史局。虽然局中设历生、天文生、漏刻生等，也有保章正、灵台郎等教授者，但不像上述两种学校那样有严密的教学和管理制度，只是一个特殊的专业教育机构。

一般来说，局中各色学生跟博士学习古代和外来的天文历书及数学著作，昼夜在灵台，即朝廷最权威的天文台"伺候天文气色"，佐助有关的科研人员进行试验观察、记录天文现象、制作历书等。其名曰官学，实际上却更多地带有私学的特点。

这类教育的师生比例差距过大，七百多学生学习如此实践性强的专业却只有几个博士指导，基本上是采取博士讲大课和学生自学体验相结合的方法。

天文历法教育较之前两学虽不很典型，但学生所学和朝廷所需基本对口，学生在边干边学中提高自己，到了一定年限即可"转正"，成为朝廷掌管天

■ 唐代仕女学习刺绣

文历法的官员和职工。

除正规的学校外，"艺徒制"也可被看成是官方科技教育的一个较低层次的特殊部分。

唐代政治、经济的繁荣和商业的进步，使得社会对技术工人的培养和需求日益增大。为了提高工匠的技术水平，唐代规定了技工分类学习和考核的具体标准。如镂钿之工要学四年，车辂乐器之工要学三年，平漫刀槊之工要学两年，矢镞竹漆之工需学半年，冠冕弁帻之工需学九个月，其余杂作者则视其术难易情况学习四十天至一年半不等。

徒弟跟从师傅学其技艺，每年每季少府监和将作监之丞都要对其进行考试，年终由两监的主管再行考试，主要根据刻有学生名姓的产品质量进行评定。

艺徒制是一种世袭以外的专业技能的传授或是培训。唐代用朝廷的行政命令和社会需求的力量把过去只是父子相传的家庭世业推广到社会上，使一些先进

镞 指青铜兵器。青铜镞始见于二里头文化遗址中，是我国最早的青铜兵器之一，商代早期已大量使用。西周时期可见带铤双翼镞，有的双翼还呈镂空状。春秋时期常见的形制有翼型和无翼型，其中翼型镞之双翼出现了收削的趋势。

的技术、工艺得以流传，从而促进了手工业技艺的发展和技术人才的培养。

隋唐朝廷执政者允许立私学，奖励学术，重视各类人才的培养和选拔，大大地促进了科学技术和文化教育事业的发展，私人科技方面的教育自然也是由此获益。

隋代末期及唐代中期，官学衰败，教育与科学研究的维持和发展基本上仰仗私学，使私人科技教育成为官方科技教育的最好补充。

事实上，隋唐时期在科学技术方面取得了辉煌的成绩，如果仅靠几种官方科技学校培养人才是很难满足需求的。当时凡有杰出贡献的科学家或身怀绝技的大师多得益于私学和家传。

家传是科技教育的古老方式，这从隋唐时期史籍中的科技教育资料里可以看到，家传仍是主要的形式。如隋代的庾季才、许智藏等人就是将祖传的科技知识和技能继承发展，在隋代科技领域中起到重要作用的典型人物。

隋唐时期通过科技教育，在天文历法、数学、物理学和化学、农学、地理学、医学、瓷器等方面，均取得了辉煌成就，影响深远。

阅读链接

李淳风家族长于天文历算，是得益于家学的典型，在当时及后世传为美谈。

李淳风明天文、历算、阴阳之学。曾修撰《法象志》，论前代天文仪器之得失，撰写《晋书》及《五代史志》中的天文、律历、五行三志，认真总结前代科学技术方面的经验，保留了许多珍贵的史料。唐高宗时，他又参加了"算学十经"的主要撰注工作和《麟德历》的编制工作。在他的教育和熏陶之下，其子李谚、孙李仙宗都继承了他的事业，均在唐代朝廷中任太史令之职。

五代时期的儒学和经学

在五代各朝中，后唐对学校教育较为重视。923年，后唐庄宗李存勖曾设国子祭酒、司业各一员，博士两员，分掌教育之事。

927年，后唐明宗李嗣源时的太常丞段颙请博士讲经，试图振兴文教。第二年正月，敕令宰相崔协兼判国子祭酒之职。崔协上任后奏请每年只置监生200名。这200名监生有投名者，先令学官对其考试，根据其学业深浅程度，再议定收补之事。

后周世宗柴荣时期，朝廷在大梁天福普利禅院重新营建国子监，并营建学舍，成为后来宋代国子学的所在地，而在当时并无大的建树。

五代之时，官学微

窦燕山教子图

我国造纸术

弱，学馆、书院等教学形式颇为发达，这类学校虽为名儒隐居讲习之所，学习空气比较活跃，但基本崇尚的还是儒家思想。

比如后晋时期学者窦燕山于私宅附近建有40间书院，聚书数千卷。他还在家里办起了私塾，延请名师教课。有的人家因为没有钱送孩子到私塾读书，他就主动把孩子接来，免收学费。《三字经》写道：

窦燕山，有义方。教五子，名俱扬。

三传 是解释《春秋》的三部书，就是《左传》《公羊传》和《穀梁传》。《左传》也叫作《春秋左氏传》或《左氏春秋》，相传是春秋、战国之际的左丘明所撰。《左传》以《春秋》为纲，博采各国史事，编次成书，叙事明晰，繁简得宜，保存了较丰富的历史资料。

这是对窦燕山教书育人的赞扬。

五代时儒家私学发达的原因首先在于治国者的提倡，科举考试的导向作用；其次是由于经学较之文学及其他学科易学，易于中举升官；再有儒学发展到唐末五代已向简易与实用的方向发展，其思想内容已从文人雅士向平民百姓渗透。

因此，发展与振兴儒学在唐代末期及五代时期有官方和民间广泛的社会基础，也有良好的物质条件，其思想内容虽是保守的，但在古代文化教育的发展过程中却有着重要的作用和意义。

五代时期虽兴替频繁，但学校和科举都保持着，而且各自运转自如。后梁取消了制科，在进士考试中诗赋、杂文、策论等也时有更易，但是，与经学教育有关的诸科，如"五经""九经""三礼""三传"、明经、开元礼、童子科等，反而有了起色。

据文献记载，五代存世的五十二年间，虽然朝代更易，但"五经""九经""三礼"等诸科，中选者动辄以百人计。

原因是在承平之时，士人鄙视帖书墨义，朝廷也贱其科而不取，而丧乱以来，为士者往往从事帖诵之学，能够举笔成文者十分罕见，朝廷也只好以"五经""九经""三礼"等诸科为士子进取之途。

五代时期经学教育较之隋唐虽无大的发展，但兴建学馆、书院和雕印经书，则是教育史上的重大事件。五代时期经学教育和明经科的发展是由时代所决定的。五代诸朝都很重视儒家经典的印行、传布和经学教育的发展。

当时我国的印刷业和造纸业均有较大的发展，使作为教育重要媒介的书籍得以大量地印刷和流传。学者除广泛从事抄写之事外，还普遍传阅各种刻本。

书籍流传的速度快，范围广，在一定程度上促进了经学教育的恢复和发展，特别是帝王和重臣提供经书版本并主持经书的印行，更使经学图籍传播天下。据《旧五代史·晋书》记载，晋高祖因喜好《道德经》，即命雕版印行。

沈括的《梦溪笔谈》也记载：

版印书籍，唐人尚未盛为之，自冯瀛王始印《五经》，以后典籍，皆为版本。

又据《爱日斋丛钞》记载：

自唐末以来，所在学校废绝，蜀毋昭裔出资财百万营学馆，且请刻《九经》，蜀主从之。

这些记载，真实地反映了这一时期的经学书籍雕印盛况。当时除了大量印行《五经文字》和《九经字样》等经学教科书，还刊印了《经典释文》等经学参考书或辅助教材。这些都极大地推动了经学教育的普及。

雕版印刷术创始于隋唐之际或更早，而其大发展和应用于教材印制主要在五代时期。五代之初，主要是印诗集、韵书和佛经等。自后唐平蜀，受其雕版印经的启示之后，儒家经典便在国子监中开始刊刻，和唐代的石经相参照，学习者可以在任何地方研读儒家典籍，而不必非要到京师抄写石经。

五代时期经学书籍的雕印，为学人提供了极大的方便，尤其为经学在民间的发展创造了良好的条件。也使儒家经学在魏晋时期以后的又一次大动荡中，依然保持其优势地位，更对后世宋学的开启起了十分重要的作用。

阅读链接

后晋时期学者窦燕山十分注重对子女的教育。窦燕山的妻子连续生下了5个儿子，他把全部精力用在培养教育儿子身上，不仅时刻注意他们的身体，还注重他们的学习和品德修养。在他的培养教育下，5个儿子都成为有用之才，先后登科及第。

当时的冯道，后来被称为古代大规模官刻儒家经籍的创始人，他曾赋诗一首说："燕山窦十郎，教子有义方。灵椿一株老，丹桂五枝芳。"这里所说的"丹桂五枝芳"，就是对窦燕山"五子登科"的评价和颂扬。

北宋时期的兴学运动

北宋初年，朝廷改变了以往间接赞助民间办学的做法，而是直接管理和资助、兴办地方州学，将重要藩府的州学正式纳入官学的体制之中，并逐步形成了若干个具有全国性影响力的地方教育中心。

同时，朝野对科举之学的指责日益公开和普遍，并要求施行切实的改革措施。这些变化，已显示出北宋初期兴学的到来，具有客观必然的历史依据，并标示出有待于进一步深化的兴学主题。

在这种情况下，范仲淹首开先河，主持推动了北宋时期第一次全国性的大规模兴学运动，史称"庆历兴

■ 范仲淹（989—1052），北宋时期著名的政治家、思想家、军事家、文学家、教育家。1043年，与富弼、韩琦等人参与"庆历新政"。主持推动了北宋历史上第一次全国性的大规模兴学运动，史称"庆历兴学"。著有《范文正公文集》。

学"，它是当时"庆历新政"的重要内容之一。

范仲淹作为倡导兴学的主要代表人物，在庆历兴学之前，就对北宋时期教育所面临的问题及其弊病，做了思想和实践方面的认真探讨，并提出了一系列针砭时弊的建设性主张。

早在主持南都府学教席时，范仲淹就上书执政大臣，提出固邦本、厚民力、重名器的治国之策。重名器就是要慎选举，敦教育，通过恢复制科，改革常科考试，选用具有特异才干的人才。主张通过兴办学校、养育群材、移风易俗，来实现天下大治的目的。范仲淹的这些主张，为其后的"庆历兴学"提供了指导方针，并在舆论上做了必要的准备。

1043年，范仲淹在主持新政大局的同时，积极筹划兴学，当年9月奏章上的《条陈十事》，作为庆历新政的纲领，其中前四项都与科举教育的改革有关，说明教育改革在新政中占有至关重要的位置。其后，朝廷正式下诏兴学，揭开了"庆历兴学"的序幕。

■ 范仲淹坐姿铜像

在范仲淹的推动下，庆历兴学的措施，主要是改革科举考试方法，再就是在州县立学，选部属官或布衣宿学之士为教授，规定士必须在学校习业300天，方许参加考试。

此外，为了振兴太学，选

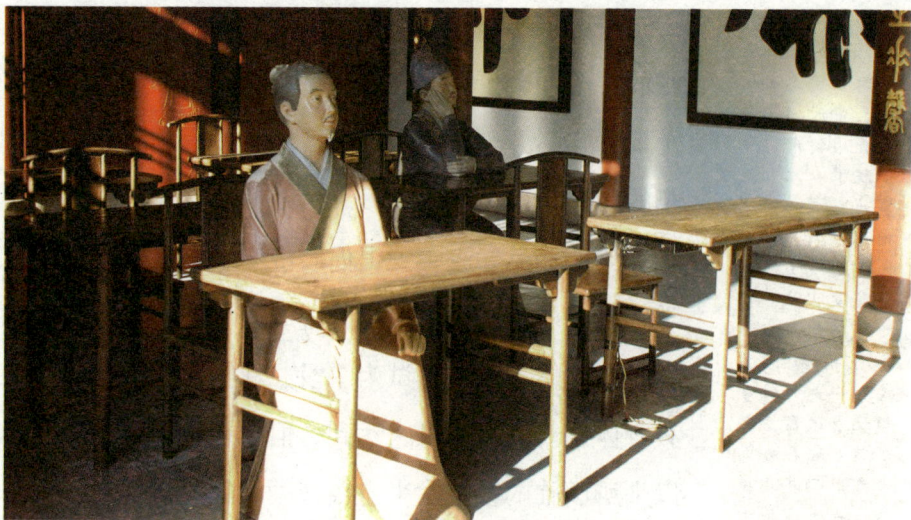

■ 宋代学习场景

用拥护新政的著名学者石介、孙复主持太学讲席，并建立为太学法度，以改进太学教学及规章体制。同时还设立四门学，允许八品至庶人子弟入学，扩大了中小庶族地主子弟入学深造的机会。

虽然庆历兴学随庆历新政而夭折，但它的成就和影响仍不容忽视。

庆历兴学为地方办学提供了合法的凭据，首开州县广兴学校的先例，普遍激发起州县地方兴学的热潮。在新政失败后，州县兴学的成就仍部分保留下来，一些新政人士被贬到地方后，仍热心创办地方学校，使庆历兴学的成果得以保存和扩大。

庆历兴学整顿和改进太学、国子学的教学制度，一批硕学名儒主讲太学，结束了国子学、太学徒为游寓取解而无教学之实的状态，开创了北宋时期朝廷官学的空前盛况。而且新任主讲们对于改变浮靡巧伪的士学风气发挥了重大的作用，并对全国各地的学校起到了积极的主导示范的作用。

奏章 我国古代大臣向皇帝进言或汇报事情时所使用的文书，是大臣和皇帝之间交流的主要途径。在奏章中，大臣可以向皇帝表达自己对于朝政的意见或其他事情的看法或建议等，是否认真批复奏章也是区分一位皇帝是否贤明的重要标志。

参知政事 原来是临时差遣名目，唐太宗时以李泊为黄门侍郎、参知政事，参知政事始正式作为宰相官名。至宋代，则演变成一个常设官职。协助宰相处理中枢事务有两种方式：一是几位参知政事通盘协助宰相处理各方面政务；二是几位参知政事各负责某一方面政务。

庆历兴学的改革措施虽未保留下去，但其改弦更张的观念冲破了因循守旧的积习，感召和影响了一代士风，实际开创了北宋时期社会和教育领域的一个变革的时代。

此外，范仲淹等人提倡经济实学，力图将学校教学、科举取士和经世治国三者统一起来，形成一个以学校为主体、科举考试为手段、社会需求为目的的新教育体制。其目标虽未达到，但这是自科举制度创立以来所面临的第一次来自教育领域的认真挑战，对于改变学校附庸于科举的状况、强化学校的社会功能，都起到了历史性的推动作用。

范仲淹的庆历兴学虽然失败了，但要求兴学和针砭时弊的精神对后继者产生了极大的影响。就是在这种精神的鼓舞下，在宋神宗即位后不久，朝野上下就围绕着学校和科举如何培养、选拔人才的问题，再

■ 宋代考场

■ 王安石（1021—1086），字介甫，号半山，谥文，封荆国公。世人又称王荆公。我国历史上杰出的政治家、思想家、学者、诗人、文学家、改革家，唐宋八大家之一。北宋丞相、新党领袖。王安石变法对北宋后期社会经济产生很深的影响，已具备近代变革的特点。传世文集有《王临川集》《临川集拾遗》等。

次展开了争论，并围绕着这一主题，开始了一场内容更为广泛、细致的变法运动。

主持和推进这一时期兴学的代表人物，是著名的政治家和学者王安石。他在1058年的《上仁宗皇帝言事书》中，围绕着人才的教、养、取、任等中心课题，提出了根治北宋时期教育、科举、吏治弊病的改革方案。

比如王安石认为，宋代时期学校存在弊病而不称养士之职，如学官选择不严，而且无真才实学；教学内容空疏无用，但讲章句记诵之学，与社会实际需求脱节，等等。

王安石的议论震撼朝野，虽然不能马上被宋仁宗所采用，但却为不久后的变法兴学，做了必要的思想和舆论准备，实际上起到了此后兴学指导纲领的作用。

1069年，王安石任参知政事，主持变法大计，次年再次提出兴学复古、改革科举的建议，并得到了大多数朝臣的赞同。但围绕着如何变法的具体问题，当时也产生了诸多歧义。

经过辩论，1071年2月，宋神宗下诏书，命王安

诏书 皇帝布告天下臣民的文书。在周代，君臣上下都可以用诏字。秦王政统一六国，建立君主制的国家后，号称皇帝，并改命为制，令为诏，从此诏书便成为皇帝布告臣民的专用文书。汉代承秦制，唐宋时期废止不用，元代又恢复使用。

石改革学校科举。其内容主要包括以下几个方面：

一是改革太学体制，扩建太学规模，实行三舍法。将太学内舍生名额增扩至300人，继而增至900人。将太学生员按等差分隶于外舍、内舍、上舍，此即三舍法。生员依学业程度，岁时考试艺能，依次升舍。随着三舍法的推行，太学规模也在不断扩大。

二是改革人才选拔制度。对人才选拔制度的改革，首先是在科举考试之外，又立舍选一途，其作用在于强化学校的职能，部分取代科举的作用。

三是为了进一步统一士论，1073年设经义局，修《诗》《书》《周礼》三经义，由王安石提举，吕惠卿、王雱等同修撰。最后修成《三经新义》，由朝廷正式颁行学官，成为官方考试、讲经所依据的标准教材。从此，士子参加经学考试，必宗其说，进而有效地改变了经说纷异的局面。

四是创建和整顿国子监、地方学校及各种专科学校。立国子生员额200人，并从太学分取解额40人以下。从此，国子监稍具教养之实。同时加强专科教育，以培养具有一技之长的变法人才，如恢复设置武学，设置律学，设置了医学提举判局，分为方脉科、针科、疡科，培

宋朝科举考试蜡像

宋朝学子雕塑

养医学人才。地方官学的改进，主要是设置诸路学官，并为之拨充学田，从而在物质上提供了保障。

王安石主持的熙丰兴学，推动了北宋教育事业的发展。从此，在朝廷和地方形成了一个学科、内容、形式相对完整配套的学校网络。

从范仲淹到王安石，北宋时期的大规模兴学运动，在学校制度方面的创造性变革，在思想内容方面敢事更张的精神、提倡经世致用的实学风范，均被后人树为楷模，对保存和振兴古代的优秀文化做出了积极的贡献。

阅读链接

范仲淹出身贫寒，刻苦学习入仕后，不忘助人为乐，为社会做出奉献。这种奉献精神最生动地体现在他以俸禄购义田，设义庄，创义学等方面。义学的支出皆来源于范仲淹所置义田的收益。义学经费的管理在其手订的"义庄规矩"中有严格的规定。

范仲淹设义田、义庄、义学，并对之进行有效管理，在教化族众、安定社会、优化风尚上取得了巨大成功。同时，开启了我国古代基础教育阶段免费教育的新篇章。

两宋科举制度的变化

宋代科举考试科目有很多新的变化，有进士科、制科、词科、童子科、武科和绘画等。此外还有"九经""五经""三礼""三传""三史"、明法、礼、学究各科墨义若干条。

宋徽宗画像

进士科试诗、赋、论各一首或一篇，策问五道，帖《论语》10帖，对《春秋》或《礼记》，墨义10条。

制科是皇帝亲自策问的特种考试，不经州县考送手续，科目也临时由皇帝来确定。考试的内容为诗赋、论、颂、策、制诰等。由于制科考试比进士科还要难，故其地位也非常高，所以宋代人也称为"大科"，它不像唐代那样被人称为"杂色"，而是优于进士科，成为众科之最。

词科也是非常科，性质与制科相似，是宏词、词学兼茂及博学宏辞等科的合称。宋代开词科共计56次，其中宏词科11次，词学兼茂科15次，博学宏辞科25次，词学科5次。宏词科每次录取人数至多5人，北宋时分两等，上等为词理俱优，次等为词理次优，被取者可提升官阶。南宋时分为上、中、下三等，分别给予升官，减少磨勘。

■ 梁灏及第图

童子科凡15岁以下、能通经作诗赋的少年儿童，由州官推荐，皇帝亲自考试。但不常举行。如杨亿、李淑、晏殊等曾应童子科考试而被授官位。南宋孝宗淳熙年间的1174年，有西夏女童林幼玉应试，考经书43题皆通，这是童子科中唯一的女童。童科开举无定时，考试内容也无定式，皆因皇帝一时兴趣而举，在一定程度上激励民间对儿童实施早期教育。

武科于北宋仁宗天圣年间的1030年开始，宋仁宗曾经亲试武举12人，先试骑射，然后试策问。后来虽也设立武学并恢复武举，以马射、步射、武艺、策问作为考试内容，但是仍不为人们所重视。直到南宋孝宗时武举殿试之后，这才和文举一样赐武举及第、武举出身，人们才逐渐重视武科。

绘画试在宋代设有翰林图画院，旨在罗致天下著

九经 儒家九部经典的合称。不同时期有不同的九经划分标准。如：宋代以《易》《书》《诗》《左传》《礼记》《周礼》《孝经》《论语》《孟子》为九经；清纳兰性德《通志堂经解》，以《易》《书》《诗》《春秋》《三礼》《孝经》《论语》《孟子》《四书》为九经等。

画学 宋代培养绘画人才的学校。宋徽宗崇宁年间的1104年创设，后归翰林院图画局。学生分士流与杂流，依"三舍法"补试。专习佛道、人物、山水、鸟兽、花竹、屋木六科，并修《说文》《尔雅》《方言》《释名》等书。考画以所画人物之情态、形色俱若自然，及笔韵高简为工。

州试 在古代，是由州县将应试士子保送至本路考试官，由州的通判主持进士科考试，由州的参军主持其他科目考试。宋代州试三天共考三场：第一场是大经义三道，《论语》《孟子》义各一道；第二场是诗、赋各一首，有时候也考词；第三场是子史论一首，时务策一道。州试于秋季八月先考选一次，谓之"秋试"。

名画家，专门从事绘画，并据其才艺高低授以待诏、祗侯、艺学、画学正、学生等职称。画学生员依三舍法升选。宋代画学及由绘画选士之法的鼎盛在徽宗时期，徽宗政和年间，画院取士盛极一时，其试士多以古诗为题，令举子试画，以情态自然、笔韵高洁为工，其中有许多试画题至今仍传为佳话。

"九经"科试帖经120帖，墨义60条。"五经"科试帖经80帖，墨义50条。"三礼"科墨义90条。"三传"科墨义110条。"三史"科墨义300条。明法科墨义律令40条。开元礼科墨义起初为唐开元年间制定的"礼"300条，后改试墨义"开宝通礼"新书。学究科墨义《毛诗》50条，墨义《论语》10条，墨义《尔雅》《孝经》共10条。

两宋时期的科举考试制度总的来说是继承了唐制，但经过改革后也具有一些新的情况和新的特点。

首先，两宋科考改革后扩大了科举取士的名额。唐代每年各科考试录取的人数不超过50人，经常一二十人。宋代时录取名额扩大了十余倍，一般有二三百人，多则达到五六百人，而且有逐年增加的趋势。

其次，提高及第者的地位和待遇。宋代科举及第后，不需经吏部考试即可授官，而且及第后授官的级别也有提高。

确立殿试制度也是提高科举地位的重要措施。宋太祖赵匡胤时，有落第考生告发考官录取不公，宋太祖亲自在讲武殿命题复试，这是宋代举行殿试之始。殿试成为常制以后，就确定了宋代科举制度的三级考

宋人殿试图

试制度，即从州试到省试再到殿试。

殿试后有等甲之分。983年始将殿试成绩评定等第，将进士分作三甲。1007年颁《亲试进士条例》，规定进士入选者分为五等：第一、二等曰及第，第三等曰出身，第四、五等曰同出身。1027年始称第为甲，将进士分为五甲。宋神宗时第一、二等为赐进士及第，第三等赐进士出身，第四等为赐同进士出身，第五等为赐同学究出身。南宋时又有变化，据载，第一甲赐进士及第，第二甲赐进士出身，第三至第五甲并赐同进士出身。

殿试后在皇家园林琼林苑赐宴，称琼林宴或闻喜宴。殿试后释去贱者服，而赐绿袍、靴、笏，即冠以官服，后成定制。殿试中选后即可拜官。

宋代由皇帝任命主考官，往往是由六部尚书、翰林学士知贡举任，且年年更换，还配有副主考官若干人，使其互相监督，互相制约。宋太宗淳化年间规定知贡举"既受诏，径赴贡院，以避请求"，以后就建立了"锁院"制度。锁院，即在考选期间，考官和外界隔离，和家里人也不能见面。考官的子弟与亲属赴考，需另派考官，称为"别头试"。

北宋雍熙年间建立考场内巡察制，设巡察官员，监察考官与考生的行迹，后称巡铺制。南宋理宗时，还实行一种奖励检举制，即对"告捉怀夹、传题、传稿、全身代名入试之人"，出官钱奖赏，以防考场作弊。

宋代为严格考试纪律，实行"糊名"与"誊录"制度。所谓"糊名"，是把考卷上的姓名、籍贯等密封起来，所以又称之为"弥封"或"封弥"。但是"糊名"之后，还可以"认识字画"。后来又将考生的试卷另行誊录。考官评阅试卷时，不仅不知道考生的姓名，连考生的字迹也无从辨认了。

"糊名"与"誊录"制度的建立，对于防止主考官的"徇情取舍"现象的确产生了很大的遏制效果。

总之，宋代科举考试关乎考生的个人前程，荣辱兴衰在此一举。所以，对士人特别是对寒门子弟，具有强烈的吸引力，它在潜移默化之中引导与改变着士人的价值取向和文化心态。

阅读链接

宋徽宗赵佶虽然是一个失败的皇帝，却是一个成功的艺术家。他不仅是一个优秀的美术欣赏家、批评家，而且本身也是一位高明的画家，在书法上也有较高的造诣。

宋徽宗的书法笔势挺劲飘逸，富有鲜明个性，传世的书法作品很多，楷、行、草各种书法作品皆流于后世。他在学薛曜、褚遂良的基础上，创造出独树一帜的"瘦金体"，瘦挺爽利，侧锋如兰竹，与其所画工笔重彩相映成趣。瘦金书的意思是美其书为金，取富贵义，也以挺劲自诩。

元代民间的办学特色

　　在元代，除由朝廷直接管辖的官学外，民间的办学形式还有庙学、私学、宗教教育和书院，朝廷对它们也都采取了保护、扶持、鼓励和倡导的政策，使之有所发展。这是元代教育的一大特色。

　　元代的庙学，是在孔庙中对孔子和曾参、颜回、孟轲、朱熹等先哲祭祀礼拜后进行的以宣讲儒家经书为主要内容的一种教学形式。它实际上指的是各级各类儒学，属于广义的庙学。

　　元代还有一种狭义的庙学，专指在孔庙中定期举行的讲学活动。是在每年春秋两次大祭和每月农历初一、十五对孔子和儒

■ 古代学生学习雕塑

焚香 我国焚香习俗起源很早，古人为了驱逐蚊虫，去除生活环境中的浊气，便将一些带有特殊气味的植物放在火焰中烟熏火燎，这就是最初的焚香。在古代有原始崇拜与巫术等崇神信奉，认为一切都是神的恩赐，对神极度敬仰和崇拜。久而久之焚香就被神化了，随后焚香变得既庄严又神圣。

■ 郭守敬祖父教其看天象

学先贤祭祀焚香礼拜后进行的一种以儒家经典为基本内容的讲学活动，属于整个祭奠活动的内容之一。

　　元朝廷之所以重视庙学，这是和他们所实行的尊孔重儒、提倡理学的文教政策完全一致的。这种以孔庙为活动中心的具有广泛群众性的教育普及形式，在民间产生了相当大的封建道德和礼法教育的影响，从而促进了社会的相对稳定。

　　元代的私学十分兴盛，它继承了宋代私学的传统而又有新的发展，但在办学形式和教学内容上与宋代没有什么大的差别。

　　元代私学的兴办，除主要是汉民族外，还有蒙古、畏兀儿、契丹、女真、党项，以及西域各少数民族和阿拉伯等民族，它表现了各民族间文化的广泛交流，从而有力地促进了中华民族的大融合。这是元代私学所独具的鲜明特色，也是它的功绩之一。

元代治国者对私学采取鼓励、支持的态度，在兴办地方官学的同时，规定或自愿招师，或自受家学于父兄者，悉从其便。

元代通过私学这种教育形式，的确培养出了大批有用的人才。如元代初期杰出的政治家、思想家耶律楚材，他就得益于家学。

据史书记载，耶律楚材3岁丧父，母杨氏教之学。

■ 耶律楚材画像

及长，博览群书，旁通天文、地理、律历、术数及释老、医卜之说，成了当时著名的学者。

他19岁时就通过科举考试进入仕途。耶律楚材之所以能成才，除了他本身天资好、家里有优越的学习条件外，主要是家学渊源的影响，特别得益于幼年时母亲杨氏的教子有方。

还有元代杰出的科学家郭守敬，幼承祖父郭荣家学，攻研天文、算学、水利。可见，郭守敬的成才，与家学和名师传授也是分不开的。

除耶律楚材、郭守敬外，《元史》还记载了很多人物，都是通过自学成才或通过家学和名师传授而成才的，反映了元代私学成才的一般情况。

从教学形式上看，有矢志自学，刻苦攻读者；有家学渊源深厚，受教于父兄或祖母、母亲者；有由家

郭守敬（1231—1316），元代天文学家、数学家、水利专家和仪器制造专家。曾担任都水监，负责修治元大都至通州的运河，修订新历法。他编制出的《授时历》，通行360多年，是当时世界上最先进的一种历法。

■ 元世祖像

华夏 是古代汉族的自称，即华夏族。原指我国中原地区，后包括我国全部领土而言，遂又为中国的古称。"华夏"一词由周王朝创造。最初指代周王朝。华夏文明亦称中华文明，是世界上最古老的文明之一，也是世界上持续时间最长的文明之一。

庭延请名师授业者；有儒生亲自访求名儒或名师，得之口传心授者，形式不拘一格。

元代私学的学习内容，一般都以儒家经典为主，即以四书五经和"二程"、朱熹的注疏为基本教材，但也兼及天文、地理、律历、算数、医学等有很高实用价值的自然科学的内容。

当儒生们学有所成后，大部分人通过各种方式踏入仕途，为世所用，在功业上有所建树；也有相当一部分的儒生耻事权贵，不屑于仕，或闭门教诲子弟，或在乡里设学授业，或隐居山林讲学传道。

元代那些通过私学成才的人，为保存、继承和发展以汉族儒学为主体的华夏文化，普及文化教育，培养各方面有用的人才，做出了积极有益的贡献。

由于元代朝廷对各种宗教，都采取兼容并包的政策，所以元代各种宗教教育都比较兴盛，其中尤以佛教的势力最强，在政治上产生了很大的影响。各种宗教通过寺、观、教堂进行传教活动，普遍开展宗教教育。这在古代历史上是罕见的。

佛教的教育形式通常是俗讲，即由道行高深的僧侣用通俗的语言和形象的实例宣扬佛教的教义，劝人皈依佛教。俗讲往往与祭礼祝祷结合在一起，有似元代庙学在孔庙中对孔子和先哲祭祀礼拜后所进行的讲学活动一样，也是整个崇佛活动的重要组成部分。

佛教教育除了俗讲这一主要形式外，还有佛经的翻译刻印，传布四方；佛寺里的雕塑、壁画，民间流传的宣扬佛法无边和向善去恶、因果轮回等内容的话本、戏剧，更是一种形象性的教育形式。

至于佛教僧侣和信徒们的崇佛祈祷和禁咒祛邪等活动，与人们日常生活中的生老病死有着密切的关系，因而这种教育形式所起到的潜移默化的效果，也就更为普遍和明显。

元代治国者承袭宋代的传统，对书院采取利用和控制的方针，积极地加以提倡、扶持并给予奖励，使之朝官学化的方向演变，从而使元代的书院较之宋代又有了进一步的发展。

当时不少汉族的儒家学者，不愿到朝廷做官，也不愿到朝廷所设的官学中去任教，甚至不愿让自己的子弟到官方所设立的学校去就读，于是他们就退而自立书院，招收生徒讲学。如安徽歙县的汪维岳建友陶书院，江西婺源的胡一桂隐居于婺源湖山书院授徒讲学，安徽休宁的汪一龙在婺源的紫阳学院讲授程朱理学。

面对这种情况，元代治国者吸取辽金时期的治国经验，采用了较为开明的文教政策，因势利导，对各地书院的建立和恢复加以鼓励和提倡，并

■ 讲经僧人像

将书院与地方上的路、府、州、县官学同等看待，归官府统一管理。

这是元世祖忽必烈对书院的承认和提倡，也为汉族士大夫及其子弟开辟了一条出路，化消极因素为积极因素，不仅缓和了汉族知识分子的反抗情绪，而且为他们提供了研究学术和讲学、求学的场所，利用他们的文化知识，为发展元代的文化教育事业服务。

因而从此以后，书院这种有别于官学的民间教育机构，在元代就更加兴盛起来。到元代末期顺帝时更是遍地开花，数量大大超过了宋代。这正是元代治国者实行比较缓和的文教政策的成功之处。

对元代书院的兴建和发展有重大影响的是杨惟中、姚枢、赵复、王粹、许衡、郝经、刘因等一批儒家学者，他们有的参与了书院政策的制定，有的主持著名的书院，有的是书院的主讲。皆以儒家经典，尤其是"程朱理学"作为教学的基本内容。

元代书院的普遍建立，对于普及文化教育、传授儒家经典和程朱理学、传播宗教思想，都起到了极为重要的作用。

元代富有特色的庙学、私学、宗教和书院等民间教育形式，呈现出前所未有的盛况，培养了一大批才华出众的各民族知识分子，促进了中华民族的大融合和中外文化的交汇。

阅读链接

据传，元代国师八思巴3岁时能念咒语，7岁时能背诵经文数十万字，大略地通晓其中的含义，8岁时能背诵《本生经》，9岁时即向人们讲经。西藏人称之为"八思巴"，即圣童的意思。就八思巴本人而言，他的成长过程完全得益于佛学教育。

八思巴一生的著作，有《彰所知论》等30余种，是蒙古新字的创始人。他对于普及藏传佛教，促进元代文化教育事业的发展，起到了极为重要的作用。

崇儒重教

　　明代官学教育体系健全完备，"八股取士"标志着与科举制的紧密结合。明代以东林书院为代表的书院教育紧贴时政，成为这一时期的亮点。明清时期蒙学继承历史遗产并有所创新，标志着古代蒙学走向成熟。

　　清代官学在基本沿袭明代旧制的情况下，创办了富有特色的八旗官学。清代书院教育在中后期高度发达，书院致力于读书学习和学术研究。清代蒙学教学水平提高，阶段教育体制更加完善。清代洋务教育在推动我国教育近代化的进程中发挥了重要作用。

明代的国子监及管理

　　明代之初，就以文教治天下为基本国策，把学校列为人才培养和选拔的途径之首，并在全国大兴学校。当时国子监同样被称为"太学"。

　　明代设立的国子监有南京国子监、北京国子监和中都国子监。南京和北京的国子监也称"南北监"或"南北雍"，包括中都国子监在

北京国子监

北京国子监

内，它们统一被称为"太学"。

明代朝廷最早在南京设立国子学，由应天府学改建而成，1382年改定为国子监，是当时朝廷最高的教育行政机关和最高学府。这是在当时我国最大的国立大学，在世界上也是最高学府之一。

南京国子监规模宏大，校内建筑相当完备。除了有射圃、仓库、疗养所、储藏室外，教室、藏书楼、学生宿舍、食堂，就有2000余间。

教学和管理设有五厅和六堂。五厅，即绳愆厅、博士厅、典籍厅、典簿厅和掌撰厅；六堂，即率性堂、修道堂、诚心堂、正义堂、崇志堂、广业堂。六堂既有分班，也有分年级的性质。

北京国子监是在1420年明代朝廷迁都北京后改定的元大都国子监，于是明代国学有南北两监之分。北京国子监是元明清三代管理教育的最高行政机关和朝廷设立的最高学府。

应天府 1356年，朱元璋亲自带兵分三路用10天时间攻破了集庆路，即现在的南京。1368年8月，明太祖朱元璋以南京为国都，改集庆路为应天府，是为明王朝京师。1403年诏改迁都北京顺天府，1421年正式迁都北京。

举人 汉代取士，无考试之法，朝廷令郡国守相荐举贤才，因以"举人"称所举之人。唐宋时期有进士科，凡应科目经有司贡举者，通谓举人。至明清时期，则称乡试中试的人为举人，也称为"大会状""大春元"。中了举人叫"发解""发达"，简称"发"，雅称"孝廉"。

北京国子监整体建筑坐北朝南，中轴线上分布着集贤门、太学门、琉璃牌坊、辟雍、彝伦堂、敬一亭。东西两侧有四厅六堂，构成传统的对称格局，是我国现存的唯一一所古代中央公办大学建筑。

1375年，明代朝廷于凤阳设置中都国子学，与南京国子监、北京国子监同时并存，但是中都国子学选收的学生，均为北京国子学考试优选之后的生员。1393年，朝廷罢中都国子监，将其师生并入北京国子监。

明代国子监的教职设有祭酒、司业及监丞、博士、助教、学正等，由"当代学行卓异之名儒"充当。学生称为"监生"或"太学生"。

明代国子监学生的来源大致有贡监、举监、荫监和例监的区别。贡监是由地方府、州、县儒学按计划年选送在学生员贡国子监的学生；举监是会试落第举人直接入监的读书者；荫监是以荫袭而入监的国子监学生；例监是捐资财入监读书者。

按出身看，国子监学生又有民生和官生之分。民生是国子监出身庶民的学生，而官生则是国子监学生

北京国子监辟雍

御賜甲第

■ 朱元璋御赐甲第

中以恩荫入监的品官子弟。总之，进入国子监由于资格、来源的不同，虽然都是国子监学生，称谓却很不相同。

国子监学生1393年增加至八千多名，至1422年已增加至九千九百多名，可谓盛极一时。明朱武宗时期以后学生只剩千余人。至明代景泰、弘治之际，学生"奸惰"，教师"失职"，课业乃废。明景泰时期以后，出现了用钱买国子监入学资格的"例监"现象，与明代初期太学相比，已是有名无实。

明代朝廷规定，必须入国学者才可当官，不入者不能得，参加科举考试的必须由学校出身，即所谓科举必由学校，而学校起家不必由科举。这些在《明史》中都有比较详细的记载。

为了培养封建社会的"文武之才"，使国子监学

高丽 918年所建，定都开京，即今开城，是朝鲜半岛政权。有关王建的生平记载不详，现存有多种说法。不过，已知他出生在今开城，原是后高句丽建立者弓裔的部将，其家族是朝鲜半岛西南岸专门进行贸易和商业活动的豪族。

生"能出入将相，安定社稷"，历代都规定"五经"或"四书"作为国子监的主要教材。明代也不例外。

明代国子监具体对学生课以名体达用之学，以孝悌、礼义、忠信、廉耻为之本，课程以《易》《诗》《书》《春秋》《礼》等经典为专业教材，人习一经；以《大学》《中庸》《论语》《孟子》为普通基础课。此外，还涉及刘向《说苑》及《御制大诰》《大明律令》等时政文献。生员还要学习书法。

朝廷对国子监的管理都很严格，颁行了各种管理制度，包括考试升降制度、历练政事制度和放假制度等。国子监监生可以在监内寄宿，而且还发给灯火，供给膳食，享有免役的权利。

明代洪武和永乐年间，国子监还接受邻邦高丽、日本、暹罗等国的留学生。

明代国子监教育管理机构及其管理，在培养文武官吏，造就各种专门人才，繁荣古代学术文化，纳育各国留学生，促进中外文化交流乃至传承中华民族悠久历史文化等方面，都起到了非常积极的作用。

阅读链接

明王朝的第一位皇帝是朱元璋，他办了许多学校，不仅有中央级别的国子监以及地方的府州县学，甚至还诏令设立社学，也就是乡村小学。

朱元璋还注重教育自己的孩子，帮助孩子选择一些内容健康、情调高雅的课外读物，以保证孩子接受正面的教育。此外，他还经常为太子朱标进行艰苦创业和勤俭守成的教育，让他接触实际，带他到农民家中，详细观察农民的衣食住行，了解百姓的生活、生产情况，以达到"察民性好恶以知风俗美恶"的教育目的。

明代的科举考试制度

那是在明王朝建立之前的1367年，为了迎接即将取得的全国性的胜利，朱元璋发布了"设文武二科取士"的命令，要求各级地方官"劝谕敏健秀士及智勇之人，以时勉学。俟开举之岁，充贡京师"，由此拉开了明代科举的序幕。

明王朝建立之初，明太祖朱元璋又于1370年发布命令，并昭告天下：

自今年八月始，特设科举。务取经明行修、博通古今、名实相称者。朕将亲策于廷，第其高下而任之以官。使中外文臣皆由科举而进，非科举者，毋得与官。

朱元璋画像

■ 贡院考场模型

这一年，京师和部分行省分别举行乡试。出场试经义一道，四书义二道；二场，论一道；三场，策一道。发榜10天后，还对被录取者进行以骑马、射箭、书法、算术、律令为内容的考试。

当时录取名额除直隶为100人，广东、广西各25人外，其余各省均为40人，在特殊情况下亦可不拘额数。还允许高丽、安南、占城等国的士子在本国乡试后，贡赴京师。之后举行会试，朱元璋亲制策问，试于奉天殿，录取了吴伯宗等120人。

由于明王朝建立不久，官员缺额很多，于是，在1371年正月，明太祖令各行省连续三年举行乡试，所有举人都免予会试，赴京师听候选官。又从各行省的举人中选拔一些"年少俊逸者"担任翰林院编修、秘书监直长等官职，让他们在宫中的文华殿学习，由著名学者宋濂等负责教学。

直隶 我国旧省名。宋代地方行政机构直属京师者称直隶。元不属诸路及宣慰司或行省的府县，亦称直隶。明清不属府而直属布政司的州称直隶州。特指河北省。明代称直接隶属于京师的地区为直隶。清初以南直隶改称江南省，北直隶改称直隶省，辖境依旧。

1384年，明王朝重新制定了新的科举制度，正式确立三年大比的制度，将原来的连续三年举行乡试定为每隔三年举行一次。新的科举制度分乡试、会试和殿试三级进行。乡试八月举行，会试二月举行，乡、会试都是在初九日为第一场，又三日为第二场，又三日举行第三场。殿试于三月初一举行。

乡试，是由南、北直隶和各布政使司主持的地方考试，又称"乡闱"，每三年一次，于子、卯、午、酉年举行。乡试的地点设在南京、北京和各布政司驻地。主持乡试的有主考2人，同考4人，提调1人，此外还有负责受卷、弥封、对读、巡绰监门、搜检怀挟的官员等。

考试分为三场：第一场，试四书义三道，经义四道。第二场，试论一道，判语五条，诏、诰、表内科一道。第三场，试经史策五道。三场考试，分别在农

布政使司 即承宣布政使司。明时承宣布政使司为国家一级行政区，清沿袭明制，保留各承宣布政使司，但布政使司辖区直接通称为"行省"，并在各省布政使之上设置固定制的总督、巡抚掌管全省军民事务。布政使成为巡抚属官，专管一省或数个府的民政、财政、田土、户籍、钱粮、官员考核、沟通督抚与各府县

■明代填榜图

历八月九日、十二日和十五日进行。

考生入场，要经过严格的搜查，不许挟带其他物品。入场后，每一名考生由一名号军监视，防止作弊。黄昏时交卷，如果没有作完，给蜡烛3支，蜡尽还没有完卷，就要被请出考场了。考生交卷后，经过弥封、誊录、对读等程序，然后送主考、同考批阅。

批阅的时间，名义上是10天，但是，真正用在批阅上的时间不过三四天而已。因为试卷很多，不能遍阅，试官往往"止阅前场，又止阅书义"，如果第一场所写的三篇四书义得到试官的赏识，就可以成为举人了。

乡试的录取名额，是由朝廷决定的。1384年诏"不拘额数，从实充贡"。1425年规定了名额，各考区从10名到50名不等。后来逐渐增加，明后期，南北直隶增至130余名，各布政使司的名额也增加了。

会试是由礼部主持的全国考试，又称"礼闱"，在乡试的第二年，也就是在丑、辰、未、戌年于京师举行。参加会试的必须是乡试中试的举人。

会试也分三场，分别在农历二月初九、十二、十五日举行。考试的内容和程序基本上和乡试一样。因为会试是比乡试更高一级的考试，明政府对它更加重视。所以，同考官的人数比乡试增加了一倍。主考、同考一级提调、监试等官，都由级别较高的官员担任。

会试的录取人数，明初没有定额，名额增减"皆临期奏请定夺"。最少的一次是32人，最多达472人。1475年以后，一般取300名，有因题请及恩诏而另增50名或100名的，则属于特殊情况，并非"恒制"。

廷试，也称为殿试、御试、廷对，是明代科举的最高一级考试，因考场在奉天殿或文华殿而得名，凡是会试中试的人都可以参加。廷试的时间，按科举成式的规定是农历三月初一，从明成化年间的1472

■ 江南贡院科举考
试雕塑

年起，改为农历三月十五日。

廷试的内容很简单，仅试时务策一道。试题一般由内阁拟题，并在考试前一天呈请皇帝圈定。廷试以一日为限，日落前必须交卷。完卷后，受卷官以试卷送弥封官，弥封毕送掌卷官，掌卷官立即转送到大学士殿阁之一的东阁，由读卷官进行评阅。

廷试是由皇帝亲自主持，皇帝就是主考官，所以评阅试卷的人只能称为读卷官。读卷官从进士出身的高级朝官中选拔。按照明初的规定："殿试毕，次日读卷，又次日放榜。"在一天当中，人数不多的几个读卷官要评定几百份试卷。读卷官的任务，是要在试卷中挑出三份卷子，以便确定一甲三名的人选，其他分等定名次依次进行。

明代廷试的名次分为一、二、三甲。一甲有三人，分别称"状元""榜眼""探花"，赐进士及第；

内阁 内阁是在明永乐时期建立的，是一个帮助皇帝的"助手"机构。内阁在最初的时候只是秘书性质的机构，但很快到宣德时期权力开始上升。经过明嘉靖、隆庆的发展，明万历早期应该是内阁权力极盛的时期。

二甲若干人，赐进士出身；三甲若干人，赐同进士出身。

当时士大夫又通称乡试第一名为"解元"，会试第一名为"会元"，廷试一甲第一名为"状元"，合称"三元"。"连中三元"，是科举场中的佳话。有明一代，连中三元的只有明洪武年间的黄观和明正统年间的商辂二人而已。

发榜后，皇帝赐诸进士宴于礼部，称"恩荣宴"。接着，这些进士们就分别被授予官职了。

殿试后，还要选拔庶吉士。明成祖永乐年间的1402年，明成祖朱棣创设翰林院庶吉士之制，凡进士一甲出身的，任为翰林院修撰及编修，进士未能考入一甲者，一般需经庶吉士阶段，方能正式入仕。

庶吉士是翰林院内的短期职位，为皇帝近臣，负责起草诏书，有为皇帝讲解经籍等责，是为明内阁辅臣的重要来源之一。从此翰林院与科举考试发生紧密关系，翰林院乃成为一个储才机构，对象是科举中试的进士。明代尤以翰林为贵，当时有"非进士不入翰林，非翰林不入内阁"之说。

阅读链接

明代科场第一个连中三元的状元郎是黄观。黄观字澜伯，又字尚宾，安徽贵池里山乡上清溪人。1390年，黄观参加由明太祖朱元璋亲发策问的殿试。他在策论中极力主张"屯兵塞上，且耕且守，来则拒之，去则防之，则可中国无扰，边境无虞"。从而深得朱元璋的嘉许，取殿试一甲第一名，授翰林院修撰。

黄观自幼勤奋、治学严谨，注重时论，不尚浮文。从秀才到状元，他经过县考、府考、院考、乡试、会试、殿试六次考试，均获第一名，时人赞誉他"三元天下有，六首世间无"。

清代阶段教育的体制

　　清代建立了完备的阶段教育体制，并在各个阶段即学前、初等、中等、高等教育过程中，将一贯提倡的"崇儒重道"精神贯彻其中，体现了古代儒家教化的文明传承。

■·清代启蒙教育雕塑

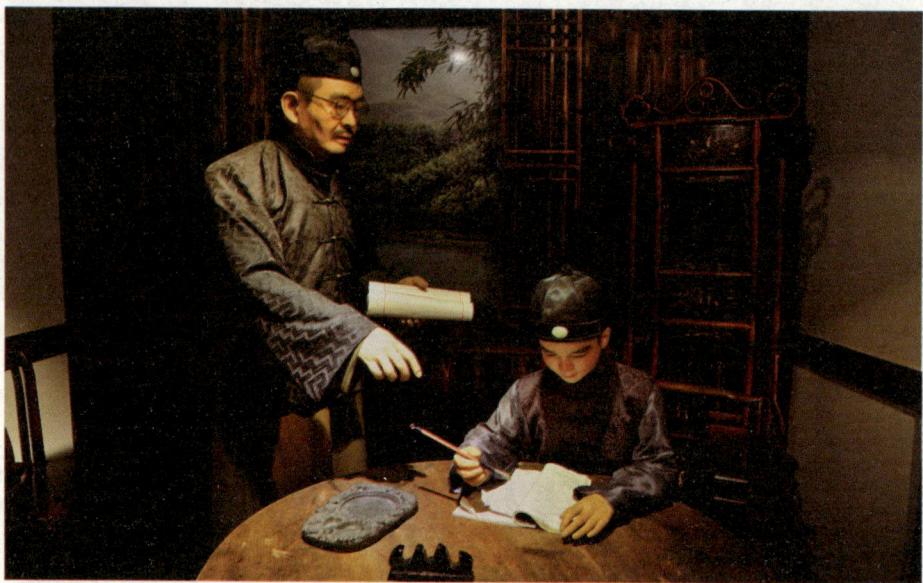

■ 明清时期启蒙教育
场景蜡像

清代以前没有正规的幼儿教育，清末"戊戌变法"期间，维新人士开始注意到这个问题，康有为在《大同书》中设计"育婴院"，收三五岁儿童。梁启超在《教育政策私议》中提倡设立幼稚园，收5岁以下儿童，保育年限为两年。由于"戊戌变法"运动的失败，这些主张未能得到施行。

光绪年间，清代朝廷下诏兴学，令各州县"多设蒙学堂"，并颁布《奏定学堂章程》，制订了第一个蒙养院章程，首次将蒙养院正式列入学校系统。

蒙养院章程规定：各省、府、厅、州、县以及较大市镇，均应在育婴堂即孤儿院和敬节堂即寡妇堂内附设蒙养院，以蒙养院辅助家庭教育，以家庭教育包括女学。专为保育教导3岁至7岁的儿童，每日不得超过4小时。

保育教导的主要内容有游戏、歌谣、谈话和手技，其目的在于"发育其身体，渐启其心知"。保育

戊戌变法 指1898年农历戊戌年以康有为为首的改良主义者通过光绪皇帝所进行的资产阶级政治改革。主要内容是：学习西方，提倡科学文化，改革政治、教育制度，发展农、工、商业等。这次运动遭到守旧派的强烈反对，历时仅103天的变法终于失败。因此也叫"百日维新"。

教导的方法是，就儿童最易通晓的事情，最喜好的事物，渐次启发涵养，同时强调："断不可强授以难记难解之事，或使为疲乏过度之业。"

初设蒙养院，师资成问题，因为古代历来排斥女子教育，保育员没有来源。章程只能规定各省学堂将《孝经》、四书、《烈女传》《女诫》《女训》及《教女遗规》等书，择要编成浅显的图书，分散给各家各户。并选取外国家庭教育书籍中简易而且不与我国妇道妇职相悖者，广为译刊，希望由家庭教育中培养出保育员来。

《奏定学堂章程》颁布以后，一些省市随即开办了幼儿教育机构，比如武昌模范小学附设蒙养院、上海务本女塾附设幼稚舍、湖北幼稚园、湖南蒙养院、江苏学务处各属的蒙养院、上海私立爱国女学设立的蒙养院等。

■ 清代学堂

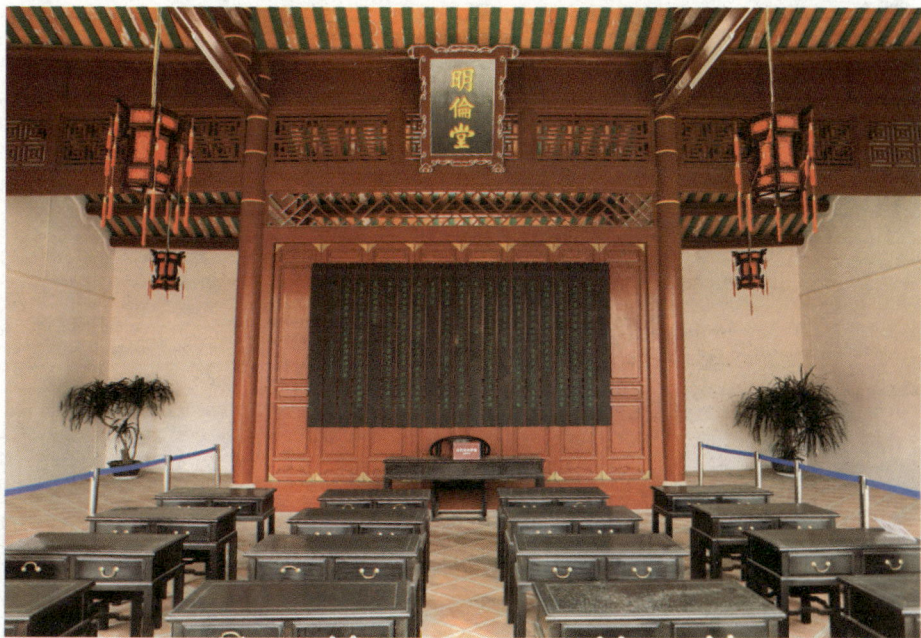

钟天纬（1840—1900），曾受清代朝廷出使德国大臣李凤苞邀请游历欧洲各国，考察政治、文化和经济状况，比较西方文化与中国政俗之短长。他于1896年在上海创办的三等公学，是古代新式初等教育萌芽时期的私立小学堂。

各教学机构制定了自己的相关章程或规定。如《湖北幼稚园开办章程》规定：幼稚园"重养不重学"，招收五六岁的儿童入园，保育科目有行仪、训话、幼稚园语、日常用语、手技、唱歌、游戏等，为儿童体育、智育、德育的发展打下根基。

清代幼儿教育，古代历史上第一次出现的学校式的学前教育，尽管当时的幼儿教育还只是家庭教育的辅助，但对古代教育的发展具有积极意义。

清代的初等教育，首倡者是近代小学教育的创始人张焕纶。1878年，张焕纶在上海创办的正蒙书院小班。当时虽然名为书院，但从课程设置上看，有国文、史地、经史、时务、格致、数学、诗歌等，因此实际上是一所新式学堂。改称梅溪书院，增设英文、法文课，注重体育，对学生进行军事训练。

此外，清代著名的学者钟天纬于1896年在上海创

■ 清代书院

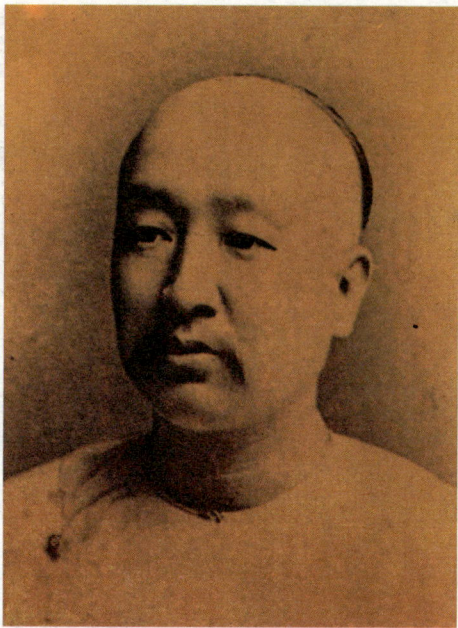

办的三等公学，也是新式初等教育萌芽时期的私立小学堂。

古代最早的公立新式小学是1897年著名的政治家、企业家和慈善家盛宣怀奏办的南洋公学外院。挑选聪颖幼童120名入学，由南洋公学师范生授课，课程有国文、算学、舆地、史地、体育科。外院学生所用的《蒙学读本》都是师范院编纂的，这是古代自编新式教科书的开始。

1898年5月，光绪帝谕令各省、府、厅、州、县将现有的大小书院一律改为学堂，其中的州县书院改为小学堂。在各地办起的小学校中，较为著名的有无锡三等公学；北京八旗奉直第一号小学堂、苏州创办崇辨蒙学、天津创立蒙养东塾，自编《启蒙图说》《启蒙问答》等教科书。

1902年的《钦定学堂章程》规定小学教育为三级：蒙学堂、寻常小学堂和高等小学堂，儿童自6岁起受蒙学4年，10岁入小学堂学习6年。

后又把三级10年的小学教育改为两级9年，初等小学堂5年和高等小学堂4年，同时，从前的蒙学堂改为属于幼儿园性质的蒙养院。

张焕纶（1846—1904），近代小学教育的创始人。1878年，他邀集同窗好友沈成浩、徐蓂德等人，筹资兴办书院。将自己住宅的部分厅堂、庭院，拨作校舍，招收学生40余人，分班组进行教授。因为就学的都是刚开蒙的儿童，学校定名为"正蒙学院"。

清代启蒙教育

提学使司 古代官署名。清代末期各省教育行政机构。清代末期停止科举、兴办学堂时所设省级教育行政官署。1905年，裁撤学政，在各行省设提学使司，以提学使为主官，管理全省学务。下设总务、专门、普通、实业、图书、会计，各有科长、科员。辛亥革命后，改设教育厅，主官为厅长。

初等小学堂收满6岁以上的儿童，分必修科和随意科。必修学科有8门，修身、读经讲经、中国文学、算术、历史、地理、格致和体操；随意科有两门，图画和手工。每周上课30小时。普遍实施班级授课制，废除从前学校中的个别授课制。

教学方法规定"以讲解为最要"，并注意"循循善诱之法"，纠正了从前专重死记硬背的教学方法，还规定尽量不用体罚。

小学堂分为官立、公立和私立三种，和单级、多级、半日三类，可以按着各地的具体情况开设不同的学堂。

高等小学堂招收初等小学毕业生，也分两科。必修学科有9门，修身、读经讲经、中国文学、算术、中国历史、地理、格致、图画和体操；随意科可视各地情形加设手工、商业和农业等。每周上课36小时。教学方法基本与初等小学相同。

1909年，江苏教育总会呈学部请变通初小学堂章程，认为初等小学的年限越短、科目越简单，教育普及就越容易，建议缩短初等小学的年限并简化其学习科目。学部根据各方面的意见，于当年颁布《变通初等小学章程》，分初等小学为三种：五年完全科，四年简易科和三年简易科。

同年11月，学部又颁布《简易识字学塾章程》，为年长失学及贫寒子弟无力就学者设立"简易识字学塾"。这种学塾学习年限为两三年，每日上课两三小时，可设半日班或夜校。学生不交学费，应用书籍物品都由学塾发给，学习科目有简易识字课本、国民必读课本和浅易算术，可设体操为随意科。

当时发展小学缺少资金和教师，热心教育者认为不如改良旧塾，使之逐渐成为初等或高等小学堂。于是，上海成立私塾改良总会，公布《私塾改良章程》。两江总督周馥札饬各属仿办，继任者端方也命宁、苏、皖、赣提学使司"切实筹款兴办"。

不久，学部颁布《改良私塾章程》，规定：初等私塾至少须授修身、国文、读经讲经、算术四科；高等私塾除上述四科外，还应加习历史、地理，高级班还可酌加格致和体操。

清代的中等教育始于1895年盛宣怀奏设的天津中西学堂中的二等学堂。该校分头等和二等两级，头等学堂相当于大学，二等学堂相当于中学，各四年毕业。二等学堂招收13岁至15岁学生入学。

学习科目为：第一年，

清代教育雕塑

■ 明清私塾教育

尺牍 指信件。尺牍是古人书写的工具。是一种用一定规格的木板经刻写文字后制成的书籍形式。在纸张发明之前，用竹木或帛，制成尺把长的版面，用以书写记事，传递消息，因此有尺素、尺函、尺牍、尺鲤、尺笺、尺翰、尺书等多种称谓，其中以尺牍用得最早也最多，故成为信件的代称。

英文初学浅言、英文功课书、英文拼法、朗诵书课、数学；第二年，英文文法、英文字拼法、朗诵书课、英文尺牍、翻译英文、数学并量法启蒙；第三年，英文讲解文法、各国史鉴、地舆学、英文官商尺牍、翻译英文、代数学；第四年，各国史鉴、坡鲁伯斯第一年、格物书、英文尺牍、翻译英文、平面量地法。

其后，盛宣怀又在上海创办了南洋公学，其中的"中院"，就是中学。此外，举人出身的俞复在无锡创办三等公学，其中的"二等学堂"，也是中学。

1902年，清代朝廷颁布的《钦定学堂章程》，将中学纳入了统一学制。章程规定，"由府治所设学堂为中学堂"，称"官立中学堂"；由私人捐资所设中学堂，称"民立中学堂"。中学堂修业年限为四年，可分实业科，并应附设师范学堂。

随后颁布的《奏定学堂章程》，将中学的修业年限由四年改为五年，不再分科。除规定府治必须设一所中学外，各州县如有能力也可酌办。除官立、民立中学外，地方士绅也可集资自设中学，集自公款的名为公立中学，一人出资的名为私立中学。这些中学准借用地方公所、寺庙等处。

这些中学堂学习科目共12门：修身、读经讲经、中国文学、外国语、历史、地理、算术、博物、物理及化学、法制及理财、图画、体操。每周上课36小时。

1909年，学部又在学堂章程的基础上奏请仿德国学制变通中学课程，实行文、实分科制，文科重经学，实科重工艺。

清代朝廷创办的新式大学，首推1895年盛宣怀奏办的天津中西学堂的头等学堂。该学堂修业年限为四年，第一年不分科，课程有英文、制图、物理、化学、天文、地理、万国公法、理财学等；第二年

159

文明传递

崇儒重教

■清代书院

以后，各就性质所近，选学一种专门学科。专门学科分工程、电学、矿务学、机器学、律例5科。学生120人，分4班，每班30人。学生毕业后，"或派赴外洋，分途历练；或酌量委派洋务职事"。

1898年，头等学堂接受京奉铁路局的要求，特设铁路班。1903年改名为"北洋大学"，学制由4年改为3年，设有土木工程、采矿、冶金等科，成为我国最早的工科大学，也是今天天津大学的前身。

1897年，盛宣怀又在上海创设南洋公学，其中，建于1900年的"上院"，也是大学。学生120名，分4班，每班30名。学制4年。

最初开办南洋公学的目的侧重于培养政治、外交等方面的人才，"以通达中国经史大义厚植根柢为基础，以西国政治家日本法部文部为指归，略仿法国国政学堂之意"。后来培养目标有所变化。

1906年春，南洋公学改政治科为商务科，同年秋又增设铁路科，并改名为邮传部上海高等实业学堂。次年停办商务科，成为专设工科的大学，以后学校规模日益扩大，成为清代末期著名的工科大学，是今天上海交通大学和西安交通大学的前身。

阅读链接

1895年10月2日，由光绪皇帝御批，由盛宣怀出任学堂首任督办的北洋大学堂成立，初名"天津北洋西学学堂"。

盛宣怀对新式教育有自己的卓见。他给天津北洋西学学堂的学员制定了严格的规则，要求学员一定要精钻本专业，不可心有旁骛，要循序渐进，不容紊乱，他认为打牢知识基础很重要，绝不可"学无次序，浅尝辄止"。

另外，他希望学员结合自己的专业学习外语，这是他有感于当时缺少高技术人才而提出的要求，事实证明很有道理。

清代的学校考试制度

　　清承明制，科举必由学校，即只有各类学校的生徒才有资格参加乡试。清代设有各类官学，京师设有国子监、宗学、觉罗学、八旗官学等。各省设有府学、州学、县学。

　　除这些官学外，还有私人和地方社会创办的私塾、社学、义学和

清代国子监彩绘图

■ 清代科举考试

廪生 廪膳生员，科举制度中生员名目之一。明府、州、县学生员最初每月都给廪膳，补助生活。名额有定数，明初府学40人，州学30人，县学20人，每人月给廪米六斗。清沿其制，经岁、科两试一等者，方能取得廪名。名额因州、县大小而异，每年发廪饩银四两。廪生须为应考的童生具结保证无身家不清及冒名顶替等弊。

学院等教育机构。所有这些官办和非官办的教育机构，构成了现代汉语中广义的学校。

清代府、州、县学的入学考试是科举制中的初级考试，每三年录取两次。各学录取生员皆有定额，按各地的文风高下、钱粮丁口多寡以为差别，自七八名至三四十名不等。

清代还有其他官学。清代以太祖努尔哈赤之父塔克什的本支子孙为宗室，俗称黄带子；以塔克什叔伯兄弟之子为觉罗，俗称红带子。清代在京师设有宗学，专收宗室子弟；设有觉罗学，专收觉罗子弟。两者皆隶属于宗人府。此外又设景山官学，选内务府镶黄旗、正黄旗、正白旗佐领、管领下的幼童入学；又设咸安宫官学，选内务府三旗佐领、管领下的幼童以及八旗俊秀入学。

清代的书院也就同官办的府、州、县学一样，成为科举制度的附庸。书院的生徒有生、童之分，前者为贡生、廪生、增生、附生、监生，后者为未曾入学的童生。

清代的科举制度与明代基本相同，仅增加复试。顺治十五年（1658）首开乡试复试制。康熙五十一年（1712），实行会试复试制。道光二十三年（1843）以后，各省的举人一律要到京师进行复试，规定没有经过复试的举人不准参加会试。

清代士人在应科举以求功名的路上，要经过考取生员、考取举人和考取进士这三个步骤。在这一过程中，要经过多次考试。

清朝科举考试分童子试和正试。其中童子试又分县试、府试、院试，只有通过了这三重考试才算是生员，也就是秀才。之后才能参加正试。而正试又包括乡试、会试、殿试，其中乡试中者称为举人，第一名称为解元；会试中者称为贡士，其中第一名称为会元；殿试考中者称为进士，第一名称为状元。如果有人连续考中解元、会元、状元，就称此人"连中三元"。

清代科举考试除文科外还有武科，在紫禁城箭楼前广场举行。武

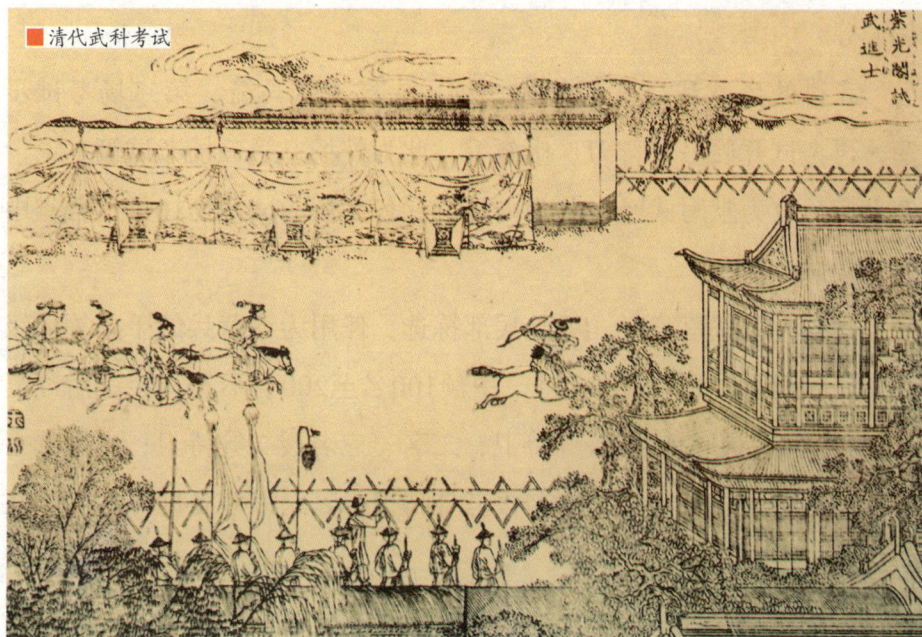

■清代武科考试

贡院放榜图

科中童生考取生员的童试，其县试、府试略同于文科；其院试每三年举行一次，于岁试文童考试时举行武童考试，科试之年不考试武童。

清代武科的童试分内外场，第一、二场为外场，考试马射、步射、硬弓刀石；第三场为内场，考默写"武经"，如《孙子》《吴子》《司马法》《尉缭子》《李靖问对》《黄石公三略》和《姜太公六韬》等。

武科的乡试和会试都分为三场。头场考试马箭，第二场考试步箭，再考试开硬弓、舞刀、掇石等，此为外场；第三场考试策、论，清嘉庆后改为默写武经，此为内场。武科乡试的试期为10月，各省中额较文科为少。

武举人会试落第者，可赴兵部拣选，任用为绿营兵的千总等低级武官。武科会试的试期在9月，中额100名至200名不等。会试后经复试、殿试，一甲一名授一等侍卫，二名、三名授二等侍卫；二甲选十名授三等侍卫，三甲选十六名授蓝翎侍卫，其余以守备即绿营官职在兵部注册选用。

上述生员、举人、进士系列的考试，均为科举制度中的常科考试。除常科外，清代科举也有制科，或称制举，举行的次数很少。

制科由皇帝在殿廷亲自进行。1678年、1736年两次开博学鸿词科，令中央和地方的官员举荐学行兼优、文辞卓越之人，不论已仕未仕，均可应考。其试题为诗、赋、判等，成绩列在一、二等者俱授翰林官。除此之外，每逢皇帝登基，令各地举孝廉方正、皇帝巡幸召试，也属于制科。

鸦片战争以后，一些具有先进思想的知识分子，从我国缺乏经世致用人才、处处落后挨打的教训中，看出了以科举考试制度选拔人才的弊病，于是在提倡开办新式学堂的同时，提出了废除科举考试制度的主张。

1905年9月2日，晚清名臣、清代洋务派代表人物之一张之洞奏请立停科举，以便推广学堂，咸趋实学。清朝廷迫于形势，诏准自1906年开始，所有乡会试一律停止，各省岁科考试亦即停止，并令学务大臣迅速颁发各种教科书，责成各督抚实力通筹，严饬府厅州县赶紧于乡城各处遍设蒙小学堂。

至此，在我国实行了1300余年的科举考试制度完全停止。它标志着我国古代考试制度的终结，我国近代考试制度的产生。

阅读链接

中国历史上最后一次科举考试

1904年7月4日殿试，贡士们按这次考试的成绩排定名次。一甲3名将获赐进士及第，二甲和三甲分别获赐进士出身和同进士出身。试题是以皇帝名义提出的时务策问，题长五六百字，含内政、外交等多方面。贡士们撰写对策文，对皇帝提出的问题发表自己的见解和建议。

这次殿试的前三名分别为状元刘春霖、榜眼朱汝珍、探花商衍鎏。后科举废除，此次科举考试遂成绝唱。

清代洋务教育的措施

同文馆大门

1861年1月13日，长期主持清代朝廷外交事务的恭亲王爱新觉罗·奕䜣，在一篇陈述"御夷之策"的奏折中，备论"夷祸之烈极"，主张审时度势，权宜办理夷务，并提出拯救夷祸之急的"六条章程"。

在这个章程的第五条中，奕䜣主张在原设的俄罗斯文馆的基础上，选各省的八旗子弟十三四岁以下之天资聪慧者各4人，学习英、法、美三国文字。

恭亲王爱新觉罗·奕訢画像

文明传递

崇儒重教

　　1862年8月，在奕訢等人的大力倡议下，同文馆正式成立。它的创建是洋务教育的开门之举，标志着我国近代学校的萌生。

　　同文馆的教习，原拟从广东、上海两地挑选谙解外语的中国人担任，后又聘请英国传教士包尔腾为英文教习，另聘候补八旗官学教习作澍琳充汉文教习。1863年，又增设法文馆、俄文馆，并分聘法国传教士司默灵、俄国人柏林担任法、俄文教习。

　　1866年12月，奕訢提出三条建议：第一，在同文馆内增设天文、算学馆，讲求天文算学等格致原理；第二，提高学生的档次，从满汉举人及"五贡"正途生员中挑选20岁以下者入馆；第三，聘请洋人在馆教习天文，算学，以期数年后有所成效。

　　奕訢提出的这三条建议，在当时应该说是富有见识的主张。事实上，除第一条增设天文算学的建议很快得到朝廷的批准外，他的后两条建议因受旧势力的顽强抵制，不再有科举正途出身者投考。自天文算学馆创设以后，同文馆由一个初级的外语学校，变为一个具有近代化意义的实用科学的学校。

扩充后的同文馆课程在原先的中文、外语之外，逐步增设了算学、化学、万国公法、医学生理、天文、物理等自然科学和社会科学的课程。为洋务教育的进一步扩展开辟了道路。

在同文馆的带动下，洋务派的其他重要人物也纷纷效仿，兴办洋务学堂，使洋务教育在19世纪60年代形成了初步的声势。

诸如：李鸿章于1863年创办的上海同文馆、1864年创广州同文馆，左宗棠于1867年创办的福建船政学堂，均在当时的教育领域产生了重大的影响，也都属于早期洋务教育的重要设施。

这些学校为我国培养了最早的一批近代外语、军事技术人才和外交骨干。像著名的翻译家严复、曾任首届驻日本大使的汪凤藻等，他们在推动我国近代化、介绍西方先进的自然，社会科学方面发挥了骨干作用。

■ 李鸿章像

此外，早年毕业于福建船政学堂的邓世昌、林永升、刘步蟾及毕业于上海广方言馆的黄祖莲等北洋水师将领，在甲午海战中英勇抵抗日军侵犯、壮烈牺牲，尤为国人所敬仰。仅此而论，早期洋务教育的成果也是不宜一概抹杀的。

19世纪70年代至90年代

■ 刘公岛水师学堂

初，是洋务教育的鼎盛时期。在这一时期内，由于洋务派在朝中顶住了守旧势力的反对，并占据了总理各国事务衙门及相当一批重要的督抚职位，在朝廷及地方均形成显赫的实力派，因而得以大力推进洋务学堂的建设。

在当时，洋务派所建的新式学堂达30余所。这类学校大体可分为四种类型：

一是兼习西学的外语学堂；二是军械技术学堂，如江南制造局附设的操炮学堂、工艺学堂及广东实学馆；三是专业技术学堂，包括电报、医学、铁路、矿务、工程等工种；四是水师、武备学堂，属于专门培养军事指挥人才和训练作战技术的近代军事学校，如李鸿章创办的天津水师学堂、天津武备学堂，张之洞创办的广东水陆师学堂、湖北武备学堂及江南陆师学堂，曾国荃创办的江南水师学堂等。

新式学堂的办学宗旨及课程内容的设置更加务

邓世昌（1849—1894），原名永昌，字正卿。清末海军杰出将领，民族英雄。他于1867年考入马尾船政学堂驾驶班第一期学习，1871年被派至"建威舰"练习航海，1874年毕业，被船政大臣沈葆桢嘉奖以五品军功，任命为"琛航舰"运船帮带，第二年任"海东云舰"管带。1894年在黄海海战中壮烈牺牲。

实：在处理中西学术的关系方面，更加突出了"中学为体，西学为用"的原则；而在分设学校的种类方面，则明显地将军事教育及与军事关系密切的专业技术教育，置于重要的位置。

其他与军事关系较远的学科，如农业、渔业、金融、交通、水利等，虽于国计民生关系重大，却没有占据丝毫的位置，只有湖北自强学堂一度设置商务斋，但也因其流于空谈而少实际便又停办。

洋务教育作为自强运动的一部分，在国家屡遭外国军事、外交凌辱的情况下，优先发展外语、军事技术及军事工业教育，也是必然的选择。但在经历了数十年的时间之后，仍然对于教育改革的进程没有一个统一整体的全国性规划，导致后继发展无力，而且没有形成广泛的社会基础。

1894年，中日甲午战争的爆发，成为检验洋务运动及其教育成果的关键性事件，而清军在这场战争中的惨败，则标志着洋务运动及其教育事业的失败。

洋务教育是特殊时代的特殊产物，尽管它是在内忧外患的强大压力下，不得已而为之的被动的教育措施，但毕竟是迈出了我国教育走向近代化的第一步，并且培养出了我国最早的一批近代化人才。

阅读链接

黄遵宪曾长期担任驻日使节，在详细考察了日本的历史、政治、军事、教育等国情后，曾经著有《日本杂事诗》及《日本国志》。在书中，黄遵宪备述日本明治维新以来，发展小学义务教育、师范教育及实业教育的重要意义。

甲午战争失败后，有人对黄遵宪说，你的书若早一点儿让大家看到，价值可抵两亿两银子。但在甲午战争前，既没有引起应有的重视，黄氏反而因此被斥为"罪大不可逭"。这其实是洋务教育最终走向衰弱的重要原因之一。

朗朗书院

书院文化与教育特色

白鹿洞书院位于江西白鹿镇。始建于南唐，唐末著名学者李渤早年在此读书时曾饲养过一头白鹿，所以称白鹿洞书院。后来又设有庐山国学，亦称白鹿国学、匡山国子监，与金陵国子监齐名。

宋代理学大师朱熹在白鹿洞书院讲学时，书院达到鼎盛时期，与岳麓书院、应天书院、嵩阳书院并称"四大书院"。后又与吉安白鹭洲书院、铅山的鹅湖书院、南昌的豫章书院并称为"江西四大书院"。白鹿洞书院有"海内第一书院"的称誉，是我国历史上第一所教学内容和教学设施较为完备的书院。

白鹿洞书院

李渤开创白鹿洞书院先河

在我国的唐朝贞元年间，有一位名叫李渤的诗人，住在五老峰东南麓的一个山洞里隐居读书，整整两年都未离开过山洞一步。

相传有一天，五老峰巅的一群神鹿足踏祥云，敬仰地俯视着李渤

白鹿洞书院正门

白鹿洞书院古建筑

晨读。李渤日夜攻读的刻苦精神，感动了神鹿群中的一头白鹿，为了陪伴李渤读书，白鹿飞下了云端，来到他的身边，成了他形影不离的好伙伴。

黎明，白鹿引颈长鸣，唤醒李渤离开山洞，迎着朝霞读书。夜晚，山风飕飕，白鹿衔过一件长袍，轻轻地给他披上御寒。深夜，李渤疲惫地伏案而睡，白鹿只身奔进深山，衔来山参送到书案之上，给他滋补身体。

有一次，李渤躺在山岩上读书，渐渐地，他掩着书睡熟了。这时，乌云滚滚，山雨欲来。白鹿见此情形，立即一声鸣叫，唤来了五老峰头的鹿群，这些鹿一起簇拥着李渤，为他挡风遮雨。

李渤醒来之后，发现了被雨水淋湿的白鹿，他一下子就明白过来了，他抱着白鹿，流下了感动的热泪。从此，他与白鹿之间的感情更加深厚了。

为了让李渤专心读书，白鹿还主动承担起为他购买笔墨纸砚、日常生活用品等事情。只要李渤将钱与所购物品的清单放在袋子里，挂

笔墨纸砚 我国独有的文书工具，即文房四宝。笔、墨、纸、砚之名，起源于南北朝时期。历史上，"笔、墨、纸、砚"所指之物屡有变化。在南唐时，"笔、墨、纸、砚"特指诸葛笔、徽州李廷圭墨、澄心堂纸、江西婺源龙尾砚。自宋朝以来"笔、墨、纸、砚"则特指湖笔、徽墨、宣纸和端砚。

在鹿角上，白鹿就从洞里出发，通过松林中的小径，跑到落星湖畔的小镇里，将李渤要买的书、笔墨纸砚等东西如数地购回。每次白鹿到小镇里买东西时，镇上的人们都会好奇地看着它，都夸它是一头了不起的神鹿。

后来，李渤参加科举考试，金榜题名，当上了江州刺史。他为了感谢多年来白鹿对自己的照顾，再次到洞中去寻找白鹿，可是白鹿早已腾云驾雾，返回天庭了。

为了纪念白鹿，李渤就将当年读书的山洞，改名为白鹿洞，并在此修楼建亭，疏引山泉，种植花木，增设台榭、宅舍、书院，开创了白鹿洞书院的先河。自此，白鹿洞名重一时，成为四方文人往还之地，人们游览美景的一处佳境。

822年，白居易出任杭州刺史，途经九江，见到

■ 白鹿洞书院

了李渤。这是他们在九江唯一的一次会面，两位诗人倍感亲切，思绪万千。

白居易赠李渤诗两首，并作注云"元和末，余与李员外同日黜官，今又相次出为刺史"。其中，白居易在《赠江州李十使君员外十二韵》一诗中写道：

长短才虽异，荣枯事略均。
殷勤李员外，不合不相亲。

■ 白居易（772—846），字乐天，号香山居士，又号醉吟先生，祖籍山西太原，其曾祖父迁居下邽，其祖父白湟又迁居河南新郑。是唐代伟大的现实主义诗人，唐代三大诗人之一。白居易与元稹共同倡导新乐府运动，世称"元白"，与刘禹锡并称"刘白"。白居易的诗歌题材广泛，形式多样，语言平易通俗，有"诗魔"和"诗王"之称。

此次九江之行，白居易到庐山草堂住了一宿，并用调侃的口气告诉李渤："君家白鹿洞，闻道已生苔。"道出了两人在仕与隐之间的矛盾与彷徨。

李渤在九江任刺史两年，勤政爱民。他上任不久，发现朝廷管理财政的官员张叔平不顾百姓的疾苦，竟奏征贞元二年逃户欠款4410贯。

他体察下情，为民请命，立即上书陈奏"江州管田二千一百九十七顷，今年已旱死一千九百多顷"，还要征收36年前的拖欠，黎民百姓实在负担不了，并在书中表示，如不准奏，"臣既上不副圣情，下不忍鞭笞黎庶，不敢轻持符印，特乞放臣归田"。

在李渤的恳切请求下，朝廷才下旨：

江州所奏，实为诚恳，若不蠲容，实难存济，所诉逋欠并放。

白鹿洞书院崇德祠

国子监 是我国古代隋朝以后的中央官学,为我国古代教育体系中的最高学府,又称国子学或国子寺。明朝时期行使双京制,在南京、北京分别都设有国子监,设在南京的国子监被称为"南监"或"南雍",而设在北京的国子监则被称为"北监"或"北雍"。

在江州官署城南有一南湖,面积约80公顷,东抵北风嘴,西连龙开河,南接山川岭,北依浔阳城。由于湖面宽阔,南来北往行人诸多不便。

李渤为了方便行人,于是组织人力在湖中筑堤。建好的堤长七百步,南连山川岭,北接城池南门口,沟通南北,往来称便。堤上还建桥安闸,控制和调节水位,兼有灌溉农田之利。后人为感谢刺史李渤,将新建的堤命名李公堤,外湖名甘棠湖,桥名思贤桥。

唐朝末年,兵荒马乱,各地学校多有毁损。所以,到庐山隐居、避难的读书人常到白鹿洞研讨学问,交流心得。

940年,南唐朝廷在李渤隐居的白鹿洞建立学馆,称"庐山国学",又称"白鹿国学",置田藏书,由金陵国子监九经教授李善道担任白鹿洞洞主,掌管教育和学习。南唐中主李璟在未即位之前也曾在白鹿洞读书，后来当了皇帝，就把这里设为书院。

庐山国学与当时南京国子监齐名，为官办学院。从此，四方学子慕名而来。

976年，南唐亡，九江百姓遭受兵马之灾，庐山国学随之成为废墟。至北宋初期，各地增设书院，庐山国学乃改称白鹿洞书院，从此，规模逐步扩大。

977年，江州知州周述将白鹿洞书院的办学情况上奏朝廷，宋太宗赵炅随即诏令将国子监刻印的《诗》《书》《易》和《礼记》《仪礼》《周礼》《左传》《公羊传》《穀梁传》这"九经"颁赐给白鹿洞书院。

赵炅的这一诏令，奠定了白鹿洞书院的重要地位，书院随即声名远播，来此求学的人络绎不绝，当时与岳麓、睢阳、石鼓等书院，并称为天下四大书

■ 白鹿洞书院

白鹿洞书院万世师表牌

院。书院殿阁巍峨，亭榭错落，师生云集，俨如市镇。

980年，白鹿洞洞主明起到蔡州褒信县任主簿。书院因无人主持，逐渐废弃。

1001年，真宗赵恒下令给全国各地学校、书院发送国子监印本经书，并修缮孔子庙堂。有了皇上的诏令，白鹿洞书院得以重新修葺，并重塑了孔子及弟子的画像，师徒们从此也有了祭祀圣人的专门场所。

北宋末年，金兵南下，战争频繁，烽火连天。1054年，白鹿洞书院毁于兵火。其间，书院赖以生存的耕地被收回，书院无法继续提供膳食，于是学生们纷纷离去，校舍逐渐倒塌，不久书院停办。

自北宋末年到南宋初期，白鹿洞书院荒废了一百二十多年。

阅读链接

白鹿洞书院建成之后，历代都有文人前来吟诗作赋。其中，唐末五代十国著名诗人王贞白的一首写自己读书生活的诗，也是一首惜时诗："读书不觉已春深，一寸光阴一寸金。不是道人来引笑，周情孔思正追寻。"诗中"一寸光阴一寸金"是诗人由第一句叙事自然引发出来的感悟，也是诗人给后人留下的不朽格言，千百年来一直勉励人们，特别是读书人珍惜时间、注重知识积累，不断地充实和丰富自己。

朱熹对白鹿洞书院的复兴

那是在1179年的南宋，朱熹走马上任知南康军事。辗转数月，朱熹在三月三十日这天到任。十月十五日下元节他来到白鹿洞故址，眼见书院荒凉的景象，不禁感慨万千。但书院的周边环境令朱熹欣喜不已，"观其四面山水，清邃环合，无市井之喧，有泉石之胜，真群居讲学、遁迹著书之所"。他随即决定对书院加以修复。朱熹一面分派军学教授、星子知县等人筹措兴复诸事，同时又将自己复兴书院的设想上奏朝廷。

■朱熹（1130—1200），小名沈郎，小字季延，字元晦，一字仲晦，号晦庵，晚称晦翁，又称紫阳先生、考亭先生、沧州病叟、云谷老人、逆翁，谥文称朱文公。南宋著名理学家、思想家、哲学家、教育家、诗人、闽学派的代表人物，世称朱子，是孔子、孟子以来最杰出的弘扬儒学的大师。

此时的白鹿洞书院，原来的建筑早已无存，仅余瓦砾榛荆，茂草荒丘。尽管南康正遭旱灾，财政困难，但朱熹还是集资筹款，建起了屋宇二十余间。第二年，书院初步修复。朱熹主持祭祀先圣先贤的开学典礼，升堂讲学，并写下了《次卜掌书落成白鹿佳句》：

重营旧馆喜初成，要共群贤听鹿鸣。
三爵何妨奠蘋藻，一编讵敢议诚明。
深源定自闲中得，妙用元从乐处生。
莫问无穷庵外事，此心聊与此山盟。

在主持白鹿洞书院期间，朱熹很注意学田的设置，认为"这是维持书院的久远之计"。他制订了购田计划，筹集了一部分购田资金。

为了充实图书，朱熹还发文，向各地征集书籍，甚至连结识未久的陆游也成为他求书的对象。

朱熹主持书院时，还制定了一套详细的藏书管理制度，设有"管

朱熹讲学场景

朱熹讲学蜡像

"干"一职，专门对书籍进行日常管理。至于大规模的校勘、清理、暴晒等工作，就临时由山长组织人员进行。晒书一般是在每年的农历六月初一、十五。

当时，岳麓书院只有学生十余人。朱熹在总结前人办学所订的规制以及禅林清规等经验的基础上，制定了《白鹿洞书院揭示》：

父子有亲。君臣有义。夫妇有别。长幼有序。朋友有信。

右五教之目。尧、舜使契为司徒，敬敷五教，即此是也。学者学此而已。而其所以学之之序，亦有五焉，其别如左：

博学之。审问之。谨思之。明辨之。笃行之。

山长　历代对书院讲学者的称谓，五代蒋维东隐居衡山讲学时，受业者称之为山长。宋代将始建于南唐升元年间的庐山白鹿洞的"白鹿国学"，改造成白鹿洞书院，作为藏书讲学之所。元代于各路、州、府都设书院，设山长。废除科举之后，书院改称学校，山长的称呼废止。

《四书》 四书就是《四书集注·朱熹集注》这部书之简称，书中内容包括《大学》《中庸》《论语》《孟子》合称四书，为儒家传道、授业的基本教材。四书在我国广泛流传，其中许多语句已成为脍炙人口的格言警句。《大学章句序》《中庸章句序》《论语序说》《孟子序说》及朱熹之注解文字。四书的作者包括孔子、子思、孟子、程子、朱熹等，其编撰时间间隔达1800年。

■陆九渊画像

右为学之序。学、问、思、辨四者，所以穷理也。若夫笃行之事，则自修身以至于处事、接物，亦各有要，其别如左：

言忠信。行笃敬。惩忿窒欲。迁善改过。

右修身之要。

正其义不谋其利。明其道不计其功。

右处事之要。

己所不欲，勿施于人。行有不得，反求诸己。

除了制定学规，朱熹还制定了课程，将《四书》作为基本课程，并尚需学习《五经》《楚辞》以及古代诗、文。

为了学院的发展，朱熹试图聘请一些有名的学者到白鹿洞书院讲学，但均未成功。于是他只得自兼洞主，自为导师，亲自讲学。此时，在白鹿洞书院讲学的尚有刘清之，以及朱门弟子林泽之、黄粹、王阮等人。

正当朱熹主持白鹿洞书院时，南宋理学代表人物陆九渊自金溪来访，朱熹请陆氏赴白鹿洞登台讲学。他的"君子喻于义，小人喻于利"讲得举座动容，甚至有感动得掉下眼泪的学生。

朱熹也认为陆九渊讲得非常好，"切中学者隐微深痼之病"。并对自己过去没有讲得这么深刻而感到惭愧，朱熹还表示，一定要与大家一起虚心向陆九渊学习。

于是，朱熹请陆九渊将讲稿书写下来，这就是著名的《白鹿洞书堂讲义》，朱熹请人将其刻石并写了《跋》，并作为文献保存在书院，以励后学。后来，陆九渊在白鹿洞书院期间，就哲学问题，与朱熹又进行了一次深刻的探讨，这就是"白鹿洞之会"。

与此同时，朱熹还请南宋理学家另一派代表吕祖谦为白鹿洞书院的修复工作写记。朱熹在求记信中，希望此记"非独以记其事"，且"使此邦之学者与有闻焉，以为入德之门"。为此，二人书信往复，讨论记文措辞，然后定稿刻石。

朱熹又致书吕祖谦说："白鹿洞书院承为记述，惟使事之本末后有考焉！而所以发明学问深浅之序尤为至切，此帮之士蒙益既多，而传至四方，私淑之幸又不少矣！"

当时，吕祖谦为了调和朱熹"理学"和陆九渊

■ 吕祖谦（1137—1181），字伯恭，南宋婺州人，原籍寿州，人称东莱先生，与朱熹、张栻齐名，同被尊为"东南三贤""鼎立为世师"，是南宋时期著名的理学大师之一。他所创立的"婺学"，也是当时颇具影响的学派之一。

陆九渊（1139—1193），字子静，号象山，书斋名"存"，世人称存斋先生，江西抚州市金溪县陆坊青田村人。南宋著名理学家、思想家和教育家，宋明两代"心学"的开山之祖。与当时著名的理学家朱熹齐名，史称"朱陆"。

陆九龄（1132—1180），字子寿，人称复斋先生。乾道五年进士，宝庆二年特赠朝奉郎直秘阁，赐谥文达。与弟九渊相为师友，学者号"二陆"。其于字画未必屑屑求工，所书端稳深润有法度，临学之士或有所未及。乃知有德有言者，于区区字画亦不苟，卒年49岁。

"心学"之间的理论分歧，使两人的哲学观点"会归于一"，就出面邀请陆九龄、陆九渊兄弟前来与朱熹见面，陆氏兄弟便应邀来到了鹅湖寺，双方就各自的哲学观点展开了激烈的辩论，这就是历史上著名的"鹅湖之会"。

朱熹和陆九渊的哲学观点虽有异同，但是彼此却无心结，反而增加了彼此的友谊。无论是鹅湖之会，还是白鹿洞之会，都是我国古代哲学史、书院教育史上的大事，是先贤们探求真理，广博学问，摒弃门户之见，倡导百家争鸣的善举。

朱熹在主持白鹿洞书院期间，开展了多种形式的教学活动，包括"升堂讲说""互相切磋""质疑问难""展礼"等。《朱子读书法》六条，就是"循序渐进""熟读精思""虚心涵泳""切己体胸察""着紧用力""居敬持志"。以学生认真读书，自行理会为主要形式。

朱熹每有闲暇，就与生徒们优游于山石林泉之间，寓讲说、启迪、点化于其中。朱熹在白鹿洞书院创立的书院规制和教学模式，成为后来书院建设的榜样。

为了使书院拥有合法地位，朱熹还上书孝宗皇帝，乞赐敕额及"九经"注疏，但未果。后来，朱熹离开南康，改任浙东提举。他趁允许奏事的机会，再次向孝宗申请：

今乃废而不举，使其有屋庐而无敕

额，有生徒而无赐书，流俗所轻，废坏无
日，此臣所以大惧而不能安也。

这一次，孝宗皇帝经过"委屈访问"之后，才勉
强准奏。朱熹离去以后，白鹿洞书院的院宇屡有兴
修，教学、祭祀活动亦继续维持和发展。

1217年，朱熹之子在以大理寺正卿的身份知南康
军。他继承父志，重修白鹿洞书院，使之规模宏伟为
他郡所不及。朱熹的门人黄榦在《南康军新修白鹿书
院记》中写道：

> 榦顷从先生游，及观书院之始，后
> 三十有八年，复睹书院之成。既悲往哲之不
> 复见，又喜贤侯之善继其志。

■白鹿洞书院之先贤
书院

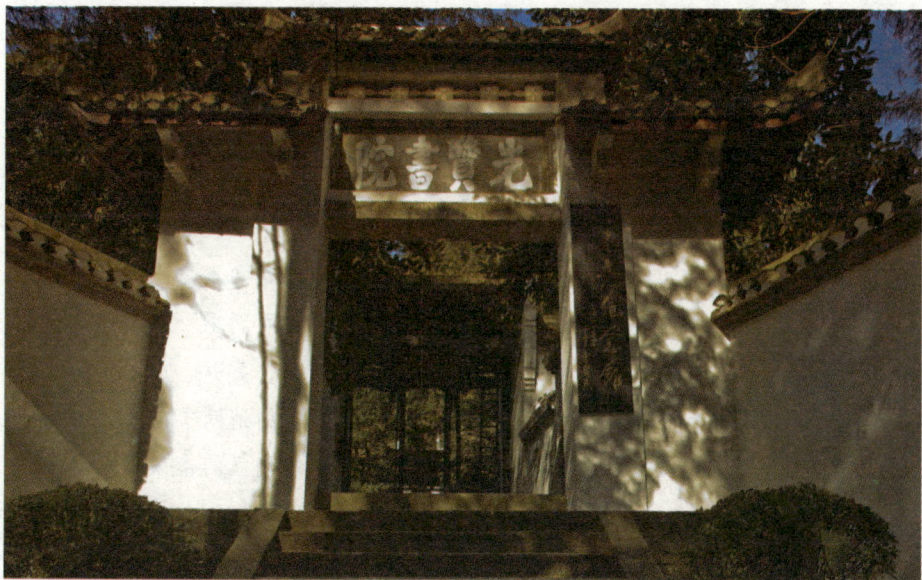

意思是说，白鹿洞书院因朱熹而始建基，而由其

大理寺 古代官署
名。掌刑狱案件
审理。秦汉时期
以廷尉主刑狱，
审核各地刑狱重
案。汉景帝、汉
哀帝和东汉汉献
帝，以及南朝梁
武帝时期四次改
为大理，均仍复
旧。北齐时期定
制，以大理寺为
官署名，大理寺
卿为官名。隋代
以后沿用。

子最后完成，时距朱熹仙逝已17年了。

朱门后学黄榦、陈文蔚、李燔、方岳、饶鲁等先后在白鹿洞书院讲学，培养了余阶、江万里等知名学生。

至1241年，宋理宗赵昀在视察太学时，亲自书写了朱熹所定的《白鹿洞书院揭示》。此后这个揭示被摹写传抄在各地的学校和书院中，使之成为御颁共同遵行的"教学方针"。

朱熹制定的教规得到皇帝如此的赞赏，遂成为各地书院教育乃至于学校教育的最高准绳和法则，影响广远，波及天下。理宗时，白鹿洞书院始设官治理。

白鹿洞书院因朱熹而享盛名，朱熹对白鹿洞书院的复兴，意味着我国书院制度的成熟。因此，王昶在《天下书院总志》序中称白鹿洞书院为"天下书院之首"。

阅读链接

朱熹晚年定居建阳考亭讲学，四方学子不远千里前来求学，研究理学，著书立说，与蔡元定等创建学术史上令人瞩目的"考亭学派"，考亭也因此被喻为"南闽阙里"，建阳称为"理学之乡"，也因朱熹、蔡元定、刘爚、黄榦、熊禾、游九渊、叶味道史称"七贤过化"之乡。每年的清明节前后，普天之下的朱子后裔都会前来祭祀拜谒，他所创立的南宋理学备受推崇。

王阳明心学在书院的传播

解缙画像

到了1236年元代的时候，南宋许多文人因不能进入元政府任官，纷纷设坛讲学，建立书院，造成元初私立书院迅速发展的现象。

元代也很重视文化教育事业，采取了若干措施保护和奖励书院，把私人建立的书院与地方州、县学同等对待，归官家节制，拨给学田，列书院的山长为州、县学官或教官，朝廷对书院教育重视的程度超越了前代。

所以，明初大学士解缙有言："白鹿洞书院在元尤盛。"但是，好景不长，书院又于元末毁于战

白鹿洞书院入口

火，所有殿堂斋舍荡然无存。

1366年，文学家王祎来到白鹿洞，看到"树生瓦砾间"，只余"濯缨""枕流"两石桥的景象。此时，距书院被毁已经15年了。

又过了数十年，广东东莞人翟溥福于1438年被任命为南康军郡守，他对"前贤讲学之所，乃废弛若是"深表惋叹，于是带头捐出俸禄，动员同僚，多方集资，加以重修，明伦堂就是在此时修建的。

明伦堂又名彝伦堂，为砖木结构，白寺灰瓦，人字形硬山顶，四开间，前有走廊。明伦堂是书院授课的地方，故外悬挂有"鹿豕与游，物我相忘之地；泉峰交映，仁智独得之天"的楹联，以鼓励生员用心攻读，以获得"仁智独得之天"。

棂星门是在明成化年间由南康知府所建，后来的南康知府苏葵又再次重建。最初的时候，棂星门为木

学士 又称"内阁大学士""殿阁大学士"等，明清时期流行的中堂一称，一般是指大学士或首辅大学士。大学士拥有和宰相同样大的权力，负责主持内阁大政，还要参与国家大事的重要决策。大学士还要负责为皇帝起草诏令，批答奏章。

结构，后南康知府周祖尧建为石牌坊。

古代传说，棂星就是文曲星，以它命名，即意此处是人才辈出之地，为国家培养栋梁之材之意。门为花岗岩石构建而成，六柱五间，中间刻有缠枝牡丹，下有石抱鼓护柱，饰有海波纹，刀法粗犷简练。

1465年，江西提学李龄会同南康知府何睿，再次对书院进行补修重建。此后，1497年和1501年又有两次修缮增扩。

1511年11月1日，文学家李梦阳书写庐山"白鹿洞书院"匾额。李梦阳，字献吉，号空同子，庆阳人，弘治癸丑年进士，历任户部山东司主事、贵州司员外郎、广东司郎中等职。

李梦阳在江西提学副使任内，曾多次到白鹿洞书院讲学，重修《白鹿洞新志》，并亲自作序。他在白鹿洞书院所撰《宗儒祠记》石碑以及题于贯道溪的石

匾额 是古建筑的必然组成部分，相当于古建筑的眼睛。匾额中的"匾"字古也作"扁"字。是悬挂于门屏上作装饰之用，反映建筑物名称和性质，表达人们义理、情感之类的文学艺术形式即为匾额。但也有一种说法认为，横着的叫匾，竖着的叫额。

■ 白鹿洞书院棂星门

■ 白鹿洞书院建筑

刻"砥柱""鹿洞"等仍保存完好。

明初，因朝廷重视科举，罢了荐士的旧制，致使书院讲学之风几乎消失，书院一度衰落。而王阳明却支持书院制度，所到之处，广收门徒，遍建书院。

1517年，王阳明任都察院御史，并得到"荫子锦衣卫、世袭百户"的奖赏。他到白鹿洞书院游览时，不禁"徘徊久之"，他不知不觉走到了独对亭，此处乃是观赏雄奇的五老峰的佳处。

此时，一股诗泉突然涌上了他的心头，随后写下了《独对亭望五老峰》一诗：

都察院 古代官署名。明清两代最高的监察、弹劾及建议机关，1382年改前代所设御史台为都察院，长官为左、右都御史，下设副都御史、佥都御史。又依十三道，分设监察御史，巡按州县，专事官吏的考察、举劾。

五老隔青冥，寻常不易见。

我来骑白鹿，凌空陟飞巘。

长风卷浮云，褰帷始窥面。

一笑仍早颜，愧我鬓先变。

我来尔为主，乾坤亦邮传。

海灯照孤月，静对有余眷。

彭蠡浮一觞，宾主聊酬劝。

悠悠万古心，默契无可辩！

    白鹿洞书院虽然荒凉，但毕竟是"天下四大书院"之一，它还会有再度振兴之日。王阳明陷入深深的思考之中。他认为，儒学及理学是救世的药方，然而理学经朱熹发展改造之后，有不少的谬误。

    王阳明年轻时，曾一度崇拜朱熹，他21岁中举人，开始研究朱熹的"格物穷理"。朱熹认为，一草一木都含有"至理"，必须一件件地"格"尽天下之物，才能豁然贯通，体会到完美的"天理"，以为圣贤。于是，王阳明站在独对亭前，从秋风中抖动的一丛翠竹开始"格物"。他观察了翠竹七天七夜，结果一无所得，却一下子病倒了。

白鹿洞书院报功祠

此刻，王阳明顿然明白了，竹子的自然生长与朱熹的"天理"并没有相适之处，把自然现象与社会现象相比较是毫无根据的。王阳明在白鹿洞修道问学，为他后来创立心学奠定了基础。

离开白鹿洞后，王阳明回到南昌，他与朋友江西巡按御史唐龙谈及白鹿洞书院的凋敝现状。唐龙拙守于朱熹的理学，对王阳明创建的心学以及他近来特别强调的"致良知"学说更是疑惑不解。

但是，唐龙对王阳明还是尊重的。这年夏天，唐龙听了王阳明关于庐山白鹿洞书院现状的叙述之后，来到了白鹿洞视察。他按照王阳明的《白鹿洞独对亭》的韵脚，写诗《次阳明韵》。诗写道：

■ 王阳明画像

> 五老隐云间，经年再相见。
> 乘月属清溪，攀萝度岑畎。
> 顿谐丘壑心，净洗风尘面。
> 山神灵不死，物理溢中变。
> 风雨剥樽彝，乌鼠逸经传。
> 驻迹望冥冥，永怀中眷眷。
> 鹿去主不归，酒热客自劝。
> 焉得抱尘游，居吁息妄辨。

唐龙从唐代李渤在白鹿洞读书以来的衰兴，开导王阳明应该抛弃由于朝廷奸佞对他的诬陷而造成的思想负担，要洒脱一些。"五

老隐云间，经年再相见。""焉得抱尘游，居吁息妄辨。"他相信，将会与王阳明在白鹿洞相会，讨论学术。

■ 王阳明塑像

唐龙在白鹿洞书院拜谒了孔子、朱子等圣贤像后，便访查书院的藏书，发现书籍多已散佚；查学田时，发现田亩也失去不少。唐龙认为，白鹿洞书院"无官综理，每年只是本府星子县编签门子二名，轮流看管，以致狼狈至此"。并认定，没有朝廷直接委任的官员来管理白鹿洞书院，是很不妥当的。

唐龙回到南昌后，便征求王阳明的意见，问他能否把自己的学生蔡宗衮调来任白鹿洞主。此时的蔡宗衮已经47岁了，只比王阳明小两岁，是王阳明的老乡，王阳明在京师任"考功清吏司郎中"时，收纳了蔡宗衮为学生。

后来，蔡宗衮和王阳明的另一位学生舒芬，同榜

巡按 又称按台，是古代官职名，代表皇帝巡视地方，各省及府、州、县行政长官皆其考察对象专门负责监察，一般不理其他事务，权力极大。明代派遣监察御史分赴各省巡视，考核吏治，称为巡按。永乐后定制，以一省为一道，分道出巡，其品级虽低而可与省行政长官分庭抗礼，知府以下均奉其命，事毕还京。

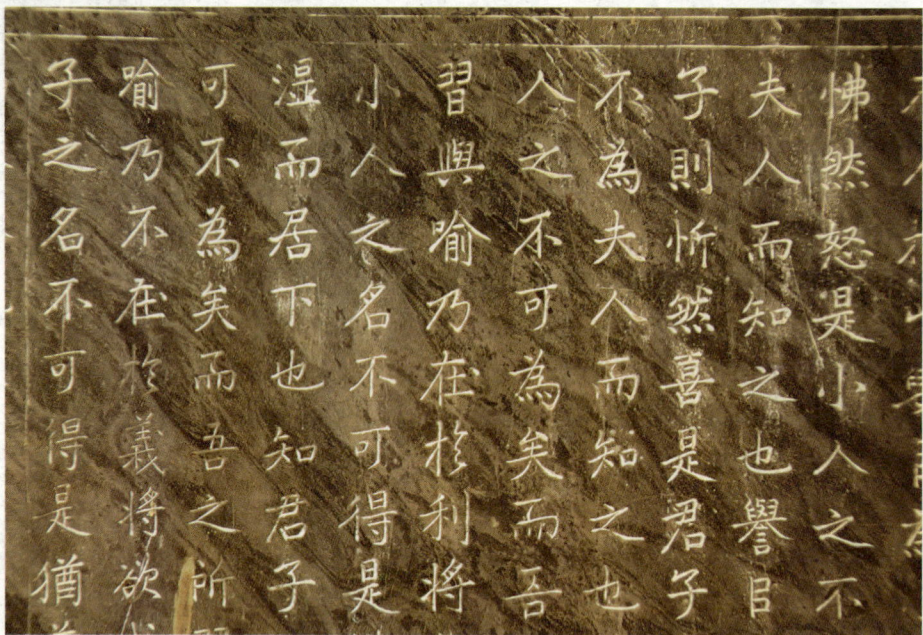
白鹿洞书院碑刻

中进士。王阳明对蔡宗衮说："入仕之始，意况未免动摇，如絮在风中，若非黏泥贴网。亦自作主张不得。……亦须有得力处耳。"而蔡宗衮说他的志向是当一个府学的教授，专门从事教化民心的事业。后经朝廷批准，蔡宗衮出任兴化府学教授。

此时，唐龙提出由蔡宗衮出任白鹿洞书院洞主，恰恰也符合王阳明的愿望。因为他正要把白鹿洞书院变成宣传他心学的一个"得力处"。

1518年，王阳明以右金都御史巡抚南赣、汀、漳，他编撰《大学古本》和《中庸古本》，包括《大学古本序》和《修道说》，与朱熹学派商榷，并不远千里派人将手书"致之洞中"，刻于石碑上。

第二年，王阳明在击败并擒获了叛乱的宁王朱宸濠，"得濠簿籍，所记平日馈送姓名，遍于中外，多者累数万，少亦以千计……"之后，王阳明派兵进驻南康。

1520年正月，王阳明在开先寺李渤读书台旁的岩壁刻石记功，后又来到白鹿洞书院。同年8月，唐龙奏请朝廷，请求派蔡宗衮专职任白鹿洞书院的洞主。

明武宗朱厚照同意了唐龙的奏请，从而改变了明朝把书院全都作为地方兴办的惯例，首先在白鹿洞恢复了宋元时代由朝廷任命书院官员的传统。王阳明得知后，集门人讲学于白鹿洞书院，并留有大量诗歌，临行又捐赠钱款，嘱咐洞主蔡宗衮添置田亩。

白鹿洞初有名无洞，1530年，南康知府王溱祭山开洞，并撰写《新辟石洞告后士文》。

嘉靖年间的南康知府何岩，雕石鹿置洞中，并作《石鹿记》："自唐以来，白鹿洞名天下矣！然历世既远，则鹿弗存，而洞亦圮""是诚有名而无实出"。所雕石鹿竖耳昂首，凝视前方，刀法简练。洞

朱宸濠（1479—1521），明代藩王，为宁王的第四代继承人，1497年嗣位。其高祖宁献王朱权是明太祖朱元璋的第十七子。1391年封王，逾二年就藩大宁，其封地最初在长城喜峰口外，今内蒙古宁城西边，1403年，改封南昌，以江西布政司官署为历代宁王官邸。

■ 白鹿洞书院建筑

知府 官名。宋代至清代地方行政区域"府"的最高长官。唐以建都之地为府，以府尹为行政长官。宋升大郡为府，以朝臣充各府长官，称以某官知某府事，简称知府。明以知府为正式官名，为府的行政长官，管辖所属州县。清沿明制不改。知府又尊称太守、府尊，亦称黄堂。

为花岗岩砌，呈券拱形，高4米，宽4.15米，深6.35米。洞右有石台阶，拾级而上，可登思贤台。

思贤台，筑于明嘉靖年间，后来，江西巡按曹汴建亭台上，寓"睹台思贤"之意，故名思贤台。台平面呈正方形，亭为木结构，平面呈正方形，歇山顶，双层斗拱托檐，中开一门，四边有木制花窗，前有花岗石围栏。台上四周有石板围栏，栏中镶有石刻，有衡崖书"理学渊源"、刘世扬书"思贤台"、秦大夔书"仰止处"、李资元书"空中楼阁，静里乾坤"。

到了明万历年间，大学士张居正出于党同伐异的需要，提出废除书院的主张，白鹿洞书院遭受重创。历来兴建书院的举措，莫过于购置田亩，以农林来养

■张居正画像

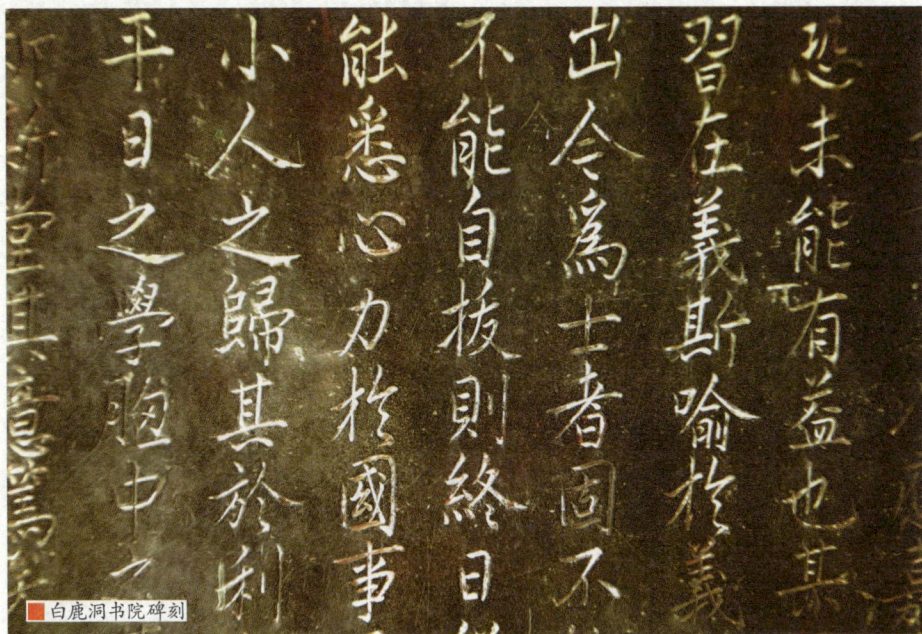

白鹿洞书院碑刻

文教。

张居正以"充边需"为名，责令各地书院悉卖其院田，等于釜底抽薪，切断其资金来源。幸好此项政策持续不太久。至1582年，张居正逝去后，院田才得以陆续赎回。1622年，南康府推官李应升主持洞事，书院又兴旺起来。

阅读链接

明代的白鹿洞书院不仅恢复了南宋的旧观，而且建筑规模和相关设施均超过已往而臻于完善，学员人数也一度达到500人之多。特别是1506年至1566年，是白鹿洞书院少有的持续一甲子即六十年的兴盛期。

王阳明的弟子王畿来过，与王学分庭自立的湛学创主湛若水带领弟子也来过，都对书院赞誉有加。而尤以李梦阳对书院的贡献为大，留下的诗文墨迹也最多，门楣上的"白鹿洞书院"五个刻石大字，就出自他的手笔。

书院的兴衰和办学特色

康熙画像

到了清代，白鹿洞书院继承明代的规模，远近各省都有人来此求学。1646年，顺治皇帝决定兴复白鹿洞书院，重修了白鹿洞书院，礼圣殿也得到了重修。到了顺治中期，江西巡抚蔡士英又对书院进行了修葺。

清代尤其是在康雍乾盛世，崇儒重道，表彰正学，白鹿洞书院又多次得到皇帝的褒奖。

康熙帝是一位很有作为的政治家，一生研读儒学，赞赏程朱，重视文教。1683年，江西巡抚安世鼎委命知府周灿重修白鹿洞书院，上奏赐予匾额与经书。

白鹿洞书院礼圣殿

到1687年，康熙帝亲书匾额"学达性天"，赐给白鹿洞书院，同时还颁送了《十三经注疏》、"二十一史"等。

据《起居注册》载："学达性天"匾额共8面，同时赐予周敦颐、张载、程颢、程颐、邵雍、朱熹祠堂及白鹿洞书院、岳麓书院。

其意思是要学子求学达到符合人性和天理那样的一种崇高的境界。以后，康熙又陆续颁赐《古文渊鉴》《朱子全书》《周易折中》等书籍。

康熙帝赐给白鹿洞书院匾额及书籍之后，由南康知府周灿请建"御书阁"。阁为木构建筑，二层平面呈方形，周环走廊。二层正中有"御书阁"竖额。庑殿顶阁为木构建筑，翘角宏伟。

白鹿洞书院环境优雅，古树浓荫，阳光穿过树隙在地面上洒下斑驳的小光圈，风吹树动，光影摇晃，

儒学 儒家学说，起源于东周春秋时期，和"道家""墨家""法家""阴阳家"等为诸子百家之一，自汉朝汉武帝时期起，成为我国社会的正统思想。随着社会的变化与发展，儒家学说从内容、形式到社会功能也在不断地发生变化。

毛德琦 康熙五十三年任星子知县，康熙认为星子是朱子讲学之地，非能人不可为此处知县。受职前康熙接见，见后认定"此人去得"。毛来星子后，"廉明有惠政，以兴废举坠自任"，修府学、县学，修书院，重修谯楼，治理蓼花池，并且还修纂了《庐山志》《白鹿洞书院志》，其政声大著，后升遵化知州。

有如微波荡漾的湖水，显得环境清幽，风景宜人。

1714年，康熙帝还亲自召见了星子县令毛德琦，优抚有加，委以重任。毛德琦回到任所后，不负圣恩，为白鹿洞书院增器具，清田亩，核书籍、严课考、修院宇，定规制，勤讲论，重兴文教，搜罗史料，终于修成清代首部《庐山志》和《白鹿洞书院志》。

之后不久，又对礼圣殿进行重建，礼圣殿是祭祀孔子及其门徒的场所，为宫殿式，平面呈长方形，砖木结构，以木柱支撑，石柱砌，浮雕缠枝纹饰。

殿中四柱三间，殿壁大木柱12根，以砖砌壁，周环以廊。殿平面长20.59米，宽24.44米，得重檐九脊，斗拱交错，灰瓦白寺，巍峨宏伟，气势庄严，殿外重檐正中悬有"礼圣殿"竖额。

殿内正中立孔子像，为唐代吴道子所绘。像下有石质神龛，有象征性的石香炉和石花瓶，上悬康熙皇

■ 白鹿洞书院景观

帝手书"万世师表"匾额，后壁左右有朱熹手书"忠、孝、廉、节"四字，殿中左右有线雕四圣，复圣颜子，述圣子思，宗圣曾子，亚圣孟子，左右两壁有十二贤。这里香火不绝，使书院的孺子气中添加了几分禅气。

书院的棂星门后是泮池，为学宫前的水池，泮池一般都是半月形，这里的水池原来是半月形，后来维修时砌为长方形，上建卷拱花岗石拱桥，周围以花岗岩栏杆和栏板，原来叫作泮桥，后改名状元桥。泮池内曾种有荷莲，寓意出淤泥而不染，取自北宋理学家周敦颐的《爱莲说》。

礼圣门就是书院的正门，原称先师庙门，或称大成门。初为1182年朱熹出钱30万给予南康知军闻诗，叮嘱其所建的。

礼圣门门共10扇，木门廊式，为空心几何形图案，裙板为平面木板，两侧为阁楼，硬山顶，屋脊东西两头饰陶龙，正门四柱五间，全长22.10米，高7.30米，门楣上悬挂着"正学之门"的匾额。

接下来的乾隆帝也是一位开明之君，倡导汉学，罗致人才，专注于文修武备。1737年，乾隆帝下旨：

各地书院酌仿朱熹白鹿洞规条立之仪节，以检束身心。

■清朝乾隆皇帝朝服画像

重檐 在基本型屋顶重叠下檐而形成。其作用是扩大屋顶和屋身的体重，增添屋顶的高度和层次，增强屋顶的雄伟感和庄严感，调节屋顶和屋身的比例。因此，重檐主要用于高级的庑殿、歇山和追求高耸效果的攒尖顶，形成重檐庑殿、重檐歇山和重檐攒尖三大类别。

■ 九江白鹿洞书院全景

皇帝下旨，地方官员自然不敢怠慢。南康知军董文伟，洞主章国录立《朱子白鹿洞揭示》碑于洞中朱子祠内，并附录了程端蒙、董铢两人的学规于后。

后来，乾隆帝还专作《白鹿洞诗》和《白鹿洞赋》各一篇，以示特别垂爱和赞赏：

李渤结庐后，绛帐开紫阳。

经纶归性命，道德焕文章。

剖析危微旨，从容礼法场。

祇今白鹿洞，几席有余香。

到了嘉庆、道光时，白鹿洞书院日渐衰落。

光绪时期，在书院的丹桂亭竖立"紫阳手植丹桂"的青石碑，亭子周围种有黄花丹桂，白花银桂。

1898年，光绪帝下令变法，改书院为学堂。

　　白鹿洞书院之所以能够历经千百年的荣辱兴衰而保留下来，与其独特的书院特色密不可分。白鹿洞书院的学规也称教条、揭示，明确地提出了教育方针和培养目标，对"为学、修身、处事、接物"有明确的规定。

　　学院施行"博学之、审问之、慎思之、明辨之、笃行之"的教育思想，提倡"言行一致、改过迁善、不谋私利、不计近功、宽以责人、严于律己"的道德修养，将教育方向和学习途径结合起来。

　　白鹿洞书院的学规是当时书院教育的楷模，形成了一个较为完整的教育理论，并成为南宋书院共同的准则，也为历代书院所仿效。在教学内容方面以研习儒家经典，弘扬理学为主，间亦议论时政。教学提倡注重自学，自由研讨，启发诱导，共同切磋，亦师亦友。

　　白鹿洞书院首创的讲会制度，是书院教学的重要方式。讲会有宗旨、有规约、有组织以及规定日期和举行隆重的仪式。讲学虽然以洞主、助讲、山长、副讲为主，但也邀请其他学派的代表人物讲学。允许不同学派讲会，进行问难、论辩。听讲的人也不受地域、学派、书

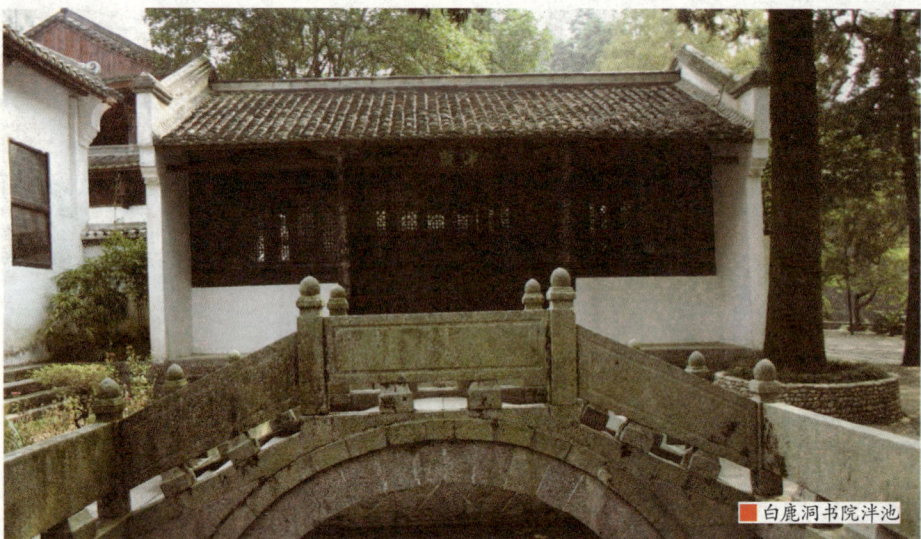
■ 白鹿洞书院泮池

院的限制，听讲、求教、辩论，学术气氛十分浓厚。

供祀是白鹿洞书院进行思想品德教育的一种重要方式，通过祭祀活动，祭奠对象有儒家"先圣""先贤"和书院有关的理学大师及各学派创始人，达到树楷模以励后学，见贤思齐，奋发自强的目的。

书院是学子们自由研究学问与讲求身心修养的地方，也是大师们为宣扬主张而经常现身说法的地方，白鹿洞书院的主持人叫作洞主，多由国家委派当时有名望的学者担任，负责书院的教学与管理。

正因为如此，坐落在江西庐山五老峰南麓的白鹿洞书院才能够声名大振，成为宋末至清初数百年的一个重要文化摇篮。

阅读链接

白鹿洞书院自创立之时起，一直很重视藏书建设。书院为了有效地利用藏书，曾订立了严格的规章制度，并设有"管干"专门管理图书，《白鹿洞书院院志》记载生徒借书时写一票即借据留管干处，以便查考，还书时要销票。为了不误他人借阅，还规定了借阅期限，若书籍有损失，勒令赔偿。这种图书借阅规则加快了图书的流转，减少了图书的损失，提高了图书的利用率。

岳麓书院位于湖南长沙湘江西岸的岳麓山，是我国古代著名的四大书院之一。书院始建于976年，是潭州太守朱洞在僧人办学的基础上，正式创立的。这所誉满海内外的著名学府，历经宋、元、明、清的时势变迁，直到晚清改制为湖南高等学堂，可谓是"千年学府，弦歌不绝"。

岳麓书院是我国文化史、教育史上的骄傲，有着悠久的办学历史，培养了众多杰出的人才，在我国教育史上有着巨大的影响。

岳麓书院

麓山寺奠定的文化底蕴

那是在西晋的时候，敦煌有位菩萨叫笠法护，他有位弟子叫笠法崇。笠法崇从小就聪明好学，立志要背下所有的经文，弘扬佛法。后来，他到湖南传播佛教，当他来到长沙湘江西岸的岳麓山时，见这里

麓山寺

风景秀美，于是在268年，创建了麓山寺。

笠法崇还是第一个到湖南传播佛教的僧人，此时距佛教传入我国仅200年的时间。麓山寺不仅是湖南第一所佛教寺庙，也是我国早期的佛寺之一。

麓山寺左临清风峡，右饮白鹤泉，前瞰赫曦丹枫、长岛湘流，后倚禹碑风云、深壑林海。在此风景秀丽之地诵经传教，实乃人生一大幸事。笠法崇精通经学，尤擅《法华经》。

很快，笠法崇的名声便远播四方，以致"东瓯学者，竞往凑焉"。他与鲁郡的著名隐士孔淳之在岳麓山别游时，曾作诗曰："浩然之气，犹在心目，山林之士，往而不返。"

自笠法崇之后，麓山寺的讲学之风一直沿袭不绝。继开山祖师笠法崇之后，晋代住锡麓山寺的高僧还有法导和法愍和尚。281年，法导来到麓山"大启前功"，对寺庙进行了修缮和扩建。

自晋以来，文人雅士们寄寓隐居、游息读书，也都喜欢选择到麓山寺，为这里增添了不少诗书气息。

东晋名士陶侃，字士行，出身贫寒。他初为县吏，后至郡守。永嘉五年任武昌太守。313年，他出任荆江州刺史。

陶侃任驻长沙时，每当在闲暇之余，常到岳麓山

■ 陶侃画像

《妙法莲华经》是佛陀释迦牟尼晚年所说教法，属于开权显实的圆融教法，大小无异，显密圆融，显示人人皆可成佛之一乘了义。在五时教判中，属于法华、涅槃之最后一时。因经中所宣讲的内容至高无上，并且明示不分贫富贵贱、人人皆可成佛，所以《法华经》也被誉为"经中之王"。

麓山寺内景

游览，并且在山中建庵读书，修养性情。因庵前遍种杉树，人们称之为“杉庵”。

传说陶侃在岳麓山射杀了蟒妖，他遵照白鹤姑娘的遗愿，相约在50年后再相见。后来，耄耋之年的陶侃因政务耽误了相约之期。

为了践行承诺，陶侃在相约之处苦苦守候了九九八十一天，精诚所至，他终于见到了白鹤姑娘。菩萨为了阻断白鹤姑娘再生思凡之情，于是便叫陶侃从石门离开，陶侃被迫穿石而出，白鹤姑娘转身仅见一堵石壁矗立在眼前。因此，在岳麓山便留下了一个穿石坡。

在隋代的时候，著名天台宗创始人智颛大师最初出家长沙的果愿寺，他以传授《法华经》为己任，在麓山寺创建了一个鹿苑，进行讲学，讲授“不依于有，亦不附无”“最上无过”的“第一义谛”，宣扬“心是诸法之本”等佛教思想。

鹿苑后来被改建成讲经堂，成为麓山寺讲学的重地，历代相传。到了唐代，摩诃衍禅师到麓山寺做住持，他便在鹿苑开讲南宗禅法，后来还将禅法传到了西藏，并在拉萨与印度高僧展开了辩论，将麓山寺佛门的学风远播到了西藏和印度。

在这个时期，位于岳麓山的道林寺也被改为了律院。初唐书法家欧阳询曾书"道林之寺"四字为额，称道林"为道之林也"。后唐时，马殷又对道林寺进行了重建，结构崇隆，廊院连云，鼎盛时寺僧达到三百多人。

唐代著名将领马燧在道林寺旁建起了道林精舍，作为文士活动的地方。当时，也有人称道林精舍为"书院"，因为它是隐居读书之处，因此是儒家的活动阵地。

马燧，字洵美，据记载，其祖父马珉、父亲马季龙分别在武则天时代与玄宗朝身居要职。马燧自幼机敏，广涉群书，尤善兵法，有凌云大志。他在与诸兄读书时，曾掩卷长叹："天下有事，大丈夫当建功立业，以济四海，岂能矻矻为一儒哉！"

马燧走上仕途后，虽身为武将，但他仍不忘为文人学士做些事情，于是他兴建了道林精舍。

唐末五代智璇等二僧为"思儒者之道"，在麓山寺下割地建屋，建起了"以居士类"的学舍，而随后形成的岳麓书院就是在智璇办学的基础上诞生的。

阅读链接

道林寺所藏经书十分丰富，吸引了不少名士前往参拜。唐宣宗大中元年（847），沙门禅师获准往太原求取佛经，河东节度使司空卢钧、副使韦宙慷慨施之，共得佛经5048卷，于次年运回潭州，道林寺再度成为讲经重地。唐僖宗乾符年间，袁浩建四绝堂于寺中，后经五代马殷重建，借以保存沈传师、裴休、宋之问、杜甫四人为该寺留下的笔札和诗篇。另外，骆宾王、宋之问、韩愈、刘长卿、刘禹锡、张谓、沈传师、韦蟾、杜荀鹤、唐扶、李建勋、齐己等文人墨客都曾流连道林，留下了许多传世佳作。

北宋时闻名的岳麓书院

到了976年，朱洞以尚书的身份出任潭州太守。他在原僧人办学的遗址上，在岳麓山下的抱黄洞附近，正式建立起了岳麓书院。书院初设讲堂5间、斋舍52间。

岳麓书院一开办，就受到了官府的支持。书院经过不断兴建，也多是由地方官员主持，逐渐形成了岳麓书院办学的一个特点。

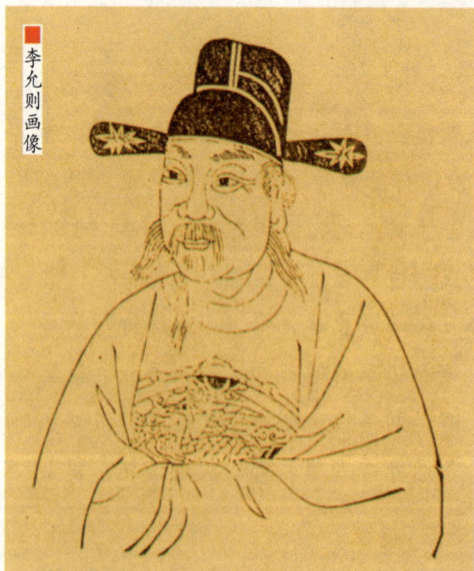

李允则画像

999年，李允则任潭州知州。李允则本是儒臣，是唐济南团练使李谦溥之子，少时就以才略闻，后以荫补官。李允则在任职期间，所到之处都致力为民办实事，"民皆称便"。

李允则任潭州知州后，对兴教办学身体力行。岳麓书院在他

■ 岳麓书院前门

的主持下，很快获得了扩建。他"尽获故书，诱导青衿，肯构旧址。外敞门屋，中开讲堂，揭以书楼，序以客次。塑先师十哲之像，画七十二贤……"还辟水田"供春秋之祀典"，使书院得到了进一步地发展。

在此时期，岳麓书院正式定额为60余人，其他从学者不在此数，声名逐渐传播于三湘衡岳之间。

1001年，李允则上奏朝廷，为岳麓书院修筑舍宇，并且还请得国子监的《释文》《义疏》《史记》《玉篇》和《唐韵》等典籍。这是岳麓书院首次得到朝廷的赐书，引得四方学者纷至沓来。从此，"岳麓书院"成为北宋四大书院之一，名闻天下。

北宋王禹偁在《潭州岳麓书院记》中赞誉道："谁谓潇湘？兹为洙泗。谁谓荆蛮？兹为邹鲁。"把岳麓书院比之孔孟之乡的"洙泗""邹鲁"，潭州从此有了"潇湘洙泗"的美名。

李允则扩建后的岳麓书院，标志着岳麓书院讲

宋真宗（968—1022），即赵恒，宋朝第三位皇帝，宋太宗第三子，初名赵德昌，后改赵元休、赵元侃，997年继位，1022年驾崩，享年55岁，在位25年。宋真宗著名的谚语"书中自有黄金屋，书中自有颜如玉"目的在于鼓励读书人读书科举，参政治国，使得宋朝能够广招贤士治理天下。

■ 岳麓书院大门

学、藏书、供祀三个组成部分的规制的形成以及学田设置的开始，从而奠定了书院的基本格局。讲学是书院规制的首要内容，它包括讲堂和斋舍。讲堂是老师讲学论道的地方，斋舍除供学生住宿外，又是平时读书自习的场所。

李允则扩建书院时，确定了讲堂在书院的中心部位。以后书院屡有衰落和发展，中间设讲堂这一布局特点始终未变。藏书与书院的名称及由来有着密切联系。书院在唐代主要指藏书、校书之地，到宋代形成教育机构，但收藏图书典籍这一特点依然没有改变。

书院收集图书，正式建立了藏书楼，并将国子监经书藏于书楼。以后，岳麓书院又多次请得历代朝廷所颁经籍，藏书楼又有"藏经阁""尊经阁""御书楼"等名称，且大都安置在书院的显要位置，而且藏书楼是书院中唯一的楼阁建筑，显示出书楼在书院的

七十二贤 即孔门七十二贤。孔子是我国古代著名的思想家和教育家，也是儒家学派的创始人。据《史记·孔子世家》中记载："孔子以诗、书、礼、乐教，弟子盖三千焉，身通六艺者七十有二人。"这"孔门七十二贤"，是孔子思想和学说的坚定追随者和实践者，也是儒学的积极传播者。

崇高地位。

供祀部分也是书院的重要内容。李允则扩建书院时设置了"礼殿""礼殿"又称"孔子堂"，并"塑先师十哲之像，画七十二贤"，增建了颇为隆重的祭祀设置。

此后，书院的祭祀很快发展为一种有特色的形式，它不仅供祀先师孔子，还供祀本学派的大师、有功于本书院的乡绅名宦，以及可仿效的忠臣、学者等。这样，书院的祭祀就发展为推崇学统、标榜学派，及对学生进行道德、礼仪教育的一种重要形式。

1012年，周式任岳麓书院首任山长，他"学行兼善，尤以行义著称"，引得四方学子汇聚于此。

1015年，宋真宗赵恒认为岳麓书院办学办得很好，于是便召见周式，拜其为国子监主簿，请他留在京城讲学做官。但周式坚持回岳麓执教，不想留在

乡绅 我国古代社会一种特有的阶层，主要由科举及第未仕或落第士子、当地较有文化的中小地主、退休回乡或长期赋闲居乡养病的中小官吏、宗族元老等一批在乡村社会有影响的人物构成。他们近似于官而异于官，近似于民又在民之上。

■岳麓书院御书楼

京城做官。宋真宗感其品格高尚，赐周式鞍马，并亲手题赐"岳麓书院"牌匾。

周式将御匾带回岳麓书院后，将之悬挂于书院大门的正上方。岳麓书院从此称闻天下，"鼓箧登堂者相继不绝"。

岳麓书院在周式的执掌下，从学人数和院舍规模都有了很大的发展，开启湖湘的一脉浓厚学风。周式故后，乡贤云集追悼。

北宋时，长沙的南半部从长沙县划分出来，设置善化县，这"善化"之名因岳麓书院之盛，取意于"彬彬向善，倡化邑人"而得名。

在北宋岳麓书院的发展史上，不能不提到一位官职不高却很有见地的人，他就是朱辂。朱辂生于1070年。1097年，朱辂登进士第。

他初任湘阴县尉时，中书梁子美持宪节代皇帝巡视地方，军政令极其威严，地方官都惧怕他，不敢接近。但是朱辂却以小小的县尉身份，主动晋见。梁中书见他谈吐风生，胆识过人，颇有见地，是个难得的人才，于是想要推举他。

此时，湘阴县知县魏洙因旷废职责，要降为邻郡主簿。得到消息后，朱辂着官服持笏，到梁中书府衙中，对中书大人说："魏知县治

岳麓书院大成门

理得虽然不像样，但也没有罪过。现在知县受降职处分，而我却蒙推举升官，人们都会说是我出卖知县。请您停止对我的推举而宽待知县。"听朱辂如此说，梁中书就更加赏识他了，于是便向皇帝推举了他，没有治魏洙的罪。

原先，长沙知府张舜民奏准从长沙县分五万户另立善化县，并亲自立了碑。当朱辂任善化知县时，朝廷臣僚分裂，互相倾轧，失势的派别被斥为朋党，遭到打击贬谪。张舜民被列为朋党之列，被贬至郴州任监税小官。

于是有人趁机要推倒这座碑，但是朱辂不同意，他说："这碑仅仅记录了设置善化县的由来，当时没有反对意见，现在有什么理由要推倒它？"于是这座碑被保留了下来。

不久，朝廷派来使者，告诉朱辂说要将岳麓书院

知县 我国古代官名，秦汉以来县令为一县的主官，唐称佐官代理县令为知县事，宋常派遣朝官为县的长官，管理一县行政，称"知县事"，简称知县，如当地驻有戍兵，并兼兵马都监或监押，兼管军事。元代县的主官改称县尹，明、清以知县为一县的正式长官，正七品，俗称"七品芝麻官"。

岳麓书院自卑亭

改为鼓铸厂。朱辂冒着杀头的危险，以"乡校不可毁"为由，抗旨不行。结果，朱辂虽官微言轻，但由于岳麓书院早已声名在外，朝廷也只好作罢，岳麓书院也就得以留存了下来。

北宋后期，岳麓书院被纳入到了"潭州三学"的教育体制中。所谓"三学"，就是潭州州学、湘西书院、岳麓书院三位一体，分成三个等级，学生通过考试，以积分高下逐级安排升舍。官办州学学生考试成绩优良者可升湘西书院，最高者方可升至岳麓书院。

从北宋开始，岳麓书院名副其实地成为地方的高等学府。

阅读链接

岳麓山的自然风光占足了奇、珍、幽、美四个字，形成了柳塘烟晓、桃坞烘霞、桐荫别径、风荷晚香、曲涧鸣泉、碧沼观鱼、花墩坐月、竹林冬翠书院八景。而岳麓山的人文景观，那是岳麓山另一道亮丽的风景。千年学府岳麓书院，是三湘人才辈出的历史记录，而爱晚亭内那吟唱着"停车坐爱枫林晚，霜叶红于二月花"又留着一缕长髯的老夫子，那情那景更是让人流连忘返。

朱张会讲树立治学方式

　　到了1129年，太学博士胡安国父子与秦桧在政治上发生了一些矛盾，为了躲避靖康之乱，由弟子黎明引领，举家从湖北荆门来到湘潭隐山。

　　1131年，胡安国创建碧泉讲堂，边撰写理学文章，边授徒讲学，得到4个儿子和弟子的共同参与及帮助，完成了《春秋传》30卷，《资治通鉴举要补遗》100卷，《文定集》等理学著作，开创了以"经世致用"等为灵魂的湖湘文化学。

　　1138年，胡安国逝世，他

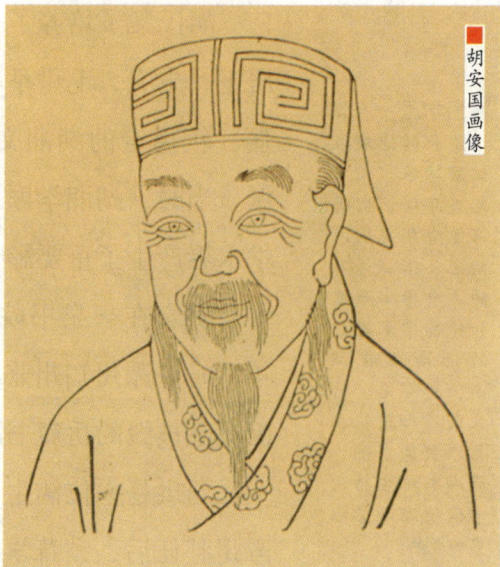

胡安国画像

■ 岳麓书院的长廊

湖湘学派 一个源远流长的地域性儒家学派。南宋绍兴年间，因著名学者胡安国、胡宏、张栻等人的主要学术研究和传播学术思想的活动都在湖南，故得名。后来朱熹和张栻在长沙岳麓书院、城南书院主持讲学，使湖湘学派更加成熟。

的4个儿子继承和发扬父志，继续在碧泉讲堂等地授徒讲学。胡安国的季子胡宏继承父亲的遗志，上书权相秦桧，请求恢复岳麓书院，并自荐为山长，但没有得到秦桧的支持。于是，胡宏将碧泉讲堂扩建为碧泉书院，收徒讲学，以倡其说。

胡氏父子培养了一大批杰出弟子，包括张栻、彪居正、朱熹、毛舜举等人，形成了一个规模大、势力强、较稳定的湖湘文化学术群体，后人称为湖湘学派。当时，湖湘学派被称为天下最盛的一个学派，对学术界产生了重要影响。

胡宏在碧泉书院病逝后的第四年，也就是1165年，时任潭州知州兼湖南安抚使的刘珙决心复建之前因战乱被毁的岳麓书院。

刘珙是一位儒生，一生以尊儒重道为己任。他到潭州赴任后，"葺学校，访雅行，思以振之"。他授命郡教授郭颖主持重建岳麓书院之事。

经过不到一年的努力，岳麓书院不仅恢复了旧貌，且增山斋于堂北，为山长居住；置风雩亭于院南，供门人游息。同时，辟濯缨池、咏归桥、梅柳堤、船斋、浮桥等于江岸，扩大了风景环境。

岳麓书院修建完成后，刘珙聘请胡宏的得意门生张栻主持教事，彪居正任主管。胡宏的其他弟子也纷纷到岳麓书院授徒讲学。从此，岳麓书院成为湖湘文化的活动中心。

也就是在同一年，诗人刘珙在任湖南安抚使知潭州期间又修复了岳麓书院。岳麓书院修成后，由张栻主持书院教事。在张栻主教期间，岳麓书院发生了一系列的重要变化。

教育宗旨的转变。张栻旗帜鲜明地反对以应付科举考试为目的，反对以汉唐的传注经学为教学内容，

刘珙（1122—1178），字共父，崇安人，生有奇质，从季父子翚学。以荫补承务郎，登进士乙科，监绍兴府都税务。请祠归，杜门力学，不急仕进。主管西外敦宗院，召除诸王宫大小学教授，迁礼部郎官，作有《宋史本传》《朱子文集》。

■ 岳麓书院吹香亭

张栻（1133—1180），字敬夫，一字钦夫，又字乐斋，号南轩，世称南轩先生，南宋汉州绵竹人。中兴名相张浚之子，幼承家学，既长，从师南岳衡山五峰先生胡宏，潜心理学。曾以古圣贤自期，作《希颜录》以见志。理宗淳祐初年从祀孔庙，后与李宽、韩愈、李士真、周敦颐、朱熹、黄干同祀石鼓书院七贤祠，世称石鼓七贤。

■岳麓书院校经堂

而提出书院应教育培养一种能"传道济民"的人才。

教学方法的转变。南宋以前，岳麓书院传习传注经学和文辞章句，以应付科举考试。这种教学内容决定了书院的教学方法不过是诵习辞章之类的呆板单一的教学方法。张栻主教，岳麓书院的教学内容发生了重大变化，"使四方来学之士得以传道授业解惑焉"，相应的教学方法更加灵活和多样化。

机构功能的变化。北宋期间，岳麓书院作为一个教育机构，主要是实现其教育功能。张栻主教书院之后，除了继续实现其教育功能外，又使它增加了学术研究的功能。

在教学过程中，张栻和学生一起讨论学术上重要的、疑难的问题，从而推动了学术研究的深入。其他不同学派的学术大师也在书院展开了学术讨论，即会讲。

岳麓书院的这一系列特色，使它能够迅速成为闻名全国的学术基地，为学派的形成和发展创造了条件。湖湘士子闻风，纷纷来此研习理学。

这样，发端于衡山的湖湘学派又大盛于长沙岳麓。岳麓书院成为湖湘学派的主要基地后，它的办学规模、成就和影响进一步扩大，并发展到了全盛时期。

南宋岳麓书院的蓬勃发展，

■岳麓书院崇道祠

还与另一位著名理学家的讲学联系在一起，那就是朱熹。朱熹是南宋一位具有广博学问和深厚文化素养的学者，他的研究涉及哲学、经学、史学、文学、乐律、佛学、自然科学等领域，特别是集理学之大成，建立了包括天理论、心性论、格物致知论、持敬说在内的精密的理学思想体系，他的《四书集注》成为后世科举必读之书和标准答案。

朱熹来岳麓书院讲学有两次，一次是1167年的朱张会讲，一次是1194年的改建书院。

1167年，朱熹不远千里从福建崇安来到岳麓书院讲学。朱熹当时就是一名颇有名望的学者，来听讲学的人很多，盛况空前，以致"一时舆马之众，饮池水立涸"，开创了岳麓讲学的风气。

朱熹和张栻讨论学术问题十分热烈，他们"举凡天地之精深，圣言之奥妙，德业之进修，莫不悉其渊源，而一归于正大"。尤其是对"中和""太极""仁"

乐律 即音律。指音乐上的律吕、宫调等。古人将宫商角徵羽称为五声或五音，从宫到羽，按照音的高低排列起来，形成一个五声音阶，宫商角徵羽就是五声音阶上的五个音级，宫商角徵羽后来再加上变宫、变徵，称为七音。

崇文重教的蔚然民风

■ 朱张会讲雕塑

太极 "太极"一词，出于《周易·系辞上》："易有太极，是生两仪，两仪生四象，四象生八卦。"太，即大；极，指尽头，极点。物极则变，变则化，所以变化之源是太极。太极与八卦有着密切的联系。太极是阐明宇宙从无极而太极，以至万物化生的过程。太极也是道教易学、道教哲学中重要的基本概念。

等理学中的一系列重要概念进行了深入探讨。

谈得兴起时，两人竟通宵不眠。经过反复的切磋论辩，两人在"太极"等一些问题上的见解趋于一致，双方都得到很大的启发与收益。

在此期间，两人还举行了公开的辩论会，这就是著名的"朱张会讲"。朱张二人坐在岳麓书院的讲堂之上，就"中和""太极"等问题进行公开探讨，众学生则坐在下面旁听。这是一次真正的绝世高手的过招，仅凭只言片语，便触发风云涌动。

同时，这更是一次创举，体现的是"疑误定要力争"的追求真理的精神。于是，"朱张会讲"引来人们极大的兴趣，前来听讲者络绎不绝。

"朱张会讲"所展开的"中和之辩"，以朱熹接受湖湘学派的"性为未发心为已发""先察识后持养"等观点而结束。但会讲的影响力，却绵延几个世纪。"朱张会讲"之后，四方学生接踵而来，致使岳麓书院名扬天下，元代理学家吴澄在《重建岳麓书院记》中说：

自此之后……非前之岳麓矣。

同时，此次会讲纠正了此前湖南的文风。据言，当时湖南学者文字"辞意多急迫，少宽裕""全无涵养之轼"，而会讲之后，湖南人始知摒弃上述之不足，努力学习别人之所长，才"归于平正"。

更为重要的是，"朱张会讲"树立了自由讲学、互相讨论、求同存异的典范。这样的治学方式，值得推崇和借鉴。两人的观点互相影响、互相渗透、互相融合。因此朱张会讲闻名遐迩，传为佳话。

朱张岳麓会讲还开创了不同学派会讲的先河。会

■岳麓书院大成殿

226

讲的教学形式，体现了书院内各学派"百家争鸣"的特色，是书院区别于官学的一个重要标志。

1194年，朱熹任湖南安抚使再至潭州。在任期间，他着手振兴岳麓书院的教育。

首先，他聘请了黎贵臣、郑贡生分别担任书院的讲书职事和学录。其次，增加了额外学生10名。其三，他进一步修建书院。此外，朱熹还为岳麓置学田50顷，向朝廷乞赐九经御书。

朱熹兴学岳麓，对书院影响最大的举措是颁布了《朱子书院教条》，使岳麓书院第一次有了正式的学规。学规规定书院教育总的方针、培养目标、修身治学准则，以及日常作息生活规则等。

到了乾道、淳熙年间，是我国理学的全盛时期，

■ 岳麓书院古建筑

■岳麓书院厅堂

人物众多，学派林立，这种情况大大地促进了书院的蓬勃发展。

到庆元年间，由于理学家被卷入"庆元党禁"而受到政治上的沉重打击，书院也就随之冷落下来。

党禁过后，理学又逐步开始抬头，地位迅速提升，传播理学的书院又兴盛起来。

1246年，理宗赐御书"岳麓书院"四字揭之中门，这是岳麓书院继真宗之后，再次得到赐额褒扬，对于岳麓书院传播发扬朱张理学，起到进一步的推动作用。

1250年，湖南转运副使吴子良聘欧阳守道为岳麓书院副山长，欧阳新为讲书，开讲"发明孟氏正人心，承三圣之说"，大力弘扬理学。张季子张庶、侄张忠恕也先后在书院讲学。

岳麓传播经邦济世之学，倡行伦理践履的学风，

庆元党禁 也称伪学逆党之禁，指我国宋代宋宁宗庆元年间韩侂胄打击政敌的政治事件。宁宗赵扩即位后，宗室赵汝愚以参与拥立赵扩有功升为右相，外戚韩侂胄迁枢密都承旨，两人嫌隙日深。不久赵扩下诏，订立伪学逆党籍。名列党籍者都受到了不同程度的处罚，凡与他们有关系的人，也都不许担任官职或参加科举考试，史称"庆元党禁"。

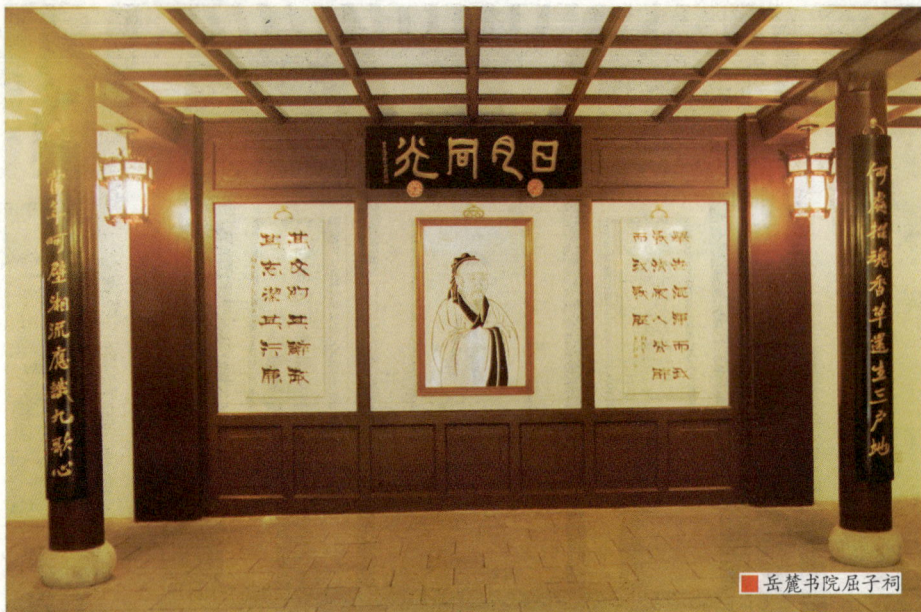

■ 岳麓书院屈子祠

一直坚持到1275年，元军围困潭州，军情危急。湖南安抚使李芾率军民固守数月，矢尽粮绝。

在这场严酷的抗元斗争中，岳麓诸生毅然放下书本，荷戈登城，参加战斗，绝大多数学生都在这场守城战斗中壮烈牺牲，而盛极一时的岳麓书院也被损毁，被废为榛荆之地。但是，湖湘弟子所表现出来的民族气节，真实地反映了湖湘学派爱国主义教育的深刻影响。

阅读链接

岳麓书院还以保存大量的碑匾文物闻名于世，如唐刻"麓山寺碑"，是730年，由著名的书法家李邕撰文并书写的，江夏黄仙鹤勒石刻篆，因为文、书、刻石都十分精美，所以有"三绝"之称。碑高4米，宽1.35米，碑文共1400余字，此碑以其书法著称于世，最为艺林所看重，传拓碑文曾风靡一时，笔法刚劲有力，是最为著名的唐碑之一。

传道济民办学方针的传承

　　1286 年，元世祖忽必烈极力推动书院发展，将书院山长列为朝廷正式命官，制定了一套考选升迁的办法，吸引士人投身书院教育。

　　刘必大受命担任潭州学正之后，立即着手主持重建岳麓书院，并恢复了宋代时书院的旧观，湖湘学子重又云集于此，仅废十余年的岳麓书院又重新焕发了生机。

岳麓书院正门匾额

　　1314 年，郡别驾刘安仁再次主持大修。这次修葺工程浩大，"门廊庖馆，宫墙四周，靡不修完""木之朽者易，壁之墁者圬，上瓦下甓，更彻而新""前礼殿，旁四斋，左诸祠，右百泉轩，后讲堂。堂之后阁曰尊经，阁之后亭曰极高明"。讲学有堂，藏书有阁，

■ 岳麓书院一角

祭祀有祠殿，游息有亭轩，其规制之整齐，规模之宏大，不逊于宋代。

这次岳麓书院的修复，引起了当时的著名理学家和教育家吴澄的关注。吴澄出生于儒学世家，曾从学于朱熹再传弟子饶鲁的门人程若庸，遂为朱熹后学、饶鲁的再传弟子。他与许衡同为元代名儒，号称"北有许衡，南有吴澄"。

吴澄自幼聪颖好学。自15岁时立志专务圣贤之学以后，先后拜程若庸、程绍开为师，长期僻居乡陌，孜孜于理学，"研经籍之微，玩天人之妙"。

1264年的秋天，吴澄陪同祖父前往抚州参加乡试。当时正遇上本州郡守邀请名儒程若庸先生到临汝书院讲学，这可谓是抚州儒学界的一大盛事。

程若庸从学于饶鲁，得朱熹之传。后历任安定、临汝、武彝三书院山长。景定时期正当南宋末造，士人大多以科举之业为务，而程若庸却潜心于理学，独以朱子之学传授诸生。

吴澄本来就专注朱学，现在又仰慕程若庸之名，于是便去临汝书院拜谒程先生。在书院外厅等待先生出来接见的时候，他发现四壁粘满谒帖，内容全是程若庸教诲学者之说，充分反映出程氏在理学方面的独特见解。

许衡 是元初我国北方的理学家、教育家，是金元之际南方理学北传的倡导人物之一。据《元史·许衡传》，他"凡经传、子史、礼乐、名物、星历、兵刑、食货、水利之类，无所不讲"。政治上，曾经多次被忽必烈召见，并参与制定官制、礼仪和《授时历》，但对实际政治的影响非常有限。

吴澄饶有兴致地细看了一遍，又将壁间话语默记心上。但是，他也察觉出程氏的一些说法并不完全符合朱熹学说，由此引起了他的怀疑和思索。

过了一会儿，程先生从书院的内堂走了出来。吴澄赶忙迎上前去，拜谒之后，便向先生请教。他问道："如先生壁间之书，以大学为高明正大之学，然则小学乃卑小浅陋之学乎？"如此这般，他一连质疑了好几个问题。

程若庸听后，不禁赞叹道：

> 吾处此久矣，未有如子能问者。吾有子曰仔复，与子年相若，可同学为友。

吴澄听先生如此一说，很是高兴，随即向程若庸执弟子之礼，继而经常往来于程氏之门。

程先生深知弟子吴澄于儒学必有所成，坚信其前途不可限量，但是其他的弟子却不以为然。后来，吴

■ 岳麓书院六君子堂

澄在理学上取得的巨大成就，证实了程若庸的慧眼识高徒。

吴澄还撰写了《重建岳麓书院记》和《百泉轩记》，以志其盛。

吴澄在《百泉轩记》中说：

> 书院之有泉不一，如雪如冰，如练如鹤，自西而来，趋而北，折而东，还绕而南，渚为清池，四池澄澄无发滓，万古涓涓无须臾。息屋于其间，名百泉轩，又为书院绝佳之境。
>
> 二先生（张栻、朱熹）之酷爱是泉也，盖非止于玩物适情而已。

崇文重教的蔚然民风

■ 岳麓书院百泉轩始建于北宋之初，地处岳麓山清风峡谷口，溪泉荟萃，乃岳麓书院风景绝佳之地。历代山长爱溪泉之妙，筑轩而居，尽享自然的天籁之音。1167年朱熹访院，与山长张栻"聚处同游岳麓""昼而燕坐，夜而栖宿"，都在百泉轩中，相传二人曾在此论学三昼夜而不息。

在这里，吴澄指出百泉轩的建设，不再满足"凡儒俗士""玩物性情"的欲求，而是意在陶冶心性。

在《重建岳麓书院记》中，吴澄回顾了岳麓书院的历史和记述本次修复过程，总结了岳麓办学的优良传统，并提出了自己的教育主张。

吴澄对书院的官学化、沉迷科举之风颇有微词，因而记曰："张子之记，常言当时郡

岳麓书院百泉轩

侯所愿望矣，欲成就人才，以传道济民也，而其要曰仁。"所以他对张栻提出的"造就人才以传道济民"的教育方针极为推崇。

在记述中，吴澄提出不以"熟于记诵，工于辞章，优于进取"为目的，要求"审问于人，慎思乎己，明辨而笃行之"的教学程序。

在元代，岳麓书院坚持了吴澄的这一教学程序，使它有别于一般以科举为目的的官学化书院，因此盛名不衰。到了元末，战乱再起，岳麓书院于1368年再次毁于战祸，所谓"破屋颓垣，隐然荒榛野莽间，其址与食田皆为僧卒势家所据"。就是当时的写照。

明初，开国皇帝朱元璋奉行"治国以教化为先，教化以学校为本"的政策，重视地方官学的复兴，而不倡导书院教育，致使全国书院颓废，岳麓书院也因此沉寂了百余年。

朱元璋（1328—1398），字国瑞，原名重八，后取名兴宗。明朝的开国皇帝，结束了元朝在中国的统治，平定四川、广西、甘肃、云南等地，建立了全国统一的封建政权。1380年朱元璋诛杀丞相胡惟庸，废丞相，设承宣布政使司、提刑按察使司、都指挥使司三司分掌权力，进一步加强了中央集权。

■ 岳麓书院碑

通判 我国古代官名。在知府下掌管粮运、家田、水利和诉讼等事项。通判是"通判州事"或"知事通判"的省称。宋初，为了加强对地方官的监察和控制，防止知州职权过重，专擅坐大，宋太祖便创设了"通判"一职。通判则由皇帝直接委派，以辅佐郡政，可视为知州副职，但有直接向皇帝报告的权力。

到了明代中叶，学校出现了衰落迹象，"天下教官多缺，而举人又厌其卑冷，多不愿就"，有识之士莫不向往书院之教。成化年间，恢复书院之势渐渐兴起。1477年，江西象山书院恢复，民间书院再次形成高潮。在这一背景下，岳麓书院开始重建。

1432年，长沙宁乡任指挥金事的周辛甫父子慷慨好义，捐修岳麓书院讲堂及道林寺田5.8公顷，使书院再次焕发生机。

之后又过了30多年，长沙知府钱澎再次兴复书院，但不久又废。1494年，长沙府通判陈钢组织修复岳麓书院，使得书院显现出原貌。

不久，长沙府同知杨茂元又与知府王绘在陈钢重建的基础上，"辟道路，广舍宇，备器用，增公田，储经书"，书院到此基本恢复旧观，具备了重新开学的条件，结束了岳麓书院百年荒败的局面。

1507年，守道吴世忠率领府、卫、县官员及师生对书院进行了一次大规模的改向扩建。这次扩建，以所谓"风水"需要，进行了一次全面的勘测规划，调整了书院大门的朝向及道路安排，使书院建筑群体与麓山地势、风景条件自然融合。

1527年，长沙知府王秉良又扩建了书院，这次建有成德堂及东、西两座讲堂。建筑设计妥当，形成了亭台相济、楼阁相望、山水相融的壮丽景观。

书院的讲学、藏书、祭祀三大功能得到了全面的恢复和发展，奠定了后世建筑的基本格局。嘉靖以后，明世宗对书院赐书、颁篇、置山长，对岳麓书院给予了充分的肯定和高度重视，岳麓出现"振美一时"的局面。

岳麓书院复兴后，迎来了浙江余姚人王阳明。当时社会矛盾尖锐激化，王阳明"知行合一"的思想和反对强迫灌输的教育观，受到了学界的欢迎。

早期王阳明因触犯太监刘理，而被贬谪到贵州龙场。途经湖南时，他先在醴陵靖兴寺和泗州寺讲学，再到长沙讲学于岳麓书院。他居住在岳麓山，为朋友和门徒谆谆讲解良知的学问。

当时，湖湘学派被人淡忘，需要振兴，而阳明先生的教化，使湖南又兴

235

千年学府

岳麓书院

守道 清初，布政使下设左右参政、参议，驻守在某一地方，称为守道。又按察使下设副使、佥事等，可巡视地方，称为巡道。乾隆时裁撤上述参政、副使等官，专设分守道、分巡道，带兵备衔，管辖府州，成为省和府州之间的一级机构，叫作道员。

■ 王阳明画像

王阳明（1472—1529），即王守仁，幼名云，字伯安，别号阳明。浙江绍兴人。因曾筑室于会稽山阳明洞，自号阳明子，学者称之为阳明先生，亦称王阳明，是明代著名的思想家、文学家、哲学家和军事家，陆王心学之集大成者，精通儒家、道家、佛家。集立功、立德、立言于一身，成就冠绝有明一代。谥文成，故后人又称王文成公。

■岳麓书院一角

起了许多有志之士。从此，王阳明的学问开始在长沙传播。

1530年，明世宗为岳麓书院御赐"敬一箴"，也就是程子四箴，显示出朝廷对书院的重视。1539年，王阳明的弟子季本来到长沙，他也是一位贬官，他在任南京礼部郎中时，因事被贬谪到湖南辰州，后又升任长沙知府。

在任期间，季本修葺岳麓书院，他自己捐赠学田6.8公顷，同知林华也捐学田3.3公顷，湘城第一次出现了大规模集资兴学的热潮。季本还亲自开讲岳麓，吸引了大批士生前来听讲。他进一步传播了王阳明的学说，直到被罢官回乡。

在这期间，王阳明的弟子罗洪先也在岳麓书院讲学。罗洪先特别强调"良知"的要义，认为"良知"二字，是阳明先生一生经验的心得。但他没有盲从王

阳明，对王阳明认为良知完全出于自然表示了不同看法，指出良知也与后天学养有关。他这种不盲从的品质，对岳麓书院的学生产生了一定影响。

明朝万历年间，王阳明再传弟子张元忭也到岳麓书院主讲，他对王阳明学说在湖南的流传，起到了推波助澜的作用。张元忭，浙江绍兴人。1582年，他因使事入长沙，应兵备道李天植的邀请，主教岳麓书院。

早在明代初年，张居正执掌宰相权柄后，一度调毁书院，禁止自由讲学。岳麓书院虽因其独特的文化地位而未被毁弃，但讲学之风早已停止。直到张居正死去，学院讲学之风才有所恢复。

王阳明及其弟子在岳麓书院的讲学活动，没有排斥尊程朱理学为正宗的湖湘学统，而是表现出二者相融合的倾向。不仅如此，张元忭对朱熹和张栻表示了极大的崇敬之情。因此，湖湘学派海纳百川、经世济用的传统得以保存下来。

王阳明及其弟子影响了许多后起的湖南学子，如以后任长沙惜阴书院和岳麓书院山长的长沙人吴道行，就是张元忭主讲岳麓时的学生。吴道行在聆听了张元忭的讲学后，衷心服膺，追随左右。他日夜发愤攻读，终于成为湖南的著名学者。

程子四箴 即宋代大儒程颐所撰视、听、言、动四箴。明世宗推崇理学，亲自注解，颁行天下学校。1530年，岳麓书院得御制四箴及世宗亲撰的"敬一箴"，特建"敬一箴"亭保存。四箴碑现藏四箴亭内，其中《视箴碑》残缺严重，箴文全缺。碑分4块，每碑高46厘米，宽108厘米，字体正楷，碑四周雕有龙纹。

■岳麓书院船山祠

吴道行，字见可，号嵝山，善化人，师从张栻。他从小就对岳麓书院有倾慕之情，"方七岁，闻长老谈岳麓先贤讲学，便肃然倾听，指示古来忠义大节，辄色喜"，为先贤之忠义大节所感动。

1582年，张元忭在岳麓书院讲学，已逾而立之年的吴道行就学其门下，与之"大畅良知孝悌之旨，一时遂相引重"，深得张元忭的赞赏。

张元忭在岳麓书院讲学时，被张居正禁废的长沙惜阴书院恢复，吴道行被聘为山长，人称"嵝山先生"。1633年，吴道行任岳麓书院山长，长达10年，临终前两年仍讲学其间。

1641年，高世泰任湖广按察使提督学政，次年来岳麓讲学，并协助修葺书院。吴道行与高世泰成为至交好友，二人共同为恢复理学正宗，培养湖湘弟子而竭心尽力，他们的最大功绩是培养出了像王夫之这样的一代贤才。

王夫之在吴道行任山长、高世泰来院讲学期间，入岳麓书院肄业。在校期间，吴道行教以湖湘家学，传授朱张之道，较早地影响了王夫之的思想，形成了王夫之湖湘学派中的济世救民的基本脉络。在岳麓读书期间，王夫之与旷鹏陞等创立"行社"，他身体力行，致力于求学，学问大增，成为明代岳麓书院最杰出的学生。

岳麓书院亭廊

在学术上，吴道行反对王学末流的荒诞，"笃伦敦义，讲学穷理""自余著述，藏之家乘，扬之国华"。他的思想与提倡治国平天下为"有用之学"，与极力维护理学正宗的东林学派十分接近。

1644年4月，明王朝覆亡。吴道行"郁郁不自得，一日趋吉藩故邸，望阙痛哭展拜，舆归山中，不食而卒"。舆归也就是岳麓。

阅读链接

相传清代嘉庆年间，岳麓书院进行过大修，完毕之后，门人及当地文化人士请院长袁名曜题写大门对联，院长遂以"惟楚有材"嘱诸生应对。这上联看似简单，实则有一定难度。因为此联源于经典《左传》"虽楚有材，晋实用之"之语，这就要求下联也要用典，可与之相对的一句。诸生遂埋头沉思，正在不得结果之际，贡生张中阶至，众人语之，张中阶遂应声对曰："于斯为盛"，众人甚以为妙。那么这"于斯为盛"又源出哪里？《论语·泰伯》篇云："唐虞之际，于斯为盛"，两相对应可谓珠联璧合，巧然天成。

山长王九溪和罗典的贡献

康熙雕塑

康熙

那是在1686年，正值康熙皇帝当政，把国家治理得井井有条，康熙强调兴礼教，他曾下诏说：

盛治之世，余一余三。盖仓廪足而礼教兴，水旱乃可无虞。比闻小民不知积蓄，一逢歉岁，率致流移。夫兴俭化民，食时用礼，惟良有司是赖。

康熙自幼就对儒家学说充满浓厚兴趣，认为"殊觉义理无穷，乐此不倦"，他在御制《日讲四书解

■岳麓书院崇圣祠

义序》中，明确宣布清廷要将治统与道统合一，以儒家学说为治国之本。

同时，康熙皇帝还曾多次举办博学鸿儒科，创建了南书房制度，并亲临曲阜拜谒孔庙。康熙还组织编辑与出版了《康熙字典》《古今图书集成》《历象考成》《数理精蕴》《康熙永年历法》《康熙皇舆全览图》等图书、历法和地图。

上行下效，在这种情况之下，全国的文化氛围都很浓重，湖南巡抚丁思孔率所属及士绅对岳麓书院进行了大规模重建，恢复了旧有格局。

随后，朝廷准了丁思孔所请，1687年春，御书"学达性天"匾额，并十三经、二十一史、经书讲义遣送到岳麓书院，因此建了御书楼。到清代中期，岳麓书院御书楼发展成为我国民间一座较大型的图书馆，藏书14130卷。

礼教 即礼仪教化，礼教是指中国传统文化中的礼乐文化，因礼教重视名分，又称为名教，就是以名为教。礼教思想统治影响华夏民族两千余年。对名教系统的破坏行为称为"僭越"。古人将"礼教"与"乐教"并提，它们的本义，不过是以礼为教、以乐为教。

■ 岳麓书院的乾隆御书"道南正脉"匾额

之后，长沙郡丞赵宁在书院东面200米处的路旁建了一座自卑亭，以供行人歇足之用。后来到嘉庆年间，时任山长袁名曜改建于路中，扩建道路于亭侧，形成后世看到的格局。"自卑亭"三字为清代山长车万育题书，亭内嵌有《自卑亭记》等碑刻。

到了1733年，雍正帝发布上谕，扶持一些省会重点书院，称之为"省城书院"。岳麓书院和原长沙府城南书院被列为省城书院，每个书院给予帑金1000两，以示支持。其后，湖南巡抚等地方官多次拨款以作书院经费。

1743年，蒋溥任湖南巡抚，上疏请求乾隆赐额。乾隆御书"道南正脉"，以表彰书院传播理学之功。自此以后，岳麓书院得称理学"道南正脉"，四方求学者络绎不绝。

乾隆以后，由于受乾嘉学派的影响，一些从事诂

经考史的经学家主持书院，他们在岳麓书院研究和传播经学。其中，王文清就被乾隆皇帝授为内阁中书科中书舍人，奉直大夫，考录御史，世人尊称其为"九溪先生"。王九溪与衡阳王夫之、湘潭王闿运、长沙王先谦并称为清代湖南"王氏四大家"。

后来王九溪以父老乞请终养，在御史任上退休回乡，回湘后他潜心著述，以传播学术、振兴湘学为己任。1748年，王九溪被聘为岳麓书院山长，主讲书院达14年之久。王九溪很注意培养学生"通晓时务物理"和诂经考史的务实学风。

1782年，罗典被聘为岳麓书院院长。罗典，字徽五，号慎斋，湖南湘潭人。1747年乡试第一，乾隆十六年（1757）殿试传胪。他学识渊博，才高气正，治学严谨，育才有方，深得学生喜爱。

罗典非常重视书院的环境美化，精心策划建设了"岳麓八景"。他认为让生徒到大自然中去接受美的陶冶，不失为造士育才之良法。

在一次讲课过程中，他侃侃而谈植物的栽培之道。他说，种竹栽荷，"取其行根多而继增不息也"；插柳或木芙蓉，"取其自生也"；种植桃李，"取其易实也"；移植紫藏、山蹢躅，"取其发荣齐而照烂靡也"。

■ 岳麓书院拟兰亭

王闿运（1833—1916），晚清经学家、文学家。字壬秋，又字壬父，号湘绮，世称湘绮先生。1852年举人，曾任肃顺家庭教师，后入曾国藩幕府。1880年入川，主持成都尊经书院。后主讲于长沙思贤讲舍、衡州船山书院、南昌高等学堂。授翰林院检讨，加侍读衔。辛亥革命后任清史馆馆长。著有《湘绮楼诗集》《湘绮楼文集》《湘绮楼日记》等。

这种随意点评，寓教于山水花木之趣的教育方法，使生徒各依情趣和才智自由发展，不拘一格，充分发挥各自的创造精神。

罗典是位经学家，但是兴趣却十分广泛。他每年都要拿出自己的俸金，增修书院，岳麓山的柳塘烟晓、桃坞烘霞、桐荫别径、风荷晚香、曲涧鸣泉、碧沼观鱼、花墩坐月、竹林冬翠八景，都是他亲手指点加工修饰的。为了方便游客欣赏秋山红叶，他还在书院后面的清枫峡口上建了一座亭子，取名红叶亭。

■岳麓书院汲泉亭

有一年秋天，江南才子袁枚来到长沙，许多人仰慕他的名气，都赶来会见他。但是罗典却对他不屑一顾，他认为袁枚有官不做，到处游山玩水，生活不检点，写诗作文又标新立异，违背圣贤之道。

因此，罗典不但不进城去会见袁枚，而且还怕袁枚找上门来，于是就在书院的牌楼上贴了副对联：

不为子路何由见，非是文公请退之。

子路姓仲名由，是孔子的学生。上联的意思就是："我不是和您一条路上的人，有什么理由见面

对联 也叫楹联或对子，是写在纸、布或刻在竹、木头、柱子上的对偶语句言，对仗工整，平仄协调，是一字一音的中文语言独特的艺术形式。对联相传起于五代后蜀主孟昶，它是中华民族的文化瑰宝。

呢？"唐朝的文学家韩愈，字退之，谥文公。下联的意思就是："你袁枚不是韩文公一样有真才实学的人，还是请回吧！"

然而，过了两天，袁枚真的来岳麓书院了。他看了罗典的对联，立刻就明白其中之意了。但是他还是来到书院门口，递上拜帖（拜访别人时所用的名帖）。

此时，罗典正在书院里整理文稿。他接过门人递上的帖子，连忙叫人传话说："山长病了，不能相见，请自便！"

罗典自己不接见，但是基本的礼节还是要有的，于是他派几名学生陪游袁枚。名为陪游，实为监督，罗典要求学生随时将袁枚的言论报告给他。

既然山长不接见，袁枚便信步游山去了。袁枚在游山时的言行及时地传到罗典那里。其中一个学生禀告说，袁枚很少介绍自己，而是向他们了解山长的治

■岳麓书院牌楼

■ 袁枚画像

罗典（1719—1808），字徽五，号慎斋，湖南湘潭人。罗典主持学政，不纯评论诗文优劣，而主要在培育人才。每于试前召集诸生讲学，试毕复行规劝教诲。外出时，闻村塾读书声，即往视察，并予指教。性刚介廉洁，任工科给事中时，有部属冒领肥私，以银3000两贿典，典不纳，并痛加惩戒。

学方法。罗典听了，不觉一愣，感到袁枚并不像自己想象的那么轻薄。

不一会儿，又有学生禀告说，袁枚在山上和他们席地而坐，一起切磋学问，一点儿也不像个先生，倒像个年纪稍大的学生。罗典一听，颔首称赞道："看来他似乎是一个有真才实学的人啊！"

袁枚来到清风峡，只见这里三面环山，枫叶红得像火一样，中间开阔处有座亭子，此亭是石柱子、琉璃瓦，飞檐高挑。亭子的匾额写着"红叶亭"三个大字，柱子上刻着一副对联：

山径晚红舒，五百夭桃新种得。
峡云深翠点，一双驯鹤待笼来。

袁枚定睛看了看对联，不住地点头，他望望匾额，好像想说什么，但是又没说出口。随后，他离开清风峡，参拜了麓山寺，观赏了白鹤泉，登上了云麓宫，才兴尽下山。

袁枚在长沙住了几天，写了很多诗。说来也奇怪了，他对岳麓山上的景物都写了诗，唯独在《红叶亭》的题目下，只抄录了唐代诗人杜牧的一首绝句：

远上寒山石径斜，白云生处有人家。
停车坐爱枫林晚，霜叶红于二月花。

这分明是一首人人都背得出的诗，但是袁枚却把第三句抄脱了两个字，变成了"停车坐枫林"。这引起了长沙人的一片议论之声，跟从袁枚的岳麓书院的学生马上把这件事报告给山长罗典。

罗典听后，沉思片刻，不禁拍案叫绝。他大声对学生们说："袁公的学问真高啊，赶快打开中门，快请袁公！"

于是，袁枚被请到岳麓书院，被奉为上宾，还应罗典的邀请，进院讲学。随后，罗典又吩咐把"红叶亭"的匾额取下来，又亲笔题写了一块"爱晚亭"的新匾额挂上去。从此，罗典和袁枚成为了无话不谈的好友，红叶亭遂改名为"爱晚亭"。

琉璃瓦 我国传统的建筑物件，通常施以金黄、翠绿、碧蓝等彩色铅釉，因材料坚固、色彩鲜艳、釉色光润，一直是建筑陶瓷材料中流芳百世的骄子。我国早在南北朝时期就在建筑上使用琉璃瓦件作为装饰物，到元代时皇宫建筑大规模使用琉璃瓦，明代十三陵与九龙壁都是琉璃瓦建筑史上的杰作。

■ 爱晚亭

■ 爱晚亭前风景

崇文重教的蔚然民风

《诗经·鹿鸣》即小雅·鹿鸣，是先秦表现《诗经》题材的诗歌作品。《鹿鸣》是古人在宴会上所唱的歌，诗共三章，每章八句，开头皆以鹿鸣起兴。诗自始至终洋溢着欢快的气氛，它把读者从"呦呦鹿鸣"的意境带进"鼓瑟吹笙"的音乐伴奏声中。并且通过《鹿鸣》这首诗的简单分析，突显周代宴飨之礼包括宾主关系、宴乐概况等。

在岳麓书院，有一座"赫曦台"，赫曦台原建于1167年，朱熹到岳麓书院，与山长张栻进行学术交流时，两人经常相约登岳麓山观日出。

每当看到朝阳光芒四射，朱熹就对张栻说"赫曦"。"赫曦"就是日出光明炎盛的意思。朱熹于是就把岳麓山峰命名为赫曦峰，张栻筑台，朱熹题之为"赫曦台"。

赫曦台原是建在岳麓山顶的观日台，后来山顶的赫曦台荒废了。到了清代乾隆年间，岳麓书院的山长罗典在书院前面建了这座台。道光元年，山长欧阳厚均将此台命名为"赫曦台"，以纪念朱熹和张栻。

到了1807年，山长罗典在岳麓书院举行重赴鹿鸣宴宴会。（鹿鸣宴，指的是古代的地方官宴请科举考试中的考官和中试的学生的宴会，因为宴会上通常都演奏《诗经·鹿鸣》从而得名。）

重赴鹿鸣宴是指鹿鸣宴60年后而举行的宴会。在岳麓书院历史上，罗典是仅有的两个重赴鹿鸣宴的山长之一。在岳麓书院举办鹿鸣宴这一天，达官贵人、科场举子云集岳麓书院，大家谈古论今，吟诗作赋，热闹非凡。

正当大家在兴头之时，一位身穿青布青袍，脚着草鞋的老道人来到院内，自称前来赴宴。结果受到了一些人的嘲讽。

正当老道转身要走的时候，一个文人清高傲慢地说道："这里是岳麓书院，哪里是你想来就来，想走就走的？"

听到这话，那老道反而不气了，他将了将胡须，环顾了一下四周，随后从墙边操起了一把扫把，蘸着地下的黄泥，唰唰两笔，就写成了一个"寿"字，之后便转身扬长而去，再也不见了踪影。

众人惊得目瞪口呆，大家回过身来看着这"寿"字时，觉得此"寿"苍劲有力，犹如龙蛇盘绕，非同凡响。

当罗典缓过神来，派人寻找道人时，却怎么也找不到了。于是，这个字就传为仙迹。赫曦台有左右两壁，只有右壁写了这个"寿"

岳麓书院赫曦台

字，谁也没有勇气去补左壁上的空白。没办法，山长罗典只好亲自出手，在左壁上写了一个"福"字，与"寿"相对称。

这个"福"字一笔写成，笔力强劲，形如猛虎下山。"福""寿"二字如龙腾虎跃，象征岳麓书院乃是藏龙卧虎之地。罗典五次连任，主持岳麓书院长达27年。岳麓书院在他的主持下，发展达到了最高峰。

阅读链接

南宋末年，元兵南进，岳麓书院亦遭兵祸。尹谷不顾个人生死安危，仍率领学生聚居而学。大将阿里海牙兵围长沙，尹谷为示抗击之志，鼓励学生及全城将士、百姓奋勇参战，全家纵火自焚。尹谷死后，学生甚感悲痛，"诸生数百人往哭之"。学生在老师的行动感召下，与守城将帅一起"乘城共守"。后来，不幸城被攻破，大批学生战死。《南轩学案》记载："死者无算"，表现出英勇不屈的爱国主义情愫。二百多年后的明代，著名文学家李东阳至岳麓书院游历，追述此事时尚说："潭人至今道其事，犹慷慨泣下"，深深为之动容。

学院的繁盛和学制变革

1779年，在湖南安化陶姓人家，出生了一个男孩儿，家长取名叫陶澍。陶澍自幼受家风熏陶，聪颖好学，在乡里素有神童之称。

8岁那年，陶澍随父就读岳麓书院，父子同窗，勤奋向学。受岳麓

■岳麓书院风景

风气的影响，"为学以程朱为宗"，好谈义理，但又注重经世，深受山长罗典的喜爱。

1800年，陶澍父子同赴长沙乡试，陶澍考中举人，而其父落榜。1802年，24岁的陶澍参加会试考中进士，得到授翰林院编修的官职，从此步入仕途。

1805年的春天，26岁的陶澍以监察御史的身份上疏弹劾吏部重签、河工冒名及外省吏治积弊等，轰动朝野，引起朝中大臣和地方官员的一片恐慌。

■ 岳麓书院抱鼓石

吏部 我国古代官署，西汉尚书有常侍曹，主管丞相、御史、公卿之事。东汉改尚书常侍曹为吏曹，又改为选部，魏晋以后称吏部，置尚书等官。隋唐列为六部之首。长官为吏部尚书，副长官称侍郎，历代相沿。考功司掌文职官之处分及议叙，办理京察、大计。宣统三年清政府的责任内阁设立制语、铨叙等局，吏部遂撤。

正在陶澍严查吏治的时候，传来了陶父去世的噩耗。于是，陶澍不得不回乡守孝。在守孝期间，陶澍应澧州学正之邀，来到澧阳书院担任主讲。在澧阳书院的三年，陶澍对当时和以后的办学都产生了积极而深远的影响。

陶澍认为"树人如树木"，应有"金可炼、垂滴石穿"的精神，才能办好书院教育。他常以车武子"囊萤苦读"、范仲淹"先忧后乐"等典范教育诸生，颇得各方赞誉。学生们听了陶澍先生讲的故事，都深受启发，学习就越发的勤奋了。

陶澍始终是把培养士子和化民成俗、治事安民联系在一起的，因此十分强调教师的德行。他在澧阳书院主讲时，有位叫戴柏亭的人，德高望重，陶澍与他成为忘年交。他复职后，还专门写诗为戴柏亭贺寿。他特别强调育人者修身养性，廉洁自守。陶澍后官至两江总督，被道光帝嘉许为"干国良臣"。

在岳麓书院，有两块汉白玉抱鼓石，这抱鼓石就是当时书院的弟子、时任两江总督陶澍在搜查贪官曹百万家里发现的，他把它赠给了岳麓书院。

这抱鼓石也叫上马石，多摆在古代官宦人家门口。并不是说踩着它上马，而是你去往人家，看到这块石就必须下马，回去时到了这里才可以上马，以表示对主人的尊重。它的正面是三狮戏珠图，象征吉祥如意，反面是锦鸡芙蓉图，象征锦上添花，下面是鹭鸶青莲图，象征一路清廉的意思。

在清代任岳麓书院的山长中，欧阳厚均做得也非常出色。欧阳厚均于1789年至1791年就读于岳麓书院，从学于山长罗典。他在岳麓书院学习很用功，与同窗"联步登堂，抠衣问字"，学业长进。

1799年，欧阳厚均进士及第，担任陕西司郎等职。后厌倦官场，决意退隐。

1816年，52岁的欧阳厚均出任岳麓书院山长。此

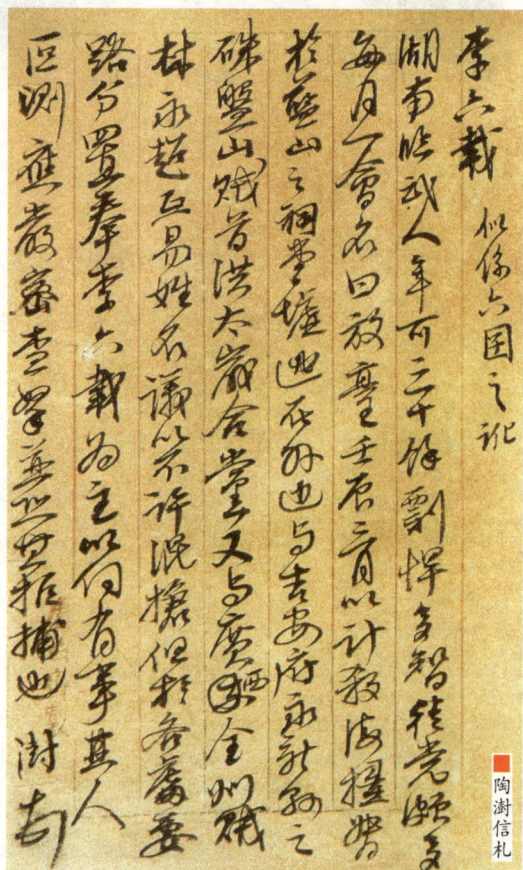
陶澍信札

■ 岳麓书院潇湘槐市

时，他已经认识到对学生进行全面培养的必要。当时科举盛行，学生专攻八股，一板一眼都有定格，内容也只能代圣贤立言，不能越雷池一步。

而欧阳厚均教育学生的作文方法却与之截然相反，他主张：

诸生骋研抽秘，各抒所长，或以理胜，或以气胜，或以才胜，平奇浓淡，不拘一体，总之惟其是尔。

他所归纳的为师必须"文行交勉，道艺相资"即是此意。具体来说，老师应在文、行、道、艺诸方面培养学生，这与专以八股制艺为内容的教学方法截然不同。

欧阳厚均弟子众多，多以节义功名显。左宗棠、江忠源、曾国藩、郭嵩焘均出其门下，他们皆为清代后期的经天纬地之才。

经过欧阳厚均几十年的努力，岳麓书院办学盛而不衰，高峰迭起。欧阳厚均也成为清代前中期湖湘地区最有创新精神的教育家和推动湖湘传统教育承上启下，向近代教育过渡的人物。

欧阳厚均

（1766—1846），字福田，号坦斋，安仁人，进士，曾就读岳麓书院。1818年被聘为山长，连续掌教达27年之久。先后获准记录八次，得旨议叙三次，屡受朝廷嘉奖。弟子数以万计，著录在案的弟子达3000人。

1831年，湖南巡抚吴荣光于岳麓书院内创办湘水校经堂，以经史、治事、辞章分科试士。后在1875年，湘水校经堂由岳麓书院迁往长沙城南。后再度迁建，改名校经书院。

在清代岳麓书院的历任山长中，丁善庆同罗典、欧阳厚均齐名。丁善庆，字伊辅，号养斋，湖南清泉县白沙里人。他因父亲早逝，从小就随母亲刘氏寄居于其外祖父翰林院大学士刘文恪公家。刘氏家教甚严，他主要接受的是儒家思想教育。

1846年，丁善庆辞官归乡，当年便被聘为岳麓书院山长。丁善庆任书院山长的第六年，书院毁于兵火，建筑全部被毁坏，多年聚藏的书籍也皆被焚毁。为重建书院，他积极倡议全省的官绅士民捐款修复岳麓书院。

倡议发出后，许多关心书院教育的人都慨然相

八股 即八股文，八股文也称"时文""制艺""制义""八比文""四书文"，是我国明清两朝考试制度所规定的一种特殊文体。八股文专讲形式、没有内容，文章的每个段落死守在固定的格式里面，连字数都有一定的限制，人们只是按照题目的字义敷衍成文。

■岳麓书院后门

经义 我国古代科举考试中的一种重要文体，它萌芽于汉唐，形成于北宋。经义与选举制度的变革和学术风气的变化有密切联系，对北宋后期的学风和士风产生了诸多影响。在古代文体史上，宋代经义文是明清八股文的雏形，它形成了一定的程式，在题型、结构等方面已经具备了八股文的一些特征。

■ 岳麓书院文泉

助。其中，欧阳厚均的次子就捐赠300金作书院修复费。在极艰苦的条件下，丁善庆主持修复了20余处书院建筑。

1853年春，修复圣庙、御书楼、文昌阁、讲堂、斋舍、祠宇等地；咸丰五年（1855）修复半学斋；咸丰十年修复自卑亭；后来又修复三间大夫祠、贾太傅祠、李中丞祠；1865年重修爱晚亭、极高明亭、道乡台、崇圣祠、讲堂、二门；同治五年（1866）修复风雩亭、吹香亭、抱黄阁。

丁善庆任山长期间，还为恢复书院藏书做出了很大努力。他倡议社会名流、士林学者为书院捐书。湖南巡抚李瀚章，著名刻书家、藏书家陈仁子的后裔陈源豫，著名数学家丁取忠，还有曾国荃、俞锡霖等社会名流和官绅等都积极响应，将许多珍籍捐赠给岳麓书院。

丁善庆本人除带头捐赠藏书外，还以书院名义购置了数批图书。如《古今文学释珍》《诸子汇函》《壮学斋文集》等。至同治年间，岳麓书院御书楼的藏书又恢复到了相当的规模。

清末，岳麓顺应历史潮流，设译学、算学等科，增置时务和西学图书，进行了教学改革。

岳麓书院山长王光谦改革书院课程，将教学内容分为"经义"和"治事"两门，以增添算学、译学两门新的课程。此外，他还要求刻印宣传"新学"的《时务报》发给学生阅读。

1903年3月，新任湖南巡抚赵尔巽奏请改岳麓书院为学堂，并将由时务学堂改制的高等学堂迁入，合成湖南高等学堂。学堂强调以"研求中西学为主旨"，改建斋舍，初招预科二班，办文理二科。课程有经学、史学、国文、舆地、算学、物理化学、博物生理、英文、体操等。

至此，岳麓书院由一所古代书院演变为一所近代高等学堂。

斯文正脉

岳麓书院崇圣祠

阅读链接

岳麓书院传统爱国主义教育思想是在南宋时期形成的。当时的社会十分动荡，当时，著名理学家张栻主教岳麓书院，由此促进了书院教育中的爱国主义思想的形成。张栻的父亲张浚是南宋时期著名的统帅。张浚开府治兵，都督诸路军马，志在收复中原。张栻自幼追随左右，参佐军务，亲临战场，可谓忠勇双全。张栻主教岳麓书院后，积极宣传，并将之贯穿到教学活动和理学研究之中，深深地影响了他的学生，以张栻为主形成了一个爱国主义湖湘学派团体，史称他们"见义必为，勇不可多""无日不战，无战不胜"。

行之有效的教育体制

　　岳麓书院作为私学，之所以取得社会公认的教育成就，因为它有一套逐步完善、行之有效的教育教学体制。它在山长选拔、办学经费来源、生源选招、教育目标确立以及教学管理方面，都有一套成熟的制度和方法。

岳麓书院一角

从经费来源来说，岳麓书院的教育经费主要靠租赁学田来保证。1194年，朱熹为岳麓置学田333.3公顷，这是置办学田的开始。明代宣德年间，长沙宁乡任指挥金事的周辛甫父子捐资修复岳麓书院，并置办道林寺田5.8公顷。

嘉靖时期，长沙知州王秉良扩建书院，并捐置学田1.2公顷。次年，孙存继任，个人又捐学田4.5公顷，并请政府增拨公田96.6公顷，书院财力已相当雄厚。

之后，长沙知府季本大规模修整书院，自己捐赠学田6.8公顷，同知林华也捐学田3.3公顷，湘城第一次出现了大规模集资兴学的热潮。这一时期岳麓书院共有学田148.2公顷，其中私人捐助达22.2公顷，占15%。

除了学田收入外，岳麓书院办学经费的另一个来源是官府支持。比如在清雍正年间，清政府将岳麓书院等一批重点书院称之为"省城书院"，每个书院给予帑金1000两。

充足的教学经费为书院师生提供了良好的就读环境和生活保障。根据史料记载，1763年，岳麓书院山长的年收入为白银465两，学生则享受政府全额奖学金，每年收入白银11两。

书院山长的人选也非常重要。山长即院长，是书院教学、行政的主持者。宋以后，书院大多沿用山长

■ 岳麓书院慎斋祠

学田 指书院和州县官办学校所用的田地，是我国封建社会学校教育的经济支柱。学校通常设有专门机构或委派专人管理学田，一般有三种方式，一是由学官管理，二是由乡绅地主管理，三是由学校生员管理。学田的经营方式几乎都采用租佃制，即丈量学田，招徕佃农，确定、收取租额，以佃租的方式收入资金。

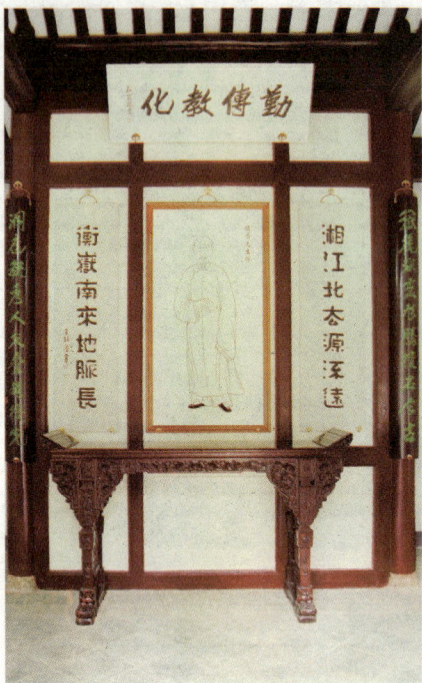

勤教传化

衡岳南来地脉长　　湘江北去源泽远

岳麓书院慎斋祠

周式 宋代湖南湘阴人，千年学府岳麓书院首任山长，因品学兼优，诲人不倦而著名。在周式的精心经营下，岳麓书院学生由60多人增至数百人，开启湖湘一脉浓厚学风。周式潜心研究儒学经典精髓，据记载，周式著有《毛诗笺传辨误》八卷、《论语诸集解辨惑》十卷和《拾遗》一卷。

之名。从字义上讲，"山长"有山中长老的尊敬之义。因当时书院聘请的掌教之人，大多是学行兼优、居山林而不做官的学人，加之书院多依山林、择胜地而建，故有此名。

主持书院的大多是地方名儒，有一定的学术造诣，是由书院自己聘任的，而不是由政府任命的。这体现了书院办学者一定程度的独立性。后来即便政府控制了书院的教师选聘权，在具体物色人选时仍要考虑其学术声望。

书院实行山长负责制，所谓"山长"就是校长，山长的道德、学识和社会名望都得是出类拔萃的，历任山长不仅治学严谨，而且管理有方。

岳麓书院在当时属于高等学府，入院生徒对经史有一定的了解，赋诗作文已有一定基础，甚至还要通过一定的考试或推荐才能选拔入学。"潭州三学"就反映了岳麓书院录取生徒的情况。

明代《岳麓志》记载：所谓"三学"，即指潭州州学、湘西书院、岳麓书院三位一体，分成三个等级。学生通过考试，以积分高下逐级安排升舍。官办的州学学生考试成绩优良者，可升湘西书院，最高者方可升岳麓书院，在"三学"中，岳麓书院为最高学府。

起初，潭州太守李允重新扩建书院之后的学生正式定额为60余人，到了北宋大中祥符年间，周式任岳麓书院山长，将岳麓书院带入了北宋最为繁荣的阶段，很快就发展到学生数百人。到了清代，学生名额分正课、附课两种。乾隆时正课生增至68名，附课生增至35名，计103名。

嘉庆时又增附课生35名，生额总计138名，其后保持不变，有时也额外收些游学之士。因而，岳麓书院的住院生一般都保持在一二百人之间。

在生源稳定的情况下，岳麓书院以培养健康的道德人格、务实的治学精神和博学多思的治学方法为教学原则。张栻曾在《岳麓书院记》中强调，岳麓书院的教育宗旨是"传道济民"，也就是说，书院教育的目标就是要使每一个受教育者道德自我日臻完善并促成内在人格的完成，并且道德人格必须完成外在社会价值的实现。

岳麓书院在千年办学过程中，还一直将"务实""求实"作为追求的教育理念，主要体现在经世致用的价值取向、实事求是的思想方法、学贵力行的治学风格三个方面。

经世致用是岳麓书院一贯倡导的学术宗旨和教育宗旨。书院强

岳麓书院里的"风荷晚香"

调，一切学问必须有益于治国安邦、国计民生，才具有价值与意义。

"务实"不仅是一种价值取向，也是一种尊重事实、追求真理的思想方法。无论是从事学术研究或从事教育，都应该引导人们从天地万物中探索这一真实的"理"或"道"，就是"实事求是"。

在治学中，要重事实、重归纳、重证据。后来发展演变为近代自然科学的实证精神。"学贵力行"的治学风格，就是将知和行看成是一个互相促进、不断深入的过程，即"知行互发""知行并进"。

同时，岳麓书院的师长们总是将广泛地获取知识学问，作为书院教育的重要目的。在这个基础上，"思"是从事实和知识中获得深刻全面的道理，也就是要穷究事物所以然的道理，要能提出疑问，以引发学者深入思考，解决问题。岳麓书院作为理学的基地，还提倡敢于怀疑的精神。

在长期的教学实践中，岳麓书院的课程内容也相对固定，主要以哲学、史学、文学、文字学为主，也要学习应付科举考试的八股文和试帖诗，等等。

岳麓书院濂溪祠

■ 四箴亭

在明代陈论主教期间，他潜心传播周敦颐及朱张等理学大师的理学，还设"习射"课程，聘请长沙卫指挥杨溥度为教习。后来，到了清代，书院由民办逐渐演化为官办。

在祭祀方面，清代岳麓书院先后几次增设祭处，达29处之多，受祀者将近百人。后来，建文昌阁于讲堂之后，供奉文昌帝君，凡在院诸生考中功名者，悉得题名其间。又在院前土阜创建了魁星楼，并将原六君子堂改为岳神庙。

随着乾嘉考据学的兴起，岳麓书院往往由从事诂经考史的著名汉学家主持，学习内容也由理学转向经史考证。罗典任山长之后，"唯以治经论文，启诱后进"。道光年间巡抚吴荣光在岳麓书院增设"湘水校经堂"，专以研习汉学为主。后来，校经堂发展为校经书院，进一步发展了校经堂通经致用的务实学风。

吴荣光（1773—1843），清代诗人、书法家、藏书家。原名燎光，字殿垣，一字伯荣，号荷屋、可庵，别署拜经老人、白云山人，南海人。1799年进士后改庶吉士，授编修。迁监察御史，以事革职。起授刑部员外郎、郎中，历陕西陕安道、福建盐法道，福建、浙江、湖北按察使，贵州、福建、湖南布政使，湖南巡抚，降福建布政使，以原品休致。

赵尔巽（1844—1927），字公镶，号次珊，又名次山，又号无补，清末汉军正蓝旗人，祖籍奉天铁岭。清代同治年间进士，授翰林院编修。后主编《清史稿》，"二十六史"之一。袁世凯称帝时，被尊为"嵩山四友"之一。

清光绪年间，岳麓书院山长王光谦实施课程改革，将教学内容分为"经义""治事"两门，以增添算学、译学两门新的课程。

1903年3月，新任湖南巡抚赵尔巽将由时务学堂改制的高等学堂迁入，合成湖南高等学堂。学堂办文理二科，课程有经学、史学、国文、舆地、算学、物理化学、博物生理、英文、体操等。

从岳麓书院的教学方式来看，岳麓书院不同于传统的官学教学方式，摸索出了一套独特的、行之有效的教学方式。

岳麓书院强调学生读书自学，重视对学生自修的指导。朱熹曾对学生说："书要你自己去读，道理要你自己去究索，某只做得个引路的人，做得个证明的人，有疑难处共同商量而已。"为了指导学生自学，朱熹还专门制定了一套读书法则。

岳麓书院对外坚持"开门办学"的理念。书院

■岳麓书院讲堂

常年接待访问学者，允许外来人员旁听，并安排食宿。在这样的背景下，岳麓书院一直保持着很高的教学水准和学术研究水平。

岳麓书院教学不受地域和学派的限制，允许不同书院、不同学派的师生互相讲学，互相听课，互相争论和交流，其中"会讲"就是岳麓书院独创的讲学形式。

会讲是岳麓书院的一种学术活动，不同学术观点的学派在或大或小的范围里进行探讨和论辩，学生也可旁听，既推动了学术研究又推动了教学。

岳麓书院既是一个教育机构，又是学术研究基地。书院均不以参加科举考试为目的，而以研究传播学问和道德践行相标榜。书院的创建者，主持人大多是一方有名的学者，他们担任主讲时，一般都是讲自己的学术心得，不少研究成果也是在讲学的过程中完成传播并取得社会承认的。

从教学管理方面看，岳麓书院采取比较自由的教学方法，一般由山长本人或其他教师十天半月讲一次课，其他时间以自学为主，自学中有什么问题随时可向教师咨询，或学生间互相讨论。

岳麓书院有明确的学规。岳麓书院的学规，最早源于朱熹的《书院教条》，到清代乾隆年间，欧阳正焕任书院院长时，提出"整、齐、严、肃"四字学规，具体为：

时常省问父母；朔望恭谒圣贤；气习名矫偏处；举止整齐严肃；服食宜从俭素；外事毫不可干；行坐必依齿序；痛戒讦短毁长；损友必须拒绝；不可闲谈废时；日讲经书三起；日看纲目数页；通晓时务物理；参读古文诗赋；读书必须过笔；会课按时蚤完；夜读仍戒晏起；疑误定要力争。

岳麓书院的课程安排清晰有序，每月有几次严格的考核。考试后，对成绩优秀的学生进行奖励，对成绩落后的给予惩罚。

此外，学生还必须把自己每日读书的情况记在"功课程簿"上，山长定期亲自抽查。正是基于书院这些完善且行之有效的教育体制，才使三湘大地上人才辈出，历经千年，弦歌不绝。

阅读链接

清代许多著名山长均将经世致用之学摆到重要地位。王文清主持书院期间，制定了《岳麓书院学规》，将"通晓时务物理"作为教学内容。主教岳麓书院27年之久的山长罗典，也注意将品德教育与时务结合起来。他的教育主张是："务令学者陶泳其天趣，坚定其德行，而明习于时务。"岳麓书院的山长贺长龄，也是一个以讲求经世致用之学而闻名于晚清的重要学者，他和魏源主持编撰的《皇朝经世文编》成为推动晚清经世致用学风进一步发展的重要著作。经世致用的教学传统对于岳麓书院发展成为一所现代大学，起到了十分重要的推动作用。

书院建筑的独到之处

　　岳麓书院作为闻名中外的书院，凝聚了我国古代许多建筑大师的心血和智慧，在建筑艺术方面也达到了一个高峰。

　　岳麓书院坐落于湖南长沙岳麓山脚下的清风峡口，三面环山，层

■岳麓书院御书楼

祭祀 是向神灵求福消灾的传统礼俗仪式，被称为吉礼。"祭祀"也意为敬神、求神和祭拜祖先。最初的祭祀活动比较简单，也比较野蛮。人们用竹木或泥土塑造神灵偶像，或在石岩上画出日月星辰野兽等神灵形象，作为崇拜对象的附体。然后在偶像面前陈列食物和礼物，并由主持者祈祷，祭祀者则对着神灵唱歌、跳舞。祭祀礼节有一定的规范。

峦叠翠，书院前临湘水，后枕岳麓山，依山傍水，四周林木荫翳，环境幽静雅致，自然景观与人文景观融为一体，高度协调。岳麓书院建筑的独到之处，可以用八个字来概括："天人合一，朴实无华。"

岳麓书院古建筑在布局上采用中轴对称、纵深多进的院落形式。从湘江西岸的牌楼口，直往山巅，早有古道连通，形成一条风景中轴线，岳麓书院就建在此中轴线上的中点。

院前有天马、凤凰二山分峙两旁，俨若天然门户，古代其前后有朱张渡、柳堤、梅堤、咏归桥、翠微亭等景点相伴；院后沿中轴线而上，有爱晚亭、舍利塔、古麓山寺、白鹤泉及后来修建的蔡锷墓、黄兴墓等著名景点，其他景点星布于中轴线的两侧。

书院的前门、赫曦台、大门、二门、讲堂、御书楼依次沿中轴线而建。文庙、专祠及半学斋分建中轴线的北侧；教学斋、白泉轩、园林、碑廊等分建于中

■岳麓书院屈子祠

■ 岳麓书院文庙

轴线的南侧。

中轴对称、层层递进的院落，除了营造一种庄严、神妙、幽远的纵深感和视觉效应之外，还体现了儒家文化中尊卑有序、主次鲜明的社会伦理关系。

岳麓书院体现了典型的书院建筑特色。我国古代的书院，一般由三大部分组成，一是讲堂，二是藏书楼，三是祭祀的场所，而岳麓书院的这三大部分是十分齐全的。

讲堂位于中心位置，以突出其核心地位。中轴线的最后、也是整个书院之中地势最高之处是御书楼，显示其在书院之中的重要性，因为"书院"一词最早仅有藏书供人阅读之意。

在中轴线的西边，有以文庙为主的祭祀建筑群，这是按照儒家礼节之中的"左庙右学"来安排的。这几大部分，界限分明，各有特色，体现了我国古代书院建筑的特征。

文庙 纪念祭祀我国伟大思想家、教育家孔子的祠庙建筑，在历代王朝更迭中又被称作文庙、夫子庙、至圣庙、先师庙、先圣庙、文宣王庙，尤以文庙之名更为普遍。其数量之多、规制之高，建筑技术与艺术之精美，在我国古代建筑类型中，堪称是最为突出的一种，是我国古代文化遗产中极其重要的组成部分。

岳麓书院内景

从整体上来看，岳麓书院整个建筑朴实而不奢华。从构架上看不施斗拱，从装饰上看不求华丽，极少彩绘，一般显露结构特点和材料的本色，加以适当的油漆处理和重点装饰，更显民间特色和朴实风格。

岳麓书院三大部分各有其特征。讲堂是岳麓书院的核心部分，它的功能决定了它的样式。讲堂是岳麓书院讲学、讲会、宣教等重要礼仪活动之中心场所，容纳的人也是要比较多的，所以，它是一个五间建筑，比较宽敞，而且它面对的庭院也开敞，增加了活动的余地。

讲堂也是最庄严肃穆的场所，为了起到教育的作用和显示岳麓书院的历史地位，里面有大量的匾额、对联、石碑等。

御书楼作为整个书院的灵魂所在，它位于岳麓书院中轴线的最后，而且其地势是最高的，同时也是最幽静的地方。因为藏书楼一怕水、二怕火，所以它的楼层最高，而且在其前方有对称的两个水池，既起到了美观的作用，又有重要的实用功能。

文庙和其他祭祀性建筑，在书院中起到了传统教育的作用。由于是纪念儒家的先贤和对岳麓书院的有功之臣，所以按照儒家的礼仪"左庙右学"，建在了书院中轴线的西边。按照古代的统一规定，文庙用的是红墙黄瓦以显示其重要的地位。在建筑上，大成殿用的是二重歇山的屋顶，也显示了其地位的重要性。

岳麓书院的建筑不但有一般书院的特点，同时也突出体现了典型的湖南地方特色。像多采用歇山和硬山的屋顶，是湖南建筑的一大特色。岳麓书院多采用高大坚实的封火山墙，与其起伏多变、鲜明生动的天际线，和门廊、窗洞的点缀，形成强烈的对比。

岳麓书院的建筑体现出了深刻的湖湘文化内涵。它不同于华丽隆重的官学建筑，也不同于花哨的民间建筑，反映出儒家文化的精神和典雅朴实的格调。

岳麓书院还体现出含蓄幽雅的园林建筑艺术。建筑艺术就像写文章一样，不喜欢平铺直叙、一览无余。理想的建筑物不能够在一开始就能窥其全貌，要随着角度的变化，层层深入，逐步展露魅力。岳麓书院多用天井穿插、屏风隐蔽，形成了丰富多样的空间层次，给人以宁静幽深之感。

像从讲堂绕过屏风到御书楼，从御书楼下进到园林之中，从讲堂走到文庙，都给人以"山重水复疑无路，柳暗花明又一村"的感受。而庭院的连续，步移而景换，又给人以"庭院深深深几许"的好奇。

在这个园林里，溪流、树木、碑廊、房屋和谐统一、相互映衬，构成了一道自然和谐的风景。园林里，清新活跃，

岳麓书院后花园

岳麓书院风雩亭

体现了我国古代建筑统一的中求个性，对称里有变化的原则。

岳麓书院中，水的运用恰到好处。古人造林，讲究水的运用，"七分水、两分竹、一分屋"。岳麓书院的水，是从岳麓山清风峡里引来的"活水"。

所以围绕这里的泉水，形成了几个景点，像"曲涧鸣泉""碧沼观鱼"。让水串联于其中，既使得各个部分有了连贯性，又使整座建筑有了活气和灵气，动静结合，相得益彰。

书院里的园林，与其他地方的还有所不同，书院的园林更加讲究寓教于游息之中，通过环境气氛实现移情养性的功用。园林中既有诗情画意，又有碑刻铭文；既有清泉翠竹，又有各种轩、亭。这些碑刻含有碑记、箴言、警句、诗词、铭文等，通过书法艺术的渲染，构成书院独特的装饰景观，营造了潜移默化的环境氛围。

崇文重教的蔚然民风

阅读链接

作为一所古代的高等学府、教育机构，求学是学生们来书院的主要目的。岳麓书院的师长们总是将广泛地获取知识学问，作为书院教育的重要目的。南宋初，主持岳麓书院教事并在此发展湖湘学派的张栻，就非常重视"博学"的教育。他认为，天下万事万物，均有自己的道理，学生来书院求学，就是要探明天下万事万物的道理。他向学生反复强调这一点："盖君子于天下之事，无所不当究。"

嵩阳书院

嵩阳书院位于河南登封，因地处嵩山之阳，故而得名。它深得中岳名山之秀，西邻少林寺，面对双溪河，背靠峻极峰，西依少室山，东临万岁峰，山峦环拱，溪水长流，环境幽美，景色宜人。

嵩阳书院以理学著称于世，以文化赡富、文物奇特名扬古今，是我国古代重要的儒家思想研究和传播之地。

嵩阳书院是宋代四大书院之一，是我国创建最早、影响最大的书院之一，也是我国教育史上一颗璀璨的明珠。

佛道文化奠定书院底蕴

那是在北魏孝明帝时期，有一个声名显赫的僧人叫生禅师，他旅居各地，宣扬佛法。有一年，他来到嵩山，为了更好地讲经说法就创建了嵩阳寺。后来，北魏司空裴衍隐居嵩山，继生禅师之后主持建造嵩阳寺，曾为寺主，僧徒多至数百人。后因魏太武帝灭佛走向衰落，一蹶不振。

唐高宗李治画像

但是，嵩阳寺与当时就已经名冠天下的少林寺一脉相承、渊源极深，每年的九月初九，很多少林寺僧人都要来此朝宗。

612年，嵩山著名道士潘师正要为隋炀帝杨广修炼金丹，祝他长生不老。隋炀帝大喜，于是下令将"嵩阳寺"改为"嵩阳

观"作为炼丹的场所，后逐步发展为道教的活动场所。

唐高宗时，高宗两次拜访潘师正，都以嵩阳观为行宫。

由于唐高宗体弱多病，当他听说嵩山的道士刘道合能炼九阳还丹的时候，便立即下诏在嵩山建太乙观，让刘道合居住。

刘道合是唐代的一名道士，陈州宛丘人，最初与潘师正同隐于嵩山。之后，高宗为了表示自己的诚意，特召刘道合入宫，并对他深尊礼之。

在封禅泰山时，久雨不停，高宗下令道合在仪鸾殿作止雨之术，不一会儿天便晴朗了，皇帝大悦。高宗又令道合驰传先上泰山，以祈福佑。前后赏赐，刘道合皆散施贫乏，未尝有所蓄积。

676年，高宗来到洛阳，召见潘师正，并请他制作佛书。潘师正以"道有所伸，贵有所屈，竟不屑命，对以无为"，借口不解而推辞。高宗又问他在山中所需可代予置办，以表安慰，潘师正说："荬松清泉，臣之所需，即不乏矣。"高宗深羡其志向高洁。

3年之后的679年，高宗驾幸嵩山，以车舆迎潘师正到嵩阳观相见，高宗恭礼迎见。面晤后，高宗又亲自送潘师正回到逍遥谷，并下令在逍遥谷中建隆唐观，岭上别起"精思院"，作为他的住所。

680年2月，高宗乘坐车舆步辇，在洛阳西宫与潘

司空 我国古代官名。西周始置，位次三公，与六卿相当，与司马、司寇、司士、司徒并称五官，掌水利、营建之事，金文皆作司工。春秋、战国时沿置。汉朝本无此官，成帝时改御史大夫为大司空，但职掌与周代的司空不同。

师正相见，看到96岁的潘师正，鹤发童颜，神采飘逸，高宗和武后十分高兴，当即称他为神仙。

高宗还降下制命，改嵩阳观为奉阳宫，并修建花园曲径直通隆唐观，还亲笔题额，逍遥谷口立门为"仙游"，隆唐观后苑立门为"寻真"，这二门的名字都是潘师正所起。

681年，高宗在东都金阙亭第三次会见潘师正，殷勤致礼，诚挚询问三洞、七真的奥义，潘师正一一作答，高宗特设御宴招待。且允准封师正为"天师"，在太子府第为师正建宏道神坛，在老君寿宫建元元观。宏道坛和元元观由潘师正取名，高宗亲笔题额。潘师正所传道教茅山宗，经高宗提倡，名满天下。

在书院的大门外左侧，立着一通被称为"嵩山碑王"的石碑，这座石碑由6块巨石组成，是唐代嵩阳观旧址的标志，全称为《大唐嵩阳观纪圣德感应之颂》碑。该碑通高9米，造型独特，雕刻精美华丽，是嵩山第一大碑。碑顶精雕二龙戏珠，由勾连缭绕的云盘托起，其下有脚踏祥云的麒麟。

唐玄宗李隆基画像

碑文记述的是唐玄宗李隆基命道士在嵩阳观为其炼丹的故事，由唐代书法家徐浩用大字隶书书写。

徐浩的书法笔意灵秀，端庄厚重，不愧为唐隶第一人。碑座四面雕琢石龛，龛内武士塑像神情威武凶悍，气势逼人，是唐代石刻成熟期的经典之作。

相传立这块碑的时候，

斩了3个登封县令，6个领工头目。话说嵩阳观内住着一位老道士，名叫孙太冲，道号"嵩阳真人"。他终日上山刨药，炼取仙丹，为人治病，疗效很好。为此，方圆百里的人都来嵩阳观取药治病。后来孙太冲就成了嵩山地区一位德高望重的道人。

一次，唐玄宗李隆基身染重病，久治不愈，他听说孙太冲炼的仙丹很灵验，于是就派大臣到嵩阳观讨取仙丹。玄宗皇帝吃了仙丹，疾病果然好了。

为了纪念这件事，唐玄宗派了一个监工大臣，到嵩阳观立碑铭志，并从各地挑选出来许多能工巧匠。开工时，领作的石匠问监工大臣："碑做多高？多宽？多厚？啥式样？"监工大臣随口答道："碑越高越好，碑首要戴个帽，由嵩阳县知县监办，限工期100天完成。"

数百名工匠按照监工大臣的旨意，做了81天，谁知，碑做好了，立不起来。后来碑身立起来了，碑帽却戴不上，工匠们急得团团转，谁也想不出好办法。监工大臣为了催促尽快地戴上碑帽，一连斩了3个县官，6个领工头目，但碑帽仍然无法戴上。

最后，监工大臣亲自到碑前，对石匠下令说："再限你们3天，要不把碑帽戴上，就把你们统统杀

■ 嵩阳书院里的大唐石碑

茅山宗 以茅山为祖庭而形成的道教派别，它宗承上清派，是上清派以茅山为发展中心的别称，它的实际开创者是陶弘景，他继承杨羲、许谧所传上清经，悉心搜求散失的杨、许手书上清经诀真迹，弘扬上清经法。经他及众弟子数十年的苦心经营，上清派的教理和组织逐渐完备。实际上，当时茅山已成为道教上清派的中心，后来上清派即被称为"茅山宗"。

嵩阳书院里的碑亭

掉。"说罢，袖子一甩，两眼一瞪，扬长而去。

石匠们听到命令，一个个愁眉苦脸，束手无策。正在无奈之际，忽然从东南方向来了一个老头，只见他走到碑前，这边瞅瞅，那边看看，笑眯眯地一言不发。

有个石匠对老人说："哪里来的师父？你还是快些走吧！免得在这里跟着我们带灾。"

老头回答说："我也是个手艺人，走到哪里，吃到哪里，做到哪里，管他什么带灾不带灾，我快入土的人了，还怕个啥，还不是活一天少一天，啥时候土圆到脖子上，也就算完事。"那位老人说罢，转眼不见了。

这"土圆脖子"四个字使大家受到了启示，提醒了众位石匠。于是，工匠们就抬了大量的黄土，圆到石碑脖子的根儿，大家顺着土坡，把碑帽滚了上去，安到了碑身顶上，后将黄土挑走，完成了全部树碑任务。

据传，那个老头就是鲁班。从此，鲁班智立唐碑的故事，就在嵩

崇文重教的蔚然民风

阳观一带传开了。

五代时期，连年战乱，社会动荡不安，官办学校逐渐衰落，书院成了继承学统、薪火相传的"独轮车"。避乱世隐居林泉的鸿学大儒，纷纷依山置田建宅，聚书授徒。

嵩阳观延续了唐代以来的兴盛，观内聚集了一批有远见、有学问的道人。当时，进士庞式和南唐学者舒元、道士杨纳等人，在嵩阳观聚课生徒，为太乙书院在此创办打下了基础。

955年，世宗柴荣根据名士所请，敕准设立"太乙书院"，这期间的著名学子有后来执掌朝纲的丞相吕蒙正和巴陵郡守滕子京等人。

后周时期，太乙书院成为儒学活动的中心。而太乙书院就是嵩阳书院的前身。

阅读链接

相传，汉武帝刘彻游玩嵩山时，见丛林中一棵柏树，身材高大、枝叶茂密，感叹之余，还赐封它为"大将军"。可是没走过20步，迎面又看见两棵大树，要比大将军大上3倍，汉武帝心中颇为懊悔。但金口已开，没法更改，只得封为二将军和三将军。三棵受封的大柏树，却都感到不是滋味。三将军柏本是嵩山最大的树，却只得了个"三将军"的称号，于是又恼又怒，一气之下枝叶枯萎，一命呜呼了！二将军柏感到，自己比大将军大几倍，却要居于"树"下，实在委屈，郁闷得把肚皮都气炸了，变成了空心树。大将军呢？他也深感受之有愧，没脸抬头见人，因而经常低着头弯着腰，不敢见人，所以，始终没有长过二将军和三将军。

洛学传播和书院的盛衰

那是春秋时期，颜回是孔子最为得意的一个弟子，极有学问。但是早年的颜回生活却非常困苦，吃的是粗茶淡饭，住在破陋不堪的巷子里，可是他却很快乐。

周敦颐画像

周敦颐要弟子程颢和程颐思考，颜回为什么心中如此快乐。他要让程颢和程颐明白，儒家所追求的最高境界不是物质的满足。两人听完老师的这番教诲后，"遂厌科举之业，慨然有求道之志"。

年轻的程颢在周敦颐门下短暂学习后，就厌恶科举，立志发展新儒学。但他还是参加了科举考试，并于1058年进士及第，而程颐则在嘉祐四年（1059）应进士落第以后，不再应举。

程颐对老师周敦颐的思想境界十分推崇。有一次，程颐与自己的学生讨论颜回不改其乐的原因，学生回答说："乐道而矣。"程颐却说，颜回已经和道融为一体。周敦颐也是这样，他已经达到了个人修为的最高境界。

周敦颐继承了《易传》和部分道家以及道教思想，提出一个简单而有系统的宇宙构成论，即"无极而太极""太极"一动一静，产生阴阳万物。他主张人要以主静的方式进行修养，以达到中正仁义的崇高境界。这个学说成为周敦颐此后开办书院讲学，也是他教授弟子程颢和程颐的主要内容。

后来，程颢和程颐提出了"理"的哲学范畴，认为理存在于天地万物之中，"一草一木皆有理"。还认为理是"天理"，乃人类社会永恒的最高准则，并以此阐释封建伦理道德，把三纲五常视为"天下之定理"，形成了"洛学"。

洛学以儒学为核心，并将佛、道渗透于其中，旨在从哲学上论证"天理"与"人欲"之间的关系，规范人的行为，维护社会秩序。

"二程"创立的洛派理学，亦称为"新儒学"。

■ 程颢画像

程颢（1032—1085），北宋哲学家、教育家、诗人和北宋理学的奠基者。字伯淳，学者称明道先生。河南洛阳人。学术上，程颢认为"仁者浑然与物同体，义礼知信皆仁也"，识得此理，便须"以诚敬存之"，倡导"传心"说。其所亲撰有《定性书》《识仁篇》等，后人集其言论所编的著述书籍《遗书》《文集》等，皆收入《二程全书》。

新儒学虽以儒家礼法、伦理思想为核心，但其张扬的孔孟传统已在融合佛、道思想精粹中加以改造，具有一种焕然一新的面貌，其学问以"明道"为目标。之后的理学大师朱熹、吕祖谦共同编辑的《近思录》，归纳其基本内涵有五：

一是探讨道体和性命为核心。二是以"穷理"为精髓。三是以"存天理、去人欲"为存养功夫。四是以"齐家、治国、平天下"为实质。五是以"为圣"为目的。

二程在嵩阳书院的讲学，开创了学术与书院相结合的传统，奠定了洛学的规模，也开了南宋书院和理学一体化的先河。

崇文重教的蔚然民风

《近思录》 依朱、吕二人的理学思想体系编排的，从宇宙生成的世界本体到孔颜乐处的圣人气象，循着格物穷理，存养而意诚，正心而迁善，修身而复礼，齐家而正伦理，以至治国平天下及古圣王的礼法制度，然后批异端而明圣贤道统。全面阐述了理学思想的主要内容，故此书实可谓囊括了北宋五子及朱吕一派学术的主体。

■ 嵩阳书院正门

■ 嵩阳书院里的古碑

　　北宋科举取士放开做到了不论出身、贫富皆可参加，得中进士后的远大前程，刺激了士子们的读书热情，但内忧外患使统治者无力兴办官学，于是便采取了重取士而轻养士的政策。

　　995年，太宗赵炅向太乙书院颁赐印本九经书疏，后又御赐"太室书院"匾额，遂将"太乙书院"改为"太室书院"，同时设置校官一职。1010年，宋真宗向太室书院赐九经诸书。

　　1035年，宋仁宗在重修太乙书院时，将太乙书院赐名为"嵩阳书院"，拨学田百亩作为办学经费，并设院长管理院务。学生来书院念书，有书院供给伙食，"嵩阳书院"之名因而被历代沿用。

　　神宗熙宁、元丰时期，嵩阳书院名声日隆，生众达数百人。"洛学"的创始人程颢、程颐来到嵩阳书院、崇福宫讲学，主要用"洛学"观点宣讲《论语》《孟子》《大学》等书，各地学者慕名而来，如"群饮于河，各充其量"，嵩阳书院因此声名大振。

　　1072年，年逾不惑的程颢、程颐再次随父亲来到嵩阳崇福宫。由

谢良佐 （1050
—1103），字显
道，北宋官员、
学者。蔡州上蔡
人，人称上蔡先
生或谢上蔡。从
程颢、程颐学，
与游酢、吕大
临、杨时号称程
门四先生。他创
立了上蔡学派，
是心学的奠基
人、湖湘学派的
鼻祖，在程朱理
学的发展史上起
到了桥梁作用。

■ 嵩阳书院里的"大
将军"树

于崇福宫和嵩阳书院毗邻，程颢和程颐多次在嵩阳书院讲学。

程颐的弟子游酢学习勤奋，刻苦钻研，他也非常喜爱这个弟子。有一次游酢在诵读张载的《西铭》，读后说："这就是中庸的道理。"程颐先生称赞他有创见，能理解言外的道理，赞许他品质纯良，办事能力超过别人。

吕大临、谢良佐也为程门弟子，吕大临先投张载，后投程颢和程颐求学。1066年，张载应长安京兆尹王乐道之邀到长安讲学。在讲学期间，"洛学派"代表人物程颢、程颐兄弟来也关中讲学，吕大临听后，觉得他们的学说很有见地，大为叹服。

张载去世以后，吕大临便奔洛阳拜程颐为师。无论是师从张载，还是改随程颢和程颐，吕大临均享有极高声誉。

1078年，谢良佐拜程颢为师。当时，29岁的谢良佐已经很有名气了。他为了在学问上做出一番成就，于是专程到河南扶沟向时任扶沟知县的程颢求教学问。他初见程颢，程颢待以客人之礼，但谢良佐却说："我是来拜师问学的，愿做先生的弟子。"

程颢把他安排到了一个小屋里居住。这间屋子非常简陋，房顶漏雨，四壁透风。时值寒冬，北风怒吼，晚上没有蜡烛照明，白天没有炭火取暖，但他对此毫不在意。

谢良佐严于律己，修身甚谨。他每天写日记，对所做之事经常反思，如有违背就自己惩罚自己。他说："要克制自己，必须从本性最难克服的地方克服。"认为修身的最大障碍在于有"矜"和刚愎自用、自欺欺人的心态。

在与程颐分别一年后，师生二人相见，程颐问谢良佐："一年来有何进益？"

■ 谢良佐画像

谢良佐答道："唯去得一'矜'字。"程颐高兴地说："这足以证明你的用功，你已经学会独立思考了。"从此，"良佐去矜"便成为一个千古佳话。

程颢和程颐在嵩阳书院讲学十余年，对学生平易近人，宣道劝仪，循循善诱。讲学期间，程颢还亲自为嵩阳书院制定学制、教养、考察等规条。

程颢和程颐以"兴起斯文为己任"，却"压科举之习，慨然有求道之志""于书无所不读""出入于老释几十年，返求诸六经"。他们诲人不倦，弟子有"如坐春风"之喻，相继在此讲学三十余年，过着淡泊的生活。

时值宋朝中期，王安石变法成功，触动了当朝权贵的利益，权贵们纷纷离朝隐居。因嵩阳书院近临汴

《西铭》 原名"订顽"，为《正蒙·乾称篇》中的一部分，张载曾将其录于学堂双牖的右侧，题为"订顽"，后程颐将《订顽》改称为"西铭"，这才有此独立之篇名。此篇之核心思想在于以乾坤、天地和父母为一体，并以乾坤确立起感通之德能，从而阐明此德能如何从个体之身位向家庭或家政展开，并且推达到天下。

嵩阳书院讲堂

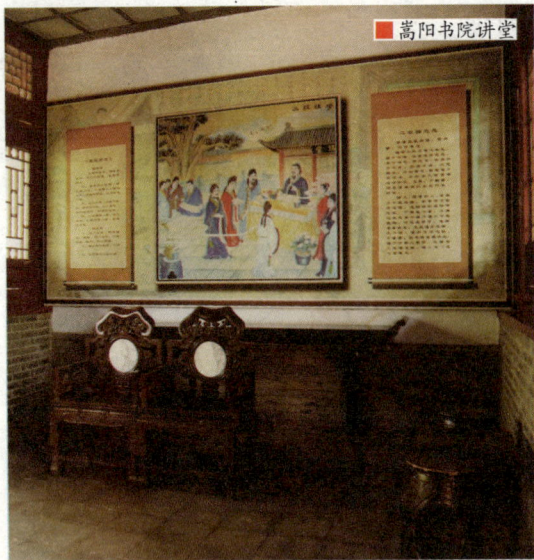

京，故文人学士云集于此，著书立说，传徒授艺。

自此，嵩阳书院在传授理学方面名扬一时。范仲淹、司马光、杨时等均曾在此执教，而司马光的巨著《资治通鉴》的第九卷至二十一卷就是在嵩阳书院完成的。

理学由宋代草创开始，直到南宋末，成为官方意识形态的主流，与书院结下了不解之缘。南宋的著名书院几乎都是理学的重要阵地，而书院也是在南宋真正成熟。而在北宋靖康之耻以后的四百余年里，由于政治的动荡，嵩阳书院由盛而衰。

金大定年间，废除嵩阳书院，将其更名为"承天宫"。

明朝嘉靖年间，登封知县侯泰在嵩阳书院废墟上请师聚徒，希望复兴书院，结果无力再现昔日盛况。明末，战患频至，嵩阳书院再度堂倾人散，书失碑斜。

清代初期，朝廷对书院实行抑制政策，顺治皇帝下令"不许别创书院"。到清康熙年间，社会稳定，国强民安，崇儒尚文之风再起。

阅读链接

程门高足谢良佐准备应举时，程颐便说："汝之是心，已不可入尧舜之道矣！有志于道者，要当去此心而后可语也。"程颐认为，科举之术和新儒学的学习是完全不同的人生目标。然而这种思想与现实又是相互矛盾的，程颢和程颐自身的科第生涯就充分说明这一点。

耿介倾力振兴嵩阳书院

那是在1674年的时候，知县叶封决定重新修建满目疮痍的嵩阳书院，但不久之后他便调任京职，名儒耿介继叶封未成之事，历三年建造，使书院又成规模。

耿介号逸庵，河南登封人，他出任福建巡海道道使期间，以身作则，要求隶属节约开支，严禁损公肥私，因此声誉很高。

1664年，耿介因母亲去世，归里守孝，三年期满后本应复职，但他看多了官场阴暗，不愿继续为官，决心倡明理学。耿介辞官后闭门读书，砺志修德，尊孔弘儒。

随后，耿介还拜孙奇逢为

耿介画像

师，朝夕请教，深有收获。归里后，耿介决心复兴嵩阳书院，建先贤祠，专祭程颢、程颐和朱熹，又建丽泽堂、观善堂等，使书院面貌为之一新。

耿介承继程颢、程颐"涵养需用敬，进学则在致知"和朱熹"穷理以致其知，反躬以践其实"为教学思想，提出"以主教为宗，以正心诚意为本，议识天理为要"亲自执教，传道授业解惑。

1686年，康熙皇帝为太子选聘教师。吏部侍郎汤斌推荐耿介，说他"潜心经传，学有渊源，老成夙素，罕见其俦"。康熙帝经过亲自考试，将他选入詹事府任少詹事。

耿介任职40天，便托病辞职。归里后，他仍继续掌管嵩阳书院。耿介热心办学，捐田23.3公顷，为书院开支之用。在他的影响下，河南太守王楫、学政吴子云等以及社会名流都捐银资助，共购学田116.6公顷，以解决师生的伙食和学校各种经费。

耿介一面购买经、史、子、集各种图书，一面聘请名家冉觐祖、窦克勤等人在嵩阳书院主讲。

冉觐祖17岁在鄢陵中秀才，不久补考博士子弟员。1654年，到卫辉百泉参加乡试，见书贩陈列大量名贵书籍，竟竭尽所有，购买了四书

崇文重教的蔚然民风

冉觐祖（1636—1718），清藏书家、经学家。字永光，号蟬庵。潜心理学，曾主讲于嵩阳书院，作《为学大指》《天理主敬图》以教学生。喜聚书，有人售二十一史，索价甚高，他向诸兄借钱购回。并且兴建"纶翰堂"藏书楼，寝馈万卷之中，考辨益精博，主编有《中州通志》，著有《五经四书详说》《性理纂要》《阳明疑案》及诗文杂著20余种。

嵩阳学院先贤殿

五经大全及著名诗文集等，因而不再专心应考，回家埋头研读，立志于著作。

1691年，冉觐祖得中进士，官翰林院检讨。他潜心理学，主讲于嵩阳书院，作《为学大指》《天理主敬图》以教学生。

除了请一些名家授课外，耿介自己也积极备课，登堂讲授。嵩阳书院继北宋之后又一次群星璀璨，慕名来此求学者络绎不绝。从此嵩阳书院文风大振，进士景日昣、傅树崇，举人郭英、赵俊等皆出其门。

康熙辛卯年，全省在开封选拔举人，按名额每县不足一人，嵩阳书院就考取了5人。名儒景冬昣，曾就学于嵩阳书院，取进士后曾九任御史之职。

景冬昣好学勤思，他的逸事流传较广。景冬昣自小就很聪明，12岁上就读完了四书五经。20岁以后，景冬昣边读书边写《说嵩》。

太子 又叫皇太子，储君的一种，是我国皇帝正式继承人的封号，通常被授予的对象是皇帝之子。皇太子的地位仅次于皇帝本人，拥有自己的、类似于朝廷的东宫。东宫的官员配置完全仿照朝廷的制度，还拥有一支类似于皇帝禁军的私人卫队。

■ 嵩阳学院先贤殿里
的孔子塑像

中堂 国画装裱中直幅的一种体式，以悬挂在堂屋正中壁上得名。我国旧式房屋楼板很高，人们常在堂屋中间墙壁上挂上一副巨大的字画，称为中堂画，为竖行书写的长方形的作品。尺寸一般为一张整宣纸，因为尺幅比较大，所以需要创作者具有精熟的技法和整体把握作品布局的能力。

有一年，景冬旸到张秀才家去拜年，见秀才家里挂着一幅中堂，中堂上是岳飞题词。他问张秀才，词是什么时候题的，张秀才说，是宋朝高宗绍兴十年时题的。

当时，岳飞在蔡州大破金兵以后，在中岳休整军队。景冬旸听罢，看着词的内容好，书法也好，他想把词抄下来，写在《说嵩》一书上，可是天已经晚了，只好回家去了。

哪想到，景冬旸结婚后没几天，有一天天还不亮，他就跑到秀才的家里，从头至尾、一字不漏地把岳飞的题词抄录下来了。

他刚刚抄完，张秀才家的茶童送茶来了，看见景冬旸穿着茄色起花新女裤，禁不住哈哈笑着说："景先生，你怎么穿着新娘子的花裤子？"景冬旸低头一看，才知道起床早，没点灯，把新娘子的裤子穿上了，羞得他满面发红。

张秀才为了解除景冬旸的窘境，假装生气地对茶童说："奴才多嘴！'要得富，和穿裤'嘛！还不走开！"茶童笑着出门去了。

很久以来，中岳一带的新婚夫妻，结婚头一年里，都要和穿一条裤子。这个风俗，就是从景冬旸那个时候传下来的。

嵩阳书院的教育制度，依白鹿洞书院教规，由山长耿介制定《辅仁会约》。会约规定：一、每月初三命题作文两篇，每月十八讲课一次；二、学生所读之书以《孝经》《小学》、四书、五经、《性理大全》《通鉴纲目》为主；三、提倡学生在个人钻研的基础上进行集体讨论，鼓励学生互相启发；四、教导学生严

中州明珠

嵩阳书院

■ 嵩阳书院道统祠

嵩阳书院石雕

于律己，诚心诚意地相互劝善规过；五、反对文过饰非。

为了培养学生的自学能力，耿介制定"立志""存养""穷理""力行""虚心""有恒"等《为学六则》的教育原则。他自己还编撰《孔门言仁言孝之旨》《子在川上一章》《易谦卦》《太极图疏义》《大学首章》《中庸首章》等讲义。

为了继承宋代嵩阳书院传播理学的传统，清初嵩阳书院强调人的品德修养。

窦克勤在《嵩阳书院志》作序言说："古之学者以博学、审问、慎思、明辨、笃行之功，以求尽君臣、父子、夫妇、昆弟、朋友之伦，早夜孜孜，自幼至老，服习驯致，故能内而明明德，外而新民，以庶几乎参赞位育之极功。后之学者但为诵读口耳之学而已。其于圣人教人之意失矣。"

正因为嵩阳书院办学的宗旨就是把全部教育过程看作是道德修养的过程，因而其成为清代培养理学家的著名书院之一。

阅读链接

历史上嵩阳书院以理学著称于世，以文化赡富，文物奇特名扬古今。嵩山地区自古就是儒家学派活动的重要地区，这里有嵩阳书院、颍谷书院、少室书院、南城书院、存古书院，其中最显赫的为嵩阳书院。清高宗弘历于1750年10月1日游嵩阳书院时曾赋诗赞道："书院嵩高景最清，石幢犹记故宫名。山色溪声留宿雨，菊香竹韵喜新晴。初来岂得无言别，汉柏阴中句偶成。"

应天书院

应天书院，即应天府书院，又称睢阳书院，其前身为南都学舍，为五代后晋时的商丘人杨悫创办，位于河南商丘古城南湖畔，为中国古代著名的四大书院之一。

北宋初书院多设于山林胜地，唯应天书院设于繁华闹市，而且人才辈出。随着晏殊、范仲淹等的加入，应天书院逐渐发展为北宋最具影响力的书院，是古代书院中唯一一个升级为国子监的书院，被尊为北宋四大书院之首。

杨悫与戚同文建南都学舍

那是在唐末五代后晋时期，由于连年战乱，官学遭到破坏，庠生失教，中原地区开始出现一批私人创办的书院。

930年，河南商丘虞城有一位名叫杨悫的学者，他"力学勤志，不求闻达"，聚徒讲学，创办了"南都学舍"，旨在振兴教育，这一善

宋朝官员雕塑

举得到了归德将军赵直的支持。

南都学舍创建后，在杨悫的努力下，办学成绩显著，培养出了一批人才，名儒戚同文便是其中的一位。

戚同文，字文约，一作文均，北宋宋州楚丘人。戚同文出身于儒学世家，自幼父母俱丧，随祖母就养于外曾祖父家，过着寄人篱下的孤苦生活。戚同文侍奉祖母，以孝闻名。祖母去世后，他昼夜哀泣，数日不食，乡里邻人深受感动。

■戚同文画像

戚同文听说当地名儒杨悫设馆教授学生，于是便来到学舍，恳求入舍学习。杨悫见其意挚诚，于是就教他读《礼记》。戚同文聪慧过人，又异常勤奋，结果不到一年的时间，就能背诵四书五经了。杨悫见他聪慧过人，将来必有大才，于是便将自己的胞妹许配给他为妻。

时值后晋末年，天下大乱，戚同文立志不去做官，但他却希望国家早日统一。杨悫常鼓励他去做官，但是戚同文却说："长者不仕，同文亦不仕。"

杨悫依附于将军赵直家，赵直患重病，不能起床，于是便将家事托付给戚同文，同文处理得井井有条。赵直器重同文的为人，对他厚加礼遇，为他兴建学校，招收门徒。

《礼记》 我国古代一部重要的典章制度书籍，儒家经典著作之一。该书编定是西汉戴圣对秦汉以前各种礼仪著作加以辑录，编纂而成，共49篇。《礼记》大约是战国末年或秦汉之际儒家学者托名孔子答问的著作。

由于戚同文学问渊博，精通五经，执教有方，使得私学声名鹊起，四方学子负笈茹辛，"不远千里"而至，"远近学者皆归之"。

960年，北宋建立。由于朝廷急需人才，实行开科取士，当年2月就开科考试。没想到该书院就出了8位进士。一时间，书院声名鹊起，人才辈出，名扬四海，有"七榜五十六"之美称。

戚同文品学兼优，为人淳厚朴实，崇尚信义，遇人有丧事便尽力帮助，宗族、邻里贫困无法生活的他便去周济。冬天，他常将自己的棉衣送给身寒无衣的人们。他不蓄积财产，不营建居室，主张"人生以行义为贵，何必去积财呢？"因此深得乡人的推崇。

遇有不孝父母、不友爱兄弟的人，他便教以做人为善的道理。他善于识人，与他交往的都是当时的名士，且乐意听人的善事，从不说人的短处。

戚同文贫贱不屈、刻苦好学、教诲无倦的精神，亦成为应天书院的学风和师风。

976年，戚同文去世，虽受赠礼部侍郎，但南都学舍的日常教学却一度中断。宋真宗即位后，宋州升为应天府。应天府民曹诚曾为南都学舍的学生，他对

崇文重教的蔚然民风

榜 是我国古代官府向民众公布政令、法令的重要载体，兼有法律和教化的双重功能，是国家法律体系的有机组成部分，也是古代法律的形式之一。不同历史时期的称谓也有变化，如秦、汉、魏、晋时期称"布告"，唐、宋、元和明代前期，榜文、告示、布告等各称混相使用，此外还有告喻、文告、公告等称呼。

老师聚徒讲学的情景十分怀念，于是"以金300万"，在府城中戚同文私学旧舍建屋150间。并邀请戚同文之孙戚舜宾主持书院。

戚舜宾继承祖业，办学勤勉，"制为学规，课试讲肄，莫不有法""博延生徒，讲习甚盛"，使得书院声名远播。

1009年，曹诚将所建学舍和书籍全部入官，受到真宗皇帝的嘉许，下诏表彰，并御赐书院匾额"应天府书院"。同年2月24日，一块金光闪闪的宋真宗皇帝御赐的院额送抵应天府学舍。

从此，应天书院影响日增，成为北宋初期全国四大书院之一。

阅读链接

北宋书院兴盛的原因是多方面的，其中最主要的原因有以下几点：第一，北宋科举取士规模日益扩大；第二，朝廷崇尚儒术，鼓励民间办学；第三，佛教禅林制度的影响。佛教出于僻世遁俗、潜心修行的宗旨，多选择环境僻静优美的山林建立寺庙，五代及宋初的书院也大多建于山林名胜之中；第四，印刷术的应用，使书籍的制作与手写本相比，变得极为便利，是促成宋代书院兴旺发展的重要基础。

范仲淹执教书院的影响

989年的夏天，在徐州武宁军节度掌书记的家中，诞生了一个男孩儿，父亲给他取名范仲淹，字希文。范仲淹两岁时，父亲亡故。母子回到苏州，贫无所依，于是母亲改适平江推官朱文翰，范仲淹随后改

范仲淹蜡像

名"朱说"。

朱文翰后迁官开封，母子遂返山东。从此，范仲淹受尽童年之苦。待他年纪稍长后，继父让他学习商贾技艺，但是他皆不喜欢，唯愿读书。

由于社会和家庭的压力，范仲淹学习非常刻苦。他在醴泉寺读书三年，其间朱家败落，不久朱文翰辞世，谢氏从此承担了全部家庭负担。

范仲淹长大以后，知道了自己的身世，十分伤感，于是哭着告别母亲，前往应天府读书。

在书院里，范仲淹刻苦学习，备尝艰辛。他"昼夜不息，冬月惫甚，以水沃面；食不给，至以糜粥继之。人不能堪，仲淹不苦也"。成语"划粥断齑"即源于此。

当时，范仲淹写有《南都学舍书怀》一诗，诗云：

推官 我国古代官名，唐朝始置，节度使、观察使、团练使、防御使、采访处置使下皆设一员，其位次于判官、掌书记，掌推勾狱讼之事。清初沿时制，于各府设推官及挂衔推官。顺治三年罢挂职衔推官。康熙六年废除。

粮料院 我国古代官署名，宋初承唐制，有都粮料使，先以三司大将担任，宋太祖时改用文臣。宋太宗太平兴国五年分立诸司粮料院、马军粮料院与步军粮料院，后并马、步军为一院，掌文武百官与诸军俸料。南宋粮料院与登闻检院、登闻鼓院、进奏院、官诰院、审计院合称六院，因六院长官常转为御史，故号称察官之储。

晏殊（991—1055），字同叔，著名词人、诗人、散文家，北宋抚州府临川城人，是抚州籍第一个宰相。晏殊与其第七子晏几道，在当时北宋词坛上，被称为"大晏"和"小晏"。晏殊以词著于文坛，尤擅长小令，有《珠玉词》130余首，风格含蓄婉丽，更多地表现诗酒生活和悠闲情致，颇受南唐词人冯延巳的影响，与欧阳修并称"晏欧"。

白云无赖帝乡遥，汉苑谁人奏洞箫！

多难未应歌凤鸟，薄才犹可赋鹎鶒。

飘思颜子心还乐，琴遇钟君恨即消；

但使斯文天未丧，涧松何必怨山苗。

此诗记述了范仲淹初来应天府时的心境，诗中虽然流露出些许幽怨的情绪，但却充满了乐观与自信。

从1011年开始，范仲淹在书院熬过了5年的苦读生涯。

1012年，范仲淹提前参加御试未中，三年之后，范仲淹重整旗鼓再次参加御试，并以礼部第一，中乙科九十七名，荣登"蔡齐"榜，受到真宗皇帝的礼待并赐御宴。

范仲淹进士及第后，首任安徽广德司理参军三年，遂迁亳州集庆军推官。在谯郡从事三年后，又迁任西溪盐仓，晋兴化县令、楚州粮料院共4年。

虽官职仅为九品县令，但他却将其学到的尧舜之道、治国方略，皆尽其力地为百姓谋福，为国家尽忠。在广德，他"日抱具狱与太守争是非""贫止一马，鬻马而归"。

1017年，范仲淹在亳州任上复范姓，此时与杨日严"甚乎神交""独栖难安"地为民兴利。在西溪，他立志为盐民解除潮患，修复捍海堰堤，开辟了泰、海、楚、通四州、八郡十余县180里的水利工程，动员了4万多民工并亲自总役工程的进程。

捍海堰堤工程未完，范仲淹复迁楚州粮料院。还未上任，突然传来"母丧应天府"的噩耗。他不得不去官，守丧应天府。第二次长居应天府达三年之久。

与范仲淹同榜进士，此时任应天府知府的蔡齐，新任留守原枢密副使晏殊，均知范仲淹在应天府守丧。当晏殊见到应天书院缺少良师时，便邀聘范仲淹来主持应天书院。

范仲淹"不以一心之戚，而忘天下之忧"，毅然带丧主持应天书院。范仲淹精通六经，长于《周易》，学者多从质问。"为执经讲解，亡所倦。尝推其俸以食四方游士"。"日于府学之中观书肆业，敦劝徒众；讲习艺文，不出户庭；独守贫素，儒者之行实有可称"。"公尝宿学中，训导学者皆有法度，勤劳恭谨以身先之"。范仲淹诲人不倦、为人师表的操行令人赞叹。

当时在任的著名讲书还有王洙和稽颖等人，他们博学多才，教学有志，授徒有方，成绩卓著。

范仲淹因出身贫寒，所以对贫寒之士关爱有加。山东泰山有学生

古代学堂内景

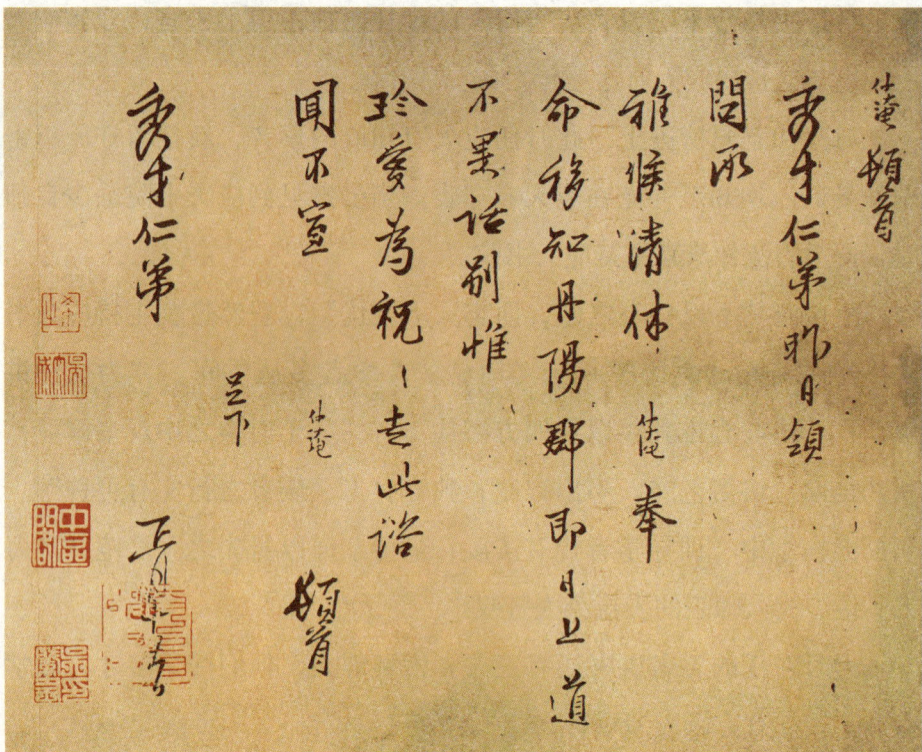

范仲淹书法

崇文重教的蔚然民风

孙复（992—1057），因长期居泰山讲学，人称"泰山先生"。又与胡瑗、石介，人称"宋初三先生"。他们还是北宋理学的先导人物。同时，孙复还是一位卓越的教育家。嘉祐二年卒于家。宋仁宗赐钱治丧，欧阳修为之撰墓志铭。

孙复在入学前，从山东来应天府向范仲淹求助，他解囊相助，赠钱一千缗。

过了一年，孙复又来求助，范仲淹又赠一千缗。范仲淹看他不像乞客，问他为何年年来，"汲汲于道路而误了学业"。

孙复戚然动色说："母老无以养活，若日得百钱，则甘旨足矣。"范仲淹说："补子为学职，月可得三千，以供养。子能安于学乎？"孙复大喜，随之笃学不舍昼夜，行复修谨，范仲淹很喜欢他。

后来，范仲淹服满复职，孙复去应举。景祐元年，孙复第四次科举落第，通过郓城举子士建中介绍，孙复认识了石介。石介在泰山筑室，邀孙复去讲学，并与张洞等执弟子礼师事孙复。

孙复居泰山8年，主要从事经学的研究与讲学，撰写了《易说》64篇、《春秋尊王发微》12卷等著作，声名渐显于世。

1042年，在范仲淹、石介等人的推荐下，孙复以布衣超拜，任秘书省校书郎、国子监直讲。他与石介一起，积极支持范仲淹等人的"复古劝学"主张，在太学实施举人应考须有听书日限及扩大太学录取人数等措施，使得学生人数骤增，北宋太学从此而兴。

孙复辛勤于治学，研究周、孔之道，先是追求科举与功名，后是研究学问与讲学，故而在40岁时尚未成婚。时任宰相李迪，深知孙复人品、学问俱佳，将其侄女嫁给了他。

李迪是宋真宗、仁宗时有名的大臣，地位、政绩显赫，为人处世亦很正派，他将侄女下嫁孙复，增其贤名，而世人则由此更知孙复之贤，孙复之学及其为人很快传闻于天下。

孔子的后裔孔道辅，时为龙图阁待制，很有声望，亦前来拜见孙复。当拜见时，石介就立侍孙复的左右，举行礼仪时，升降拜则扶持着，往谢孔道辅时亦然。

孙复所主持的泰山书院一时盛况空前，成为当时的一个学术活动中心。

孙复盛名在外，引起范仲淹、富弼等当朝一些大臣的关注，被任命为秘书省校书郎、国子监直讲。

由此，范仲淹不禁感慨地说，贫困实在是一种可怕的灾难，倘若孙复一直乞讨到老，这样杰出的人才

龙图阁 宋代阁名，宋真宗纪念宋太宗的专门宫殿。真宗咸平初建，在会庆殿西偏。收藏太宗御书、御制文集、各种典籍、图画、宝瑞之物，以及宗正寺所进宗室名籍、谱牒等。又先后置待制、直学士、直阁等官。北宋包拯曾任龙图阁直学士，故民间戏曲小说中以"包龙图"称之。

千年书声

应天书院

校书郎 古代的官名，负责校雠典籍，订正讹误。东汉时，征召学士至兰台或东观宫中藏书处校勘典籍，其职为郎中者，则称之为校书郎中，亦称为校书郎；三国魏秘书省始置校书郎，其职是司校勘宫中所藏典籍诸事。唐朝时秘书省与弘文馆都设置，宋属秘书省，金元时属秘书监，明清时废此官职。

岂不湮没沉沦了！

范仲淹执教时，更是整饬院风、学风。首先是尊师重道的院风。范仲淹躬亲示范，他对晏殊的荐举之恩始终以门生师之，同时对博学的老师极力挽留。一代名儒王洙在应天书院教授期满，范仲淹代留守晏殊上书宋仁宗，留王洙继续在书院讲学。

在范仲淹的影响下，学生们更加注意严谨治学，对经学研究多求本意，少涉及注疏。

应天书院在范仲淹的主持下，成为全国四大书院之一，从范仲淹的《南京书院题名记》中可见一斑：

> ……风乎四方，士也如狂，望兮梁园，归于鲁堂。章甫如星，缝掖如云；讲议乎经，咏思乎文。经以明道，若太阳之御六合焉；文以通理，若四时之妙万物焉。诚以日至，义以日精。聚学为海，则九河我吞，百谷我尊；淬词为锋，则浮云我决、良玉我切……至于通《易》之神明，得《诗》之风化；洞《春秋》褒贬之法，达《礼乐》制作之情；善言二帝三王之书，博涉九流百家之说……观夫二十年间，相继登科而魁甲，英雄仪羽台阁，盖翩翩焉，未见其止。宜观名列，以劝方来，登斯缀者，不负国家之乐育，不孤师门礼教……抑又使天下庠序，视此而兴，济济群髦，咸底于道。则皇家三五之风，步武可到，戚门之光，亦无穷已。

晏殊在写给朝廷的《举范仲淹状》里，称范仲淹"独守贫素儒者之行，实有可称"，并且要求朝廷加以重用。

1028年冬天，范仲淹因办学成绩卓著，被提拔到中央任秘阁校理，离开应天府。

■ 范仲淹蜡像

范仲淹在应天书院主持执教仅三年时间，但却为北宋兴学树立了光辉榜样，"天下庠序，视此而兴"，其影响绵绵数代。

1035年，应天书院改为府学，并获学田10顷。1043年，应天书院又升府学为南京国子监。到了1502年，黄河泛滥，归德府城淤积地下，应天书院也随之被埋。

1511年，知州杨泰有在旧城北筑新城。同年，知州周冕继修，始告竣工，归德府迁入新城，就是现在的商丘古城，应天书院也随迁往城内。后知州刘信在这里建大门和仪门各3间，建大成殿、明伦堂各5间，左右斋房各60间。大成殿内立有孔子及其弟子的牌位，为祭孔之地。明伦堂为学堂，是学子应试之地。

1531年，明巡按御史蔡瑷将知州在商丘城西北隅建的社学改建，沿用旧名称"应天书院"。但是不

富弼 （1004—1083），字彦国，洛阳人。1030年以茂才异等科及第，历任知县、签书河阳节度判官厅公事、通判绛州、郓州，召为开封府推官、知谏院，知制诰、枢密副使、知郓州、青州，枢密使，进封"郑国公"，并且出判亳州。

久，宰相张居正于1579下令拆毁天下所有书院，应天书院也未能逃过此劫。

1601年，归德知府郑三俊重建"范文正公讲院"于归德府学东。他效法范仲淹的精神，亲自执书讲学，一时培养了许多杰出人才，诸如官至户部尚书的侯恂，南京国子监祭酒侯恪，兵部侍郎叶廷桂、练国事等，皆为郑氏赏拔。他们颇有范仲淹刚正不阿，崇志向、尚气节的精神，为官多著清声。

明代中后期，睢阳没于黄河，城址北迁，原讲院故址已无存。明亡清立。1651年，重新恢复范文正公讲院，侯方域撰有《重修书院碑记》。

1674年，知府闵子奇又修书院，请来名师执教，"下帷讲学，有醇儒之风，学者翕然宗之"。康熙二十年（1681），知县赵申桥将义学扩建，题名为"应天书院"。

1748年，知府陈锡格重修应天书院。1901年，朝廷废科举，兴学校，诏令各省的书院改为大学堂，各府、厅、直隶州的书院改为中学堂，各州县的书院改为小学堂。

1905年8月，范文正公讲院改为"归德府中学堂"。至此，应天书院完成了其历史使命。

阅读链接

1014年，宋真宗驾临应天府。同年正月二十九，升应天府为南京，改圣祖殿为鸿庆殿，并赐宴三日。应天书院的学生倾巢而出，前往观看，唯独范仲淹仍在书院内读书。有同学问他，为何错失良机不去看看？

他回答说："异日见之未晚。"可见范仲淹在应天书院求学时顽强的毅力与远大的抱负。

崇文重教的
蔚然民风

启蒙经典

家教蒙学与文化内涵

家训是指对子孙立身处世、持家治业的教诲。家训是我国传统文化的重要组成部分，也是家谱中的重要内容，对提升个人修养具有重要作用。一个家族为了保持兴旺发达，常常建立必要的家法家规，以此来约束族人的一言一行，这便是家训的最早起源。

随着社会的发展，我国从汉代开始，家训著作的内容日益丰富。其中许多治家教子的名言警句，成为世人谨记于心并严格遵守的治家良策，造就了历史上许多儒家所提倡的"修身""齐家"的典范。

家有家规

家训教诲

朱熹家训

君之所贵者，仁也。臣之所贵者，忠也。父之所贵者，慈也。子之所贵者，孝也。兄之所贵者，友也。弟之所贵者，恭也。夫之所贵者，和也。妻之所贵者，柔也。事师长贵乎礼也，交朋友贵乎信也。见老者敬之，见幼者爱之。有德者，年虽下于我，我必尊之。不肖者，年虽高于我，我必远之。慎勿谈人之短，切勿衿己之长。仇者以义解之，怨者以直报之，随所遇而安之。人有小过，含容而忍之。人有大过，以理而谕之，勿以善小而不为，勿以恶小而为之。人有小恶，则扬之。勿妒贤而嫉能，勿称忿而报横逆，勿非礼而害物命。见不义之财勿取，遇合理之事则从。诗书不可不读，礼义不可不知。子孙不可不教，僮仆不可不恤。斯文不可不敬，患难不可不扶。守我之分者礼也，听我之命者天也。人能如

颜之推与《颜氏家训》

　　那是在南北朝时期的531年，南朝梁西平靖侯颜协的儿子出生了，并取名叫颜之推。作为春秋时期孔子弟子颜回的后代，颜协希望自己的儿子也能精通孔孟之道，明晓儒家事理。

　　颜之推自幼聪明伶俐，7岁时就会背诵东汉辞赋家王延寿的《鲁灵光殿赋》，成了人们称赞最多的孩子。

颜之推画像

　　颜之推8岁的时候，他的父亲颜协去世了。父亲的离世，使年幼的颜之推生命中第一次失去了依靠，这让他意识到应该早日自强自立，不能辜负父亲的希望，故而更加发奋学习。

　　颜之推12岁时，已经能够听懂《老子》《庄子》这类经典了。他不仅能听懂，还能做出分辨，认定老庄的思想不是自己能接受的，因此就去学《礼记》

和《左传》。

颜之推19岁时，已经是学富五车、名扬天下的人了。由于他博览群书、词采华茂，深为南梁湘东王萧绎所赏识，便召他做了自己的属官国左常侍，掌管赞相礼仪、献策谏诤等事宜。

南北朝时期，时局动荡，各个诸侯都特别注重加强军事要地的守备。南梁萧绎派次子萧方诸做郢州刺史，镇守江夏，颜之推被任命为中抚军府外兵参军，随行参谋军务。

548年秋，东魏降将侯景勾结京城守将萧正德，举兵谋反，这就是历史上有名的"侯景之乱"。在此期间，国势大衰的南梁又相继遭到西魏和北齐的进攻，颜之推与萧方诸同时被俘。

■ 颜之推石刻像

紧急关头，幸亏为侯景行台郎中王则所救，使颜之推逃过了死刑，却在建康度过了3年的囚房生活。这个经历，让颜之推体会到了人生的艰难。

后来，萧绎成了梁元帝，颜之推被任命为散骑侍郎、奏事舍人，备受信用。颜之推本来以为生活就此平静了，但是在554年，西魏入侵并攻占了梁都，颜氏一家都成了西魏的俘虏，被驱入关中。

在听说梁元帝之子萧方智在建康称帝后，颜之推便冒死率妻子逃离长安，企图转道北齐重返故国。可就在途中，颜之推又听说梁将陈霸先已代梁自立，他计划返回故国已无望，只好滞留于北齐。

在北齐，颜之推受到北齐文宣帝高洋的礼遇，被

诸侯 我国古代中央政权所分封的各国国君的统称。周代分公、侯、伯、子、男五等，汉朝分王、侯二等。周制，诸侯名义上需服从王室的政令，向王室朝贡、述职、服役，以及出兵勤王等。汉时诸侯国由皇帝派相或长吏治理，王、侯仅食赋税。

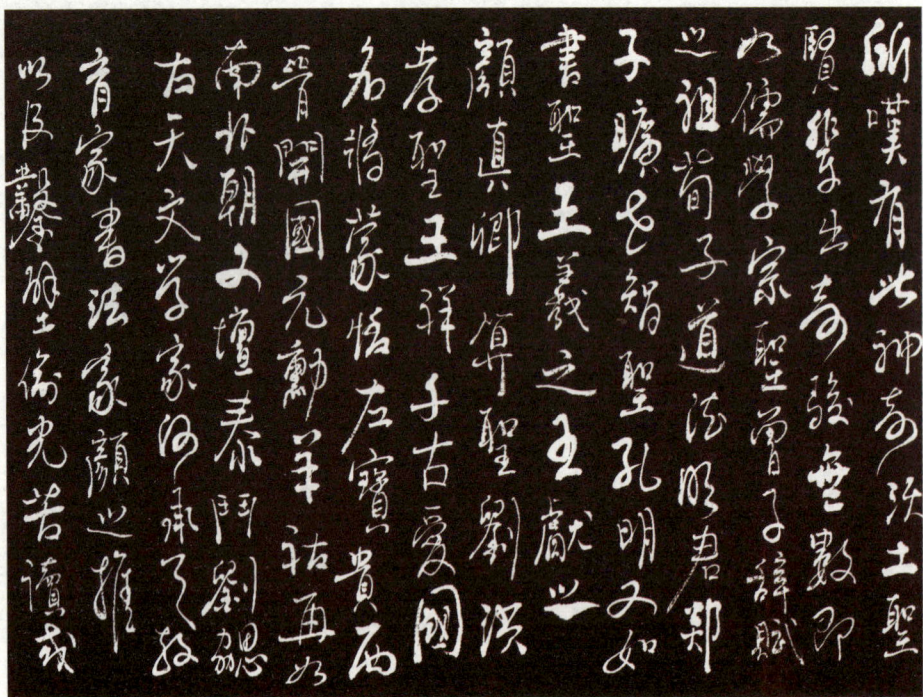

崇文重教的蔚然民风

颜之推书法

引于内馆,侍从左右。这时的颜之推抱亡国之痛,虽然不断晋升,却始终得不到一刻的安生。

从幼时的丧父之痛,一直到青年时期的失国丧家,辗转流离,这让颜之推感觉自己生无所依。痛定思痛,他写了《观我生赋》,倾诉自己的苦难经历及屈仕北朝、有国难奔的痛苦心情:

备茶苦而蓼辛,鸟焚林而铩翮,鱼夺水而暴鳞,嗟宇宙之辽旷,愧无所而容身。

北齐灭亡后,颜之推到了北周,于580年又在周静帝宇文阐的提拔下成了御史上士。然而,波折一个接一个,仅仅才一年时间,丞相杨坚又取北周自代,建立了隋王朝。

颜之推由于满腹才华，颇得重视，隋文帝杨坚并没有想将他斩草除根，当时的太子杨广甚至将颜之推召为学士，对他十分尊重。自此，颜之推波折的遭遇终于画上了一个相对圆满的句点。

也许是坎坷的际遇令颜之推痛心，也许是一次又一次看到江山易主的经历使他对权贵不再热衷，在颜之推的思想中，少欲知足、谦虚自损的处世哲学占据着重要的地位。

颜之推看到，在南梁全盛时期，王公贵族子弟大都没有学识和本领，看上去像神仙一样。可是一遇到考试选拔人才，就要雇人代替，一参加公卿宴会，就要请人代写诗篇。

当遇到社会动乱，那些平日里不学无术的公子哥们由于体嫩力弱，往往只能坐着等死。即使幸存下来，但经过改朝换代，掌权授官的人已不再是自己过去的亲戚或同伙时，便什么门路也找不到了。

颜之推深知，像自己这样毫无依靠，不断被新的君主所起用的人，却因为有学识和技艺而随处都可以安居。作为一名望族之后，劫后余生的颜之推深深感到，在这朝不保夕的动乱年代，如何设法使名门望族能够趋利避害和继续绵延，正是他义不容辞

公卿　我国古代对于"三公九卿"的简称。其中，三公指的是丞相、太尉和御史大夫，九卿指的是奉常、郎中令、卫尉、太仆、廷尉、典客、宗正、治粟内史和少府。"三公九卿"制夏代始设，周代沿袭夏制而有所增制，从120官增至360官。另外，古时的公卿也指丈夫。

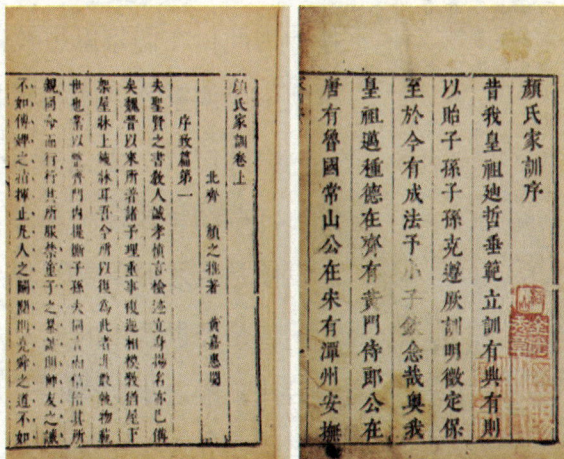

■《颜氏家训》

颜之推所著的
《颜氏家训·杂艺》

的历史责任。

正是基于这样的考虑，颜之推下定决心要给后代一些训示和指导，于是他根据自己的切身感受和体验，写出了一部书，并取名叫"颜氏家训"。

《颜氏家训》所涉及的领域非常广泛、全面，重点在于详尽的教育理论。在教育方面，颜之推的理论和方法主要体现在三个方面。

一是以儒学为核心的基本教育思想。颜之推生于儒学世家之中，自小就对《礼记》等儒家著作具有兴趣。因此，在儒家思想教育中获益匪浅的颜之推尤其重视依照儒家的道德规范来培养人才。

除此之外，颜之推还强调环境对人成长的重要性，强调幼年教育对人一生的重大影响，强调个人立志发愤是成才的重要因素。

二是经世致用的士大夫思想。作为一个名门望族的后代，颜之推对当时士大夫的生活十分熟悉。因满腹经纶而几次免于灭门之灾的颜之推，对当时普遍浑

南北朝 我国历史上的一段大分裂时期，由420年刘裕篡东晋建立南朝宋开始，至589年隋灭南朝陈为止。南朝包含宋、齐、梁、陈四朝；北朝包含北魏、东魏、西魏、北齐和北周五朝。南北朝上承东晋、五胡十六国，下接隋王朝，南北两势虽有朝代更迭，但长期维持对峙，故称。

浑噩噩度日、游手好闲的士大夫们十分不满。

颜之推批判了当时的士大夫存在的理论脱离实际、毫无自身修养、败坏世风的三大弊端，还深刻而准确地提出了人才培养的六条目标，从"德"与"艺"两方面着手提出了一些具体方法。如首先要勤奋读书，其次要学以致用，再次是主张士大夫应向下层人民学习，不能轻视劳动生产，具备"德艺周厚"的水准，士大夫才能立身行正。

三是求实的家庭教育思想。由于魏晋南北朝时期的官学衰微，家庭教育十分兴盛，特别是门阀士族为了维持门第不衰，对此尤为重视。因而关于家庭教育的思想，在这一时期颇为丰富。而颜之推的家教思想在这方面很具有代表性，他认为，家庭教育应及早进行，甚至要从胎教开始。

颜之推回想自己的一生，发现幼时的聪颖和勤奋使自己受益不少。由此，他认为孩子在早期时的教育十分重要，这一点至少有两条原因：其一，幼童时期学习效果较好，得益较大。其二，人在年幼的时候心理纯净，各种思想观念和行为习惯尚未形成，可塑性很大。

幼儿闲教

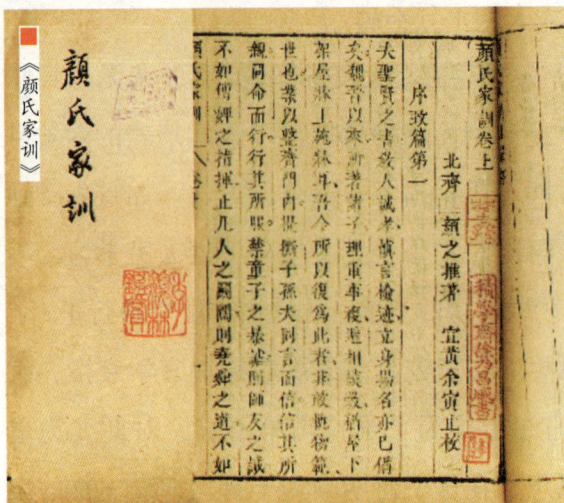

《颜氏家训》

颜之推认为，父母在家庭的日常生活中应当严肃地对待儿童，严格要求，以树立威严，使儿童"为则为"或"止则止"。在教育子女的过程中只要是有效的方法和手段，不论是怒斥还是鞭打都可以使用。

颜之推还指出，在家庭教育中，除了严格要求子女外，还应给予子女适当的慈爱。这种慈爱不是一般意义上的偏宠，也不是溺爱。不论子女聪慧与否，都应该以同样的态度和教育标准来对待。

也许是因为幼年丧父又饱经乱世之中妻离子散的痛苦，颜之推对家庭也非常重视。他在《颜氏家训》中叮嘱后人，如果孩子幼年丧母，在另娶时一定要小心挑选新婚人选，千万不能让继母与孩子之间产生隔阂。

由于重视孩子从小成长的环境，颜之推也十分在意兄弟的手足之情，认为兄弟间的感情是除父母、子女之外最为深厚的一种感情，兄弟之间的相亲相爱对于治家是十分重要的。

曾历经战乱却安然无恙，使颜之推对人的身体健康也非常重视，他强调养生学的方法可以有多种。真正的养生还必须注意避祸，必须将修身养性和为人处世的内外功夫结合起来。

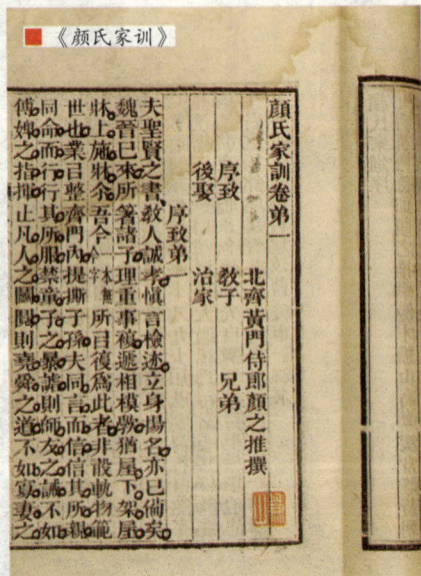

《颜氏家训》

如果因傲物而受刑，因贪溺而取祸，那么再精于养生之术也是无用的。

颜之推要求自己的子女从小就要学会正确发音，这也是最基本的知识教育。他还告诫子女，对未经查证的事物，不要妄下断语。这确实是一种严谨的求学态度。

《颜氏家训》内容驳杂，从琐碎家事，谈及社会人生；从修身治家，讲到音韵、训诂，因而对颜氏后裔产生了直接影响。

根据记载圣贤家族历史的古籍《陋巷志》所言，颜之推的三个儿子颜思鲁、颜愍楚、颜游秦，四个孙子颜师古、颜相时、颜勤礼、颜育德，都很有名气。

尤其是颜之推的嫡长孙颜师古，成为了后来唐代最著名的音韵学家、训诂学家和文学家。颜之推四世孙颜昭甫、五世孙颜元孙、颜惟贞也都是名家。六世孙有名的更多，尤

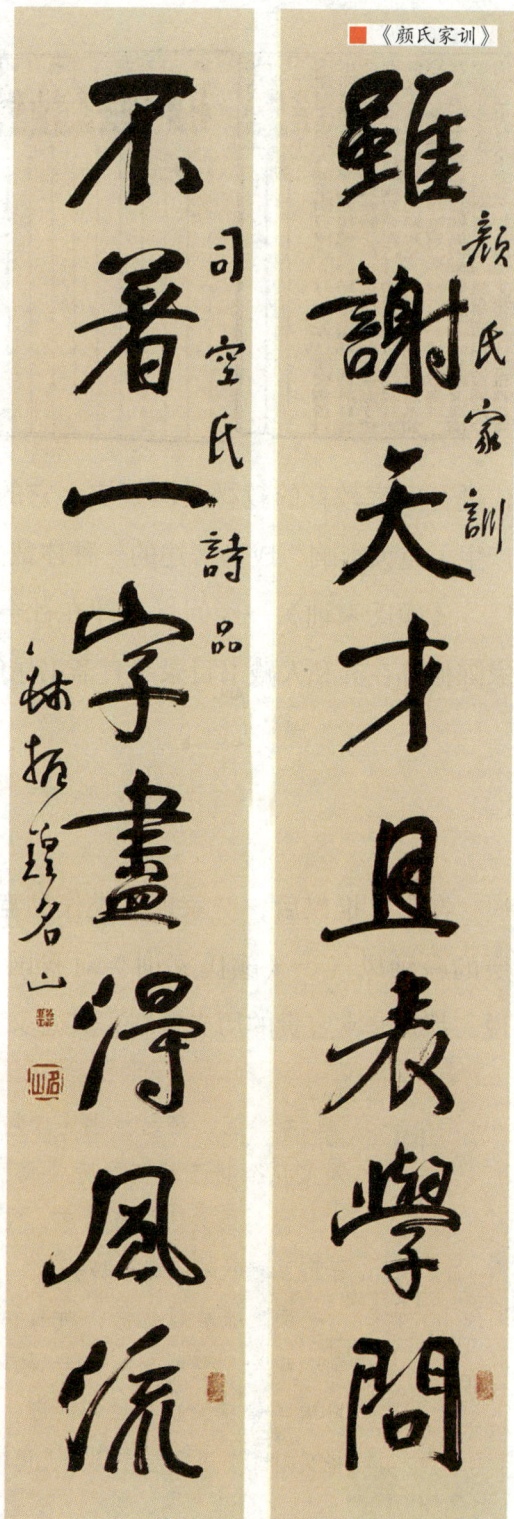

《颜氏家训》

雖謝天才且表學問

不著一字盡得風流

司空氏詩品

颜氏家訓

《颜氏家训》

为"颜氏三卿",颜真卿、颜杲卿、颜春卿更为显赫。

《颜氏家训》是我国历史上第一部内容丰富、体例宏大的家训。

"家训"就其本义来讲，是对本家族的子孙后代进行家庭教育的教材，但事实上它的作用却远不止此，而是对社会产生了重大影响，成为著述的一种体裁类别。

《颜氏家训》一经问世，即在社会上产生了重大影响。南宋藏书家陈振孙在其私人藏书目录《直斋书录解题》中说：

古今家训，以此为祖。

在颜之推以后，"家训"类作品竞相模仿，以至于成了士大夫阶层的一种风气。《颜氏家训》对我国乃至世界家庭教育理论研究来说，都是非常宝贵的历史资料，其意义是显而易见的。

崇文重教的蔚然民风

阅读链接

有一回，颜之推去连襟刘灵家里做客，喝茶闲聊的时候，刘家几个孩子就守在旁边伺候着。颜之推笑呵呵地问他们："和你父亲名讳同音的字，究竟有多少？你们能认全吗？"孩子们互相瞅瞅，都晃脑袋。

颜之推告诉他们：所有和自己密切相关的知识，一定要提前动手，反复核对。倘若冒冒失失地请教个文痞无赖，兴许被欺骗一辈子。这是原则问题，千万马虎不得。教导完毕，颜之推又对50多个同音字逐个儿讲解，孩子们得到了一次很好的教育。

司马光与《温公家范》

北宋时期，在河南的西阳县曾经发生了这样一件远近闻名的事：几个六七岁的孩子在场院里玩耍。场院里放着一口存满水的大缸。有一个孩子攀上缸沿，一不小心掉进了水缸里，大家一看不好，都吓跑了。

这时，只有一个小男孩儿没有跑，他当机立断，搬起一块石头向水缸砸去，缸破了，水流出来了，掉进缸里的孩子得救了。

这件事传播开来，有人把它

■ 司马光 （1019—1086），字君实，号迂叟，陕州夏县，今山西夏县人，世称涑水先生。北宋著名政治家、文学家、史学家。卒赠太师、温国公，谥"文正"。主持编纂我国历史上第一部编年体通史《资治通鉴》。著有《稽古录》《涑水记闻》《潜虚》等。

崇文重教的蔚然民风

■ 司马光砸缸故事
图画

画成《小儿击瓮图》，一直流传至今。

那位机智的小男孩儿，就是北宋时期伟大的史学家、《温公家范》的作者司马光。

司马光出生于河南省西阳县，世代贵胄之家，他的先辈和堂兄们多是好学之士，爱好诗文。这个家庭是一个颇具政治经验和学问素养的家庭。族人累世聚居，人口众多，常常是几十口人，却都能和睦相处，宗族间也从无间言。这个庭族，对内，勤俭自励，辛苦经营，治家有方；对外，慷慨尚义，关心乡里，抚恤孤寡，很受乡里尊重。

司马光自幼聪明伶俐，在父亲的教育下，刻苦读书，勤于思考。20岁时一举考中进士甲科，此后进京，升任馆阁校勘，负责编校图书典籍，后来迁任殿中丞，是专职史官。他用了19年时间，主持编撰了一部编年体巨著《资治通鉴》。此书在我国官修史书中

馆阁校勘 宋代官名。宋仁宗时的1026年置。馆阁是宋代国家藏书机构的别称，也是国家整理颁印图书典籍的一个重要部门。北宋时期国家颁行的官本对后世影响甚巨，产生了不少能继承汉唐学术传统、又对校勘的学术发展有所推进的严谨扎实的高质量的馆阁专书校勘。

占有极其重要的地位。

在编撰《资治通鉴》的过程中，司马光深受礼教思想的影响，他把礼义道德教育具体落实到家庭教育上。《温公家范》一书，就是以儒家经典论证治国之本在于"齐家"的道理；同时广泛选取历代人物史事作为"规范""仪型"，具体阐述各项道德准则和治家的方法。

《温公家范》简称《家范》，是一部比较完整的反映我国封建社会家庭道德关系的伦理学著作。书中宣扬了儒家的"修身、齐家、治国、平天下"的思想，阐述了司马光的封建伦理道德观点。

《温公家范》是继《颜氏家训》一书之后又一部影响较大的家庭教育专著，在内容上既有反映封建地主阶级的正统思想和浓烈的政治要求，也有继承中华民族传统美德的伦理范畴。

《资治通鉴》

简称《通鉴》，是北宋司马光主编的一部多卷本编年体史书，共294卷，历时19年告成。它以时间为纲，事件为目，从公元前403年写起，到五代时的后周世宗959年征淮南停笔，涵盖十六朝1362年的历史。是我国第一部编年体通史，在官修史书中占有极重要的地位。

家有家规

家训教海

■ 司马光砸缸故事木雕

■ 宋代画荻教子故事雕塑

司马迁 字子长，生于西汉时夏阳，即今陕西韩城。西汉史学家和文学家。被世人称为"历史之父"。他所著的《史记》是我国第一部纪传体通史，同时在文学上取得了辉煌的艺术成就。因此，鲁迅称之为"史家之绝唱，无韵之离骚"。

从具体的历史条件出发进行评价，也不无合理、可取的成分。特别是此书反映出的司马光的家庭教育思想，尤为值得有分析地加以借鉴。

司马光在《温公家范》的一开头就指出，在家庭里，每个家庭成员都遵守自己的道德规范，家道就正了。而家道正，国也就安定了。

司马光为进一步说明家庭教育和国家、社会的关系，又详细引述了《礼记·大学》篇里对于家庭、国家、天下三者关系的论述：

欲齐其家者，先修其身。欲修其身者，先正其心。欲正其心者，先诚其意。欲诚其意者，先致其知。致知在格物，物格而后知至，知至而后意诚，意诚而后心正，心正而后身修，身修而后家齐，家齐

而后国治，国治而后天下平。

在司马光看来，"齐家"的中心问题或基本措施是教育家人，教育好全家成员。能教育好全家成员，便可以推而广之，影响和教育全国的人。事实上，连家里人都教育不好的人，是不会教育好其他的人的。

司马光的写作形式和颜之推的《颜氏家训》不同，他是采用对家庭教育分别论述的方法，并在论述的过程中，列举了大量历史实例加以阐述。

司马光认为早期教育有利于人一生的成长发展，充分肯定注意孩子早期教育的优良传统。他认为"古有胎教"，也就是说，古人在孩子未出生的时候就已经开始注意胎教了。

在这方面，司马光举例说，周文王之母在怀着周文王的时候，"目不视邪色，耳不听淫声，口不出敖言，能以胎教"。因此周文王聪明过人，能够"教之

周文王（前1152—前1056），姓姬名昌，黄帝的后裔。商纣王统治时，他被封为西伯，也称伯昌。他治理岐山50年，使岐山的政治和经济得到了极大发展。其子姬发得天下后，追尊他为"周文王"。孔子称周文王为"三代之英"。

■ 司马光《资治通鉴》手稿

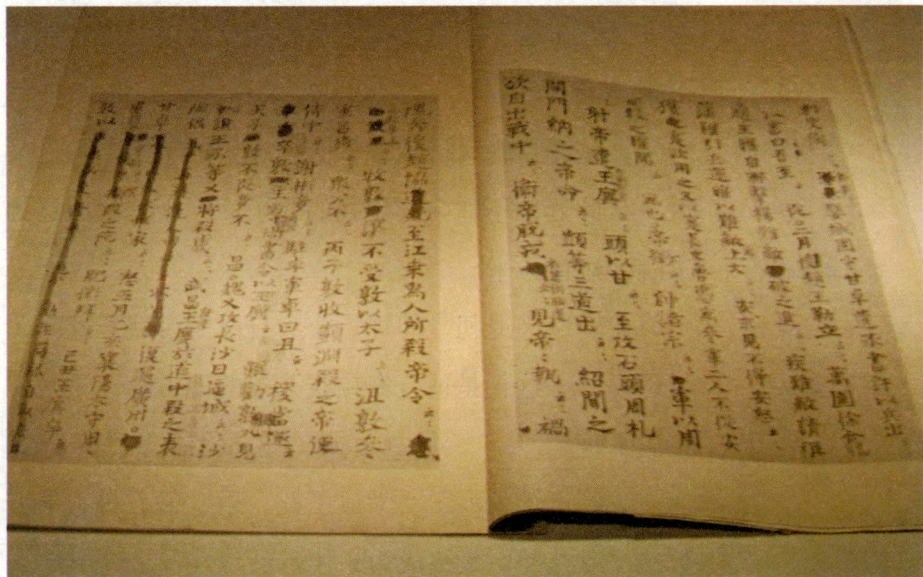

崇文重教的蔚然民风

■ 司马光列举的孟母教子故事

孟母（？—公元前317），孟子的母亲仉氏，战国时人，以教子有方而著称。孟子3岁丧父，靠母亲教养长大成人，并成为后世儒家追慕向往的亚圣，孟母也留下了"孟母三迁""断机教子"等教子佳话。仉氏克勤克俭，含辛茹苦，坚守志节，在我国历史上受到普遍尊崇。

以一而识百"。

司马光还列举了"孟母三迁"的故事：春秋战国时期的孟轲，在年少之时，家住在坟墓的附近。孟轲经常喜欢学别人办丧事玩。

孟轲的母亲仉氏见此情景，说："这个地方不适合安顿儿子。"于是就带着孟轲搬迁到市场附近居住下来。

可是，孟轲又玩闹着学商人买卖的事情。孟母又说："此处也不适合安顿我的儿子。"于是又搬迁到书院旁边住下来。

孟轲以进退朝堂的规矩作为自己的游戏。此时，孟母说："这正是适合安顿我儿子的地方。"于是就定居下来了。

等到孟子长大了，学成了礼、乐、射、御、书、数这"六艺"，最终成为一代圣贤。

司马光曾经把早教比作成长中的小树，他说：树在小的时候，如果不修剪整枝，任其自然生长，很容易长得又歪又斜，等树木长成合抱之木，再去修剪整枝，能不费很大的气力吗？这样做，又好比是打开鸟笼把鸟放走，然后再去捉，也好比是松开缰绳把马放跑，然后再去追，哪有当初不开笼放鸟、不解缰放马更为省力呀！

针对儿童的心理特点，司马光认为对儿童进行早期教育的重要手段是给儿童树立正面的榜样，用正面的形象去影响儿童。他主张使儿童从小就"习其目端正"，让儿童经常看到正面的榜样。

司马光根据儿童的模仿性相当强，而分辨是非善恶的能力又比较差的年龄特点，提出千万不要欺骗孩子。他借用古代曾参的例子。

有一天，曾参的妻子要上街，儿子哭着闹着也要跟着去。为了摆脱孩子的纠缠，妻子对孩子说："好孩子，你在家里等我，回来给你杀猪炖肉吃。"孩子信以为真，就放弃了跟母亲上街的要求。

妻子从街上回来，只见曾参正磨刀霍霍要杀猪。妻子赶忙阻拦说："我是哄孩子随便说的，怎么你真的要杀猪？"

曾参认真地说："小孩子

■《温公家范》

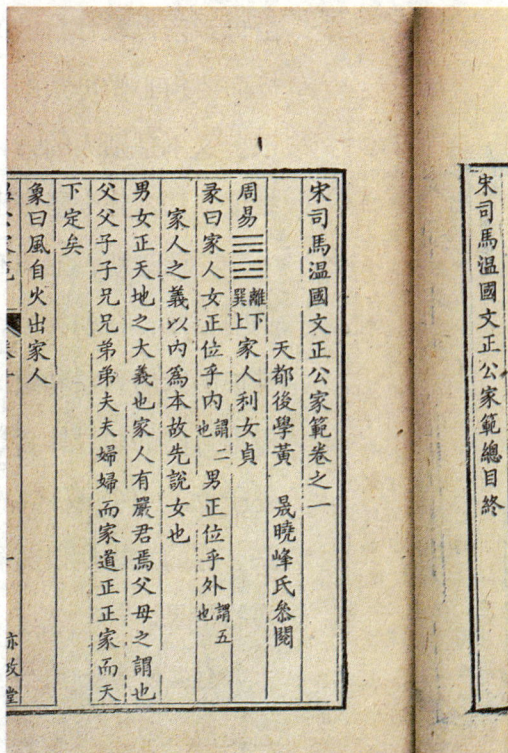

司马光官服像

的一言一行都是跟父母学的。我们说话不算数，言而无信，就是在教孩子撒谎。"为不给孩子产生言而无信的不良影响，曾参还是坚持把猪杀了，兑现了妻子对儿子的许诺。

司马光借用这个故事提醒做父母的，在儿童面前言行举止要谨慎，不能给儿童以不良的影响。

司马光注意到，家庭教育是由父母亲自教育自己的孩子，这样很容易产生娇惯溺爱的现象。他认为，由母亲亲自教育自己的孩子，不必担心她不爱孩子，反而要担心做母亲的只知道爱孩子，却不知道教育孩子。这不是别人的过错，完全是母亲的过错。像这种教训，从古到今屡见不鲜。

春秋时期，卫国有一个大臣叫石碏，他有一个儿子叫石厚，在朝为官，多行不义。石碏大义灭亲，为维护国家的利益和道义，亲自设计将石厚杀掉。石碏根据自己的切身体会曾进谏卫庄公说："我认为父母爱子女，必须教之以正理正道，不能眼看着他走邪路。有的人之所以骄奢淫逸，走邪路，完全是父母溺爱的结果。"

有鉴于此，司马光告诫父母们说："夫爱之当教之使成人。"意思是说，父母若是真正爱孩子，就应

石碏 春秋时期卫国人。卫庄公有嬖妾所生子州吁，有宠而好武，石碏之子石厚与州吁游，石碏劝诫，石厚不听。后来州吁弑君自立，石厚向其父请教安定君位之法。石碏因石厚助州吁弑君，属大逆不道，遂杀之。当时的史学家左丘明称石碏："为大义而灭亲，真纯臣也！"

当努力把他们培养教育成才，不能只爱不教育。

在家庭里的祖辈人给子孙后代遗留什么的问题上，司马光举例说，有一位士大夫，其祖先是"国朝名臣""家甚富"。然而，这位士大夫却特别吝啬，白天把钥匙带在身上，晚上则压在枕头下边，钥匙是从不撒手。

后来，这位士大夫老了，身患重病，不省人事。他的子孙趁此机会，把钥匙偷出来，开藏室取其财。当老人苏醒以后，心里首先惦记的是那保管家财的钥匙，伸手一摸，钥匙不见了，一急之下便死去了。

司马光说，同上述那样的祖父母相反，从来的圣贤之人却不是"遗子孙以利"，而是"昔圣人遗子孙以德以礼，贤人遗子孙以廉以俭"，是留给子孙后代以德、礼、廉、俭等好的风尚和品德。

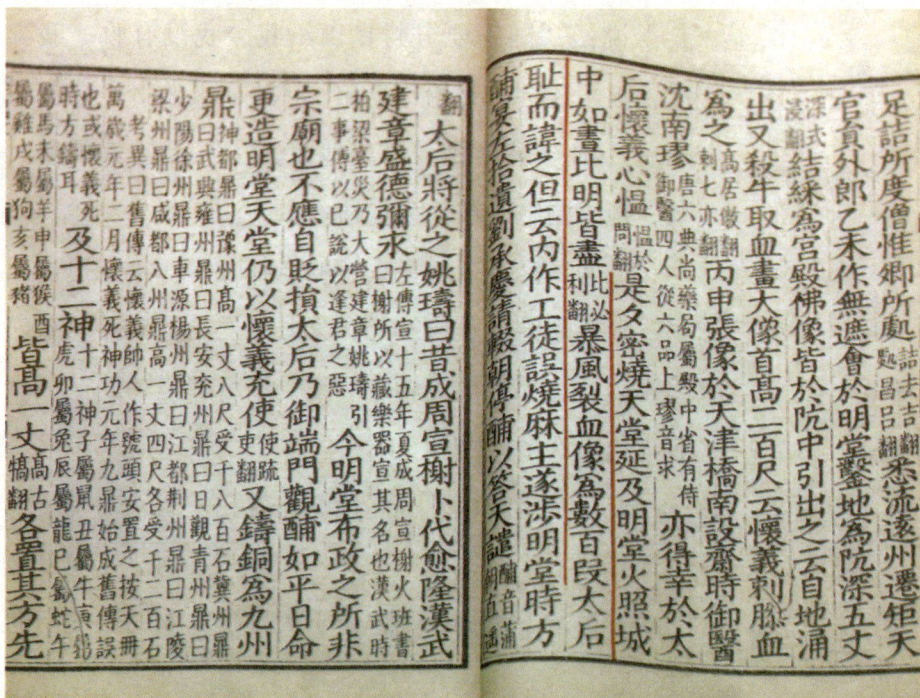

士大夫 旧时指官吏或较有声望、地位的知识分子。在中世纪，通过竞争性考试选拔官吏的人事体制为我国所独有，因而形成了一个特殊的士大夫阶层，即专门为做官而读书考试的知识分子阶层。是中国社会特有的产物，是知识分子与官僚相结合的产物，是两者的胶着体。

家有家规
家训教诲

■ 司马光著作

■ 司马光塑像

司马光还介绍了许多贤明的为人祖者，以供后人效法。比如，春秋时期，楚国宰相孙叔敖临终之前对儿子说："国王要分封良田给我，我没有收。我死后，国王还会分封给你良田，你也不要收。"孙叔敖死后，国王果然要"以美地封其子"，但其子遵父嘱，婉辞谢绝，被传为佳话。

再如，汉宣帝时皇太子的老师疏广，年老退休回家，皇帝赐给他黄金20斤，太子又送给他50斤。疏广回家后，每天都摆宴席，宴请乡亲、邻里、朋友、故旧，花去许多钱财。

子孙希望能得到一些钱财，就托一老人劝说疏广给子孙留下一些，置些田产。但疏广不同意，而是愿意给子孙留下美德，不愿留下大批财产而助长他们的过错。

对上述为人祖者司马光曾评价："此皆以德业遗子孙者也"，值得后人效法。

司马光不仅从道理上论述遗子孙以德、以义的重要意义，还大力提倡这种美德，并身先士卒，以俭朴的美德教导自己的子孙。

司马光专门为其子司马康撰写了《训俭示康》这一有名的家训。在家训中，他用司马家族世代以清白相承的家风，他自己俭朴的生活态度和古代圣人以俭为美的道德观念来教育儿子，希望他继承发扬，牢记"以俭立名，以侈自败"的道理，并且要求司马康把俭朴家风世代传下去。

司马光继承了儒家"治国""平天下"的思想，而他所著的《温公家范》，就是礼义道德教育在家庭教育中的具体体现。以至于成了封建社会进行家庭道德教育的重要指南。

阅读链接

司马光幼年时，担心自己记诵诗书以备应答的能力比不上别人，所以大家在一起学习讨论时，别的兄弟会背诵了，就去玩耍休息了，他却独自留下来，专心刻苦地读书，一直到能够背得烂熟于心为止。

因为司马光读书时下的功夫多，收获大，所以他精心背诵过的内容，就能终身不忘。司马光自己曾经说："读书不能不背诵。当你在骑马走路的时候，在半夜睡不着觉的时候，吟咏读过的文章，想想它的意思，收获就会非常大了！"

朱熹与《朱子家训》

在南宋时期的南剑州尤溪，住着一对夫妇。有一天，这户人家中的丈夫朱松带着怀孕的妻子上街闲逛，看见一个算命的卜卦者，就兴冲冲地上前去要他卜一卦。

卜者看看朱松怀孕的妻子说："富也只如此，贵也只如此。生个小男孩儿，便是孔夫子。"朱松听后高兴极了。后来，他的儿子出生了，朱松为他取名叫朱熹。

朱家虽然家境平凡，但朱松一直对当年算卦者的预言念念不忘，指望儿子一朝成才。这种信心的来源不仅是卦辞，连他自己也能感受到儿子不同寻常的灵气。

朱熹4岁的时候，小小年纪就已经展现出了超人的头脑，曾向父亲

朱熹画像

指着天空问："那天的上面是什么？"直把父亲问得张口结舌。8岁的时候，朱熹就已经能熟读《孝经》了。

朱熹10岁时，父亲朱松去世了，朱熹好友刘子、刘勉子、胡宪三人常来看望小朱熹。他们三个人都是醉心学佛的道学家，当时朱熹一家所生活的南剑州又是道学最初在南方传播的中心，因此朱熹十分热衷道学，与当地道学家交往甚密。这种环境对朱熹的一生有着深刻的影响。

■ 朱熹手迹

1148年，朱熹考中了进士，三年后又被派任泉州同安县主簿，从此开始了仕途生涯。1160年，朱熹向南宋学者李侗求教，后来发展出了新的哲学思潮理学。

南宋中期，金、蒙古南侵，赋税苛重，百姓怨声载道，民族危机深重，加之儒家衰弱，南宋礼教废弛，理想失落，社会动荡不安。

为了稳定国家秩序，加强家庭和社会的凝聚力，拯救社稷，拯救国家，朱熹以弘扬理学为己任，奉行"格物致知，实践居敬"的教育理念，力求重整伦理纲常、道德规范，重建价值理想与精神家园。《朱子家训》正是在这样的背景下产生的。

这里需要说明的是，《朱子家训》有两个版本，

《孝经》我国古代儒家的伦理学著作，成书于秦汉之际。传说是孔子自作，但这个说法被质疑。自西汉至魏晋南北朝，注解者及百家。现在流行的版本是唐玄宗李隆基注，宋代邢昺疏。全书共分十八章。

齐家 儒家思想传统中知识分子尊崇的信条。齐家的意思，是使家族成员能够齐心协力、和睦相处，指的是以自我完善为基础，通过治理家庭，直到平定天下，主旨在于说明管理者修己安人的次序。齐家思想积极而达观的态度相互结合补充，几千年中影响始终不衰。

一为南宋著名理学家朱熹所作，二为明末清初理学家朱柏庐所作。朱熹所作《朱子家训》也称《朱文公家训》，原题为“紫阳朱子家训”，而“紫阳”是朱熹的别号。朱柏庐所作《朱子家训》原名为“治家格言”，也叫“朱子治家格言”“朱柏庐治家格言”。

《朱子家训》对儒家的“齐家”思想进行了理学意义上的构建。

理学是儒学发展出的分支，理出于天而具于人者为道、为德、为事，“善者便是天理，恶者便是人欲”。因此，在朱熹的《朱子家训》里无处不流露着儒学的道德规范和品质标准，也就是仁、义、信：

君之所贵者，仁也。臣之所贵者，忠也。父之所贵者，慈也。子之所贵者，孝也。兄之所贵者，友也。弟之所贵者，恭

朱熹家训屏风

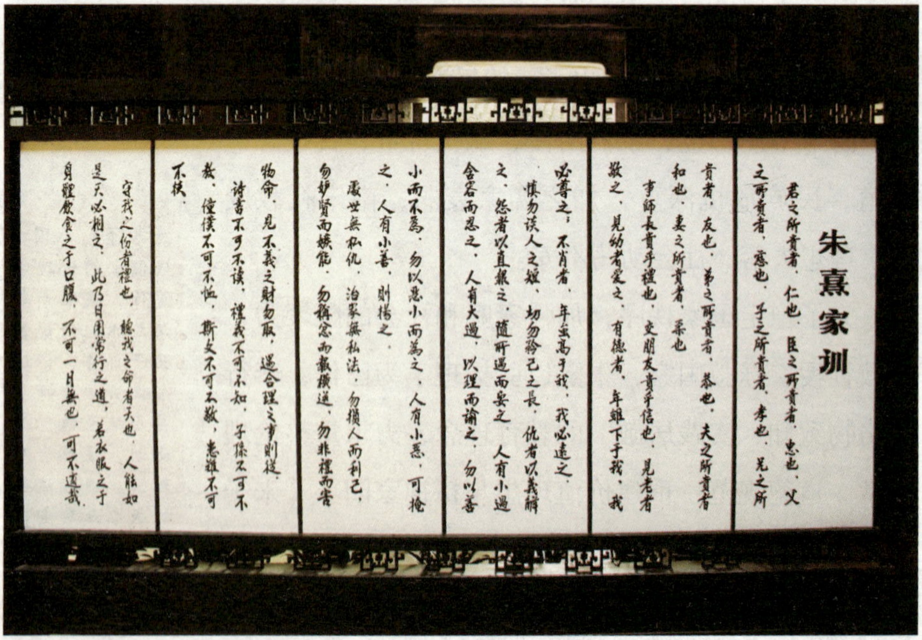

也。夫之所贵者，和也。妇之所贵者，柔也。事师长贵乎礼也，交朋友贵乎信也。

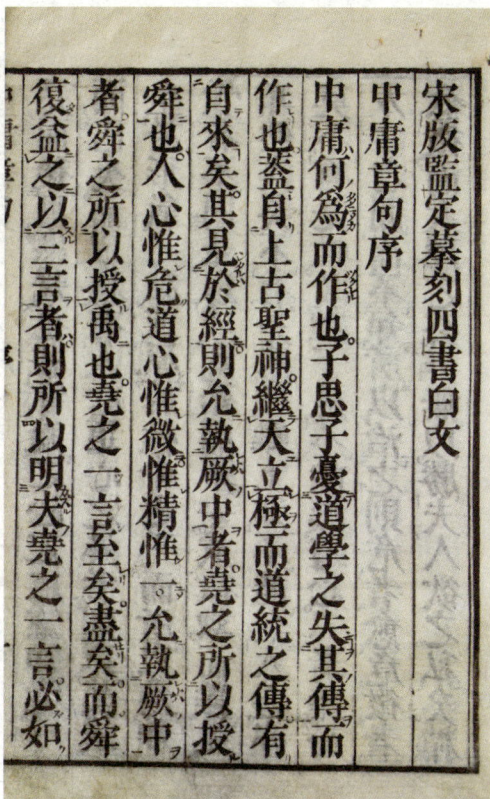

■ 朱熹《中庸》章句序

意思是说，当国君所珍贵的是"仁"，爱护人民。当人臣所珍贵的是"忠"，忠君爱国。当父亲所珍贵的是"慈"，疼爱子女。当儿子所珍贵的是"孝"，孝顺父母。当兄长所珍贵的是"友"，爱护弟弟。当弟弟所珍贵的是"恭"，尊敬兄长。当丈夫所珍贵的是"和"，对妻子和睦。当妻子所珍贵的是"柔"，对丈夫温顺。侍奉师长要有礼貌，交朋友应当重视信用。

作为继承了儒家思想的哲学分支，理学同样也注重为人的修身之道。这方面的思想也在《朱子家训》中反映出来。

比如，遇见老人要尊敬，遇见小孩儿要爱护；有德行的人，即使年纪比自己小，也一定要尊敬他；品行不端的人，即使年纪比自己大，也一定要远离他。

再如，不要随便议论别人的缺点，切莫夸耀自己的长处；对有仇隙的人，用摆事实讲道理的办法来解除仇隙；对埋怨自己的人，用坦诚正直的态度来对待

号 我国古代人在名字之外的自称，简称号。别号多为自己所起，也有他人所起。与名、字无联系。在古人称谓中，别号亦常作为称呼之用。起号之风，源于何时，文献资料上没有明确记载，大概在春秋战国时就有了，像"老聃""鬼谷子"等，可视为中国最早的别号。

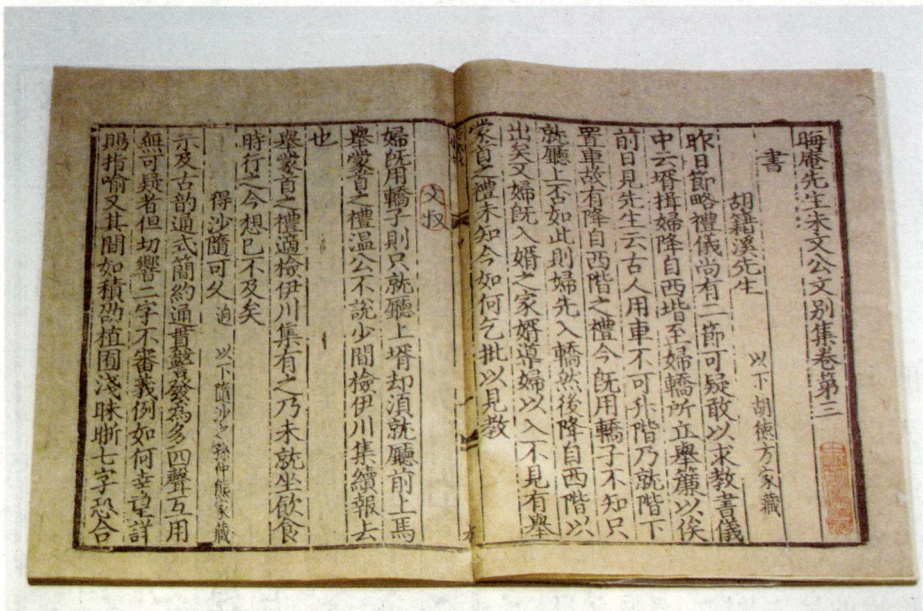

■ 朱熹的《朱文公文集》

他；不论是得意或顺意或困难逆境，都要平静安详，不动感情。

这些道学和佛学思想，朱熹自小就耳濡目染，没有遗忘，因此他将道教尊道贵德的最高宗旨融合在《朱子家训》中。

朱熹认为，别人有小过失，要谅解容忍；别人有大错误，要按道理劝导帮助他。不要因为是举手之劳的善事就不去做，也不要因为是无伤大雅的坏事就去做了。别人做了坏事，应该帮助他改过，不要宣扬他的恶行。别人做了好事，应该多加表扬。

佛学体现在《朱子家训》中，就是戒嗔怒、戒妒忌，戒对不义之财的渴望：待人办事没有私人仇怨，治理家务不要另立私法。不要做损人利己的事，不要妒忌贤才和嫉视有能力的人。不要愤怒地对待蛮不讲理的人，不要违反正当事理而随便伤害人和动物的生

道教 我国土生土长的宗教。道教起源于上古鬼神崇拜，发端于黄帝和老子，创教于张道陵，广泛吸收了诸子百家的精华思想内容。道教以"道"为最高信仰，追求自然和谐、国家太平、社会安定、家庭和睦，相信修道积德者能够幸福快乐、长生久视。

命。不要接受不义的财物，遇到合理的事物要拥护。

朱熹和所有学识渊博的学者一样，深知生而有涯而知也无涯的道理，因此，他在家训中特意强调不能忽视对自身、对儿女等人的教育，还要有礼教、知本分、明事理：不可不勤读诗书，不可不懂得礼义。子孙一定要教育，童仆一定要怜恤。一定要尊敬有德行有学识的人，一定要扶助有困难的人。

朱熹的《朱子家训》要求父母对子女要"慈"，要"教"。所谓"慈"，即父母要疼爱子女。但是父母对子女千万不可溺爱，溺爱是害。如子孙不肖，对其放纵是不行的，朱熹指出："子孙不可不教也。"

朱熹强调，父母在对子女倾注慈爱的同时，还要加强对孩子的管教。人在孩童时期，神情未定，可塑性大，要抓紧这个有利时机给予教育，使其懂得礼仪，懂得做人的道理。

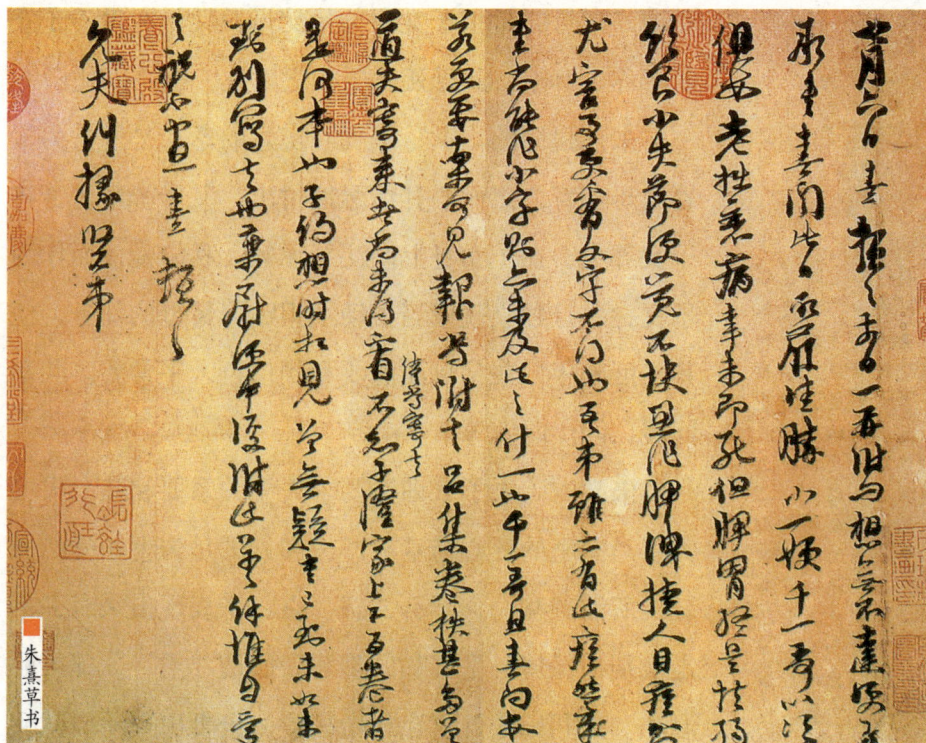

朱熹草书

朱熹石刻像

礼 在我国古代社会中，礼是社会的典章制度和道德规范。作为典章制度，它是社会政治制度的体现，是维护上层建筑以及与之相适应的人与人交往中的礼节仪式。"礼"作为道德规范，它是领导者和贵族等一切行为的标准和要求。

朱熹的《朱子家训》要求子女对父母要"孝"。所谓"孝"，是指子女要善待父母，父母在世，子女要奉养、尊重，父母死后要葬之以礼，祭之以礼。

朱熹强调的"孝"是真心实意的孝，是子女为报答父母养育之恩而心甘情愿地付出。父母辛辛苦苦将子女养大，在子女身上倾注了无数无私的爱，而作为子女，一旦独立就应当主动承担赡养父母的任务，使其安度晚年，在父母面前要和颜悦色，平常要多问寒问暖，问疾问安等。

朱熹的《朱子家训》要求夫妻关系要和睦。夫妻关系是家庭的核心与基石。夫和妇柔是夫妻相爱的关键。所谓"和"，即喜、怒、哀、乐表现出来时，不走极端，保持心平气和的理智。所谓"柔"，即柔顺温和。夫和妇柔，就会相亲相爱，夫妻出现矛盾就会很容易化解。

　　"齐家"是实现"平天下"的前提，因此朱熹对家人非常重视，在《朱子家训》里强调兄弟之间要友爱。兄弟之间不能因一些小事而反目，骨肉相残，大动干戈。事实上，朱熹的这些合理的思想在长期的发展中，对维护和巩固家庭关系发挥了重要作用。

　　一向注重道德修养的朱熹还在家训里特别强调，在人际交往过程中，要坚持从自己做起，不要随便揭人的短处，背后说人家的坏话，伤害别人的感情。

　　在与人交往上，还要学会理解和宽容，别人有小的过错要用宽容的态度对待之，别人有大的错误，也要做好思想工作，以理服人，用道理使他明白错误的地方，促其改之。

　　倡导重德修身是朱熹《朱子家训》的又一重要思想。《朱子家训》中的"有德者虽年下于我，我必尊

戈 我国先秦时期一种主要用于勾、啄的格斗兵器。流行于商至汉代。其受石器时代的石镰、骨镰或陶镰的启发而产生，原为长柄，平头，刃在下边，可横击，又可用于勾杀，后因作战需要和使用方式不同，戈便分为长、中、短三种。

■ 朱熹雕塑像

之；不肖者，虽年高于我，我必远之。"可以表现朱熹对德的重视程度。

朱熹也在强调儒教学说的重要性。他认为《诗》《书》《礼》《乐》《易》《春秋》等儒家典籍是"圣贤"之书，读"圣书"才可以修德，识礼义才可以养气。人因读书而美丽，人因识礼而高雅。读书是文化教育，识礼是素质教育，读书识礼，二者不可偏废。

家庭自古以来就是社会的基本细胞。对每个人来说，家庭是人生的起点，也是休息和生活的港湾。上至社会名流，下至平民百姓，事业成功的背后，都离不开家庭的支持和帮助。

营造一个温馨的家，创造和睦的家庭生活，无论是过去还是将来，都是人们追求的亘古不变的目标。而朱熹的《朱子家训》为实现这样的目标提供了一个理论上的指南。

阅读链接

朱熹在教育子女方面也留下许多佳话。有一次，朱熹到女婿黄干家中，黄干在外任职，其女儿朱兑因家贫只能准备葱汤麦饭招待久而不见的老父，心中实感内疚。

朱熹知道女儿的心思，笑着对女儿说："我儿切莫介意，这菜肴不同一般，可称美味可口。"吃罢饭，朱熹走进书房，铺开宣纸，饱蘸浓墨，挥笔写下一首诗："葱汤麦饭两相宜，葱补丹田麦疗饥。莫道此中滋味薄，前村还有未炊的。"女儿朱兑看过慈父这首诗，脸上顿露宽慰的笑容。

朱用纯与《治家格言》

1627年的一天，住在江苏昆山的朱集璜家有一个孩子诞生了。朱集璜是明末著名学者，他在初为人父的欣喜中，给孩子取名为朱用纯，希望他能以纯净明澈的心态做人。

朱用纯从小时候开始，就从父亲身上学到了很多。除了常常听朱集璜讲孔孟之道以外，朱用纯还慢慢积攒着许多书本上没有的知识。

可惜天有不测风云，1645年，朱集璜因为守昆城抵御清军失败而投河自尽。朱用纯昼夜恸哭，痛不欲生，当时才18岁的他从此成了家中的顶梁柱。

那个时候，朱用纯的弟弟用白、用锦年纪还小，他的母亲还怀着从商，遗腹未生。朱用纯在家里上要侍奉老母，下要抚

朱用纯像

崇文重教的蔚然民风

■《二十四孝》之
闻雷泣墓

育两个弟弟，倍感艰辛。

后来，明清交替之后，朱用纯回想起元代行孝故事合集《二十四孝》中有个叫王裒的人，他的父亲王修被西晋奠基人司马昭杀害了。王裒悲痛死于非命的父亲，不曾朝西向而坐，用来表示自己永不做晋臣。王裒还在父亲的坟墓旁的柏树下盖起草庐，早晚经常到坟墓那里跪拜，手扶着柏树悲伤地哭泣。

朱用纯觉得自己与王裒同病相怜，因此改名号为柏庐，并且也学着王裒的样子，终生隐居，以教书为业，数次回绝了朝廷邀其为官的请求。

朱柏庐常常回想起父亲的音容笑貌，虽然早已时过境迁，但仍然觉得无比痛心。他清楚地记得父亲的一言一行。比如，当邻人们称赞父亲的渊博学识时，父亲总是一副谦和恭敬的样子。无论家境如何，自家总是十分干净利索，从不拖沓脏污。他记得起小时候父亲是怎样教育他不能浪费粮食，勤俭持家的样子。

再如，父亲是怎么重视他的学习，又是怎样在他幼时与玩伴打闹怄气时耐心开解他的。由于日夜思念，朱柏庐闭上眼睛，甚至能看见父亲活生生地站在他面前，正在一字一顿地教给他做人的道理。

在潜心研究程朱理学之

朱柏庐先生治家格言

黎明即起，洒扫庭除，要内外整洁。既昏便息，关锁门户，必亲自检点。一粥一饭，当思来处不易；半丝半缕，恒念物力维艰。宜未雨而绸缪，毋临渴而掘井。自奉必须俭约，宴客切勿流连。器具质而洁，瓦缶胜金玉；饮食约而精，园蔬愈珍馐。勿营华屋，勿谋良田。三姑六婆，实淫盗之媒；婢美妾娇，非闺房之福。童仆勿用俊美，妻妾切忌艳妆。祖宗虽远，祭祀不可不诚；子孙虽愚，经书不可不读。居身务期质朴，教子要有义方。勿贪意外之财，勿饮过量之酒。与肩挑贸易，毋占便宜；见穷苦亲邻，须加温恤。刻薄成家，理无久享；伦常乖舛，立见消亡。兄弟叔侄，须分多润寡；长幼内外，宜法肃辞严。听妇言，乖骨肉，岂是丈夫；重资财，薄父母，不成人子。嫁女择佳婿，毋索重聘；娶媳求淑女，勿计厚奁。见富贵而生谄容者，最可耻；遇贫穷而作骄态者，贱莫甚。居家戒争讼，讼则终凶；处世戒多言，言多必失。勿恃势力而凌逼孤寡，毋贪口腹而恣杀牲禽。乖僻自是，悔误必多；颓惰自甘，家道难成。狎昵恶少，久必受其累；屈志老成，急则可相依。轻听发言，安知非人之谮诉，当忍耐三思；因事相争，焉知非我之不是，须平心暗想。施惠无念，受恩莫忘。凡事当留余地，得意不宜再往。人有喜庆，不可生妒忌心；人有祸患，不可生喜幸心。善欲人见，不是真善；恶恐人知，便是大恶。见色而起淫心，报在妻女；匿怨而用暗箭，祸延子孙。家门和顺，虽饔飧不继，亦有余欢；国课早完，即囊橐无余，自得至乐。读书志在圣贤，为官心存君国。守分安命，顺时听天。为人若此，庶乎近焉。

梦游先生雅属 乙卯长至书代东淮先屋 彭城张伯英

余，朱柏庐萌生了写一本书的愿望，用来教示后代，让子孙们能在自己去世后仍然有着高尚的气节。

朱柏庐奋笔疾书，初稿写成后，又细细斟酌一遍，将书稿修改到了500余字，使它通俗易懂，内容简明扼要，对仗工整，读起来朗朗上口。最后成书，名为《治家格言》，也叫《朱子治家格言》《朱柏庐治家格言》。

朱柏庐深知一个人修养的重要性，因此在《治家格言》中，他提出了很多关于个人行为道德的要求：

黎明即起，洒扫庭除，要内外整洁。
既昏便息，关锁门户，必亲自检点。

■ 朱柏庐《治家格言》

程朱理学 亦称程朱道学，有时会被简称为理学，与心学相对。是宋明理学的主要派别之一，也是理学各派中对后世影响最大的学派之一。其由北宋湖北人"二程"即程颢、程颐兄弟开始创立，其间经过弟子杨时，再传罗从彦，三传李侗的传承，到南宋朱熹集为大成。

■ 传统家庭礼教

半丝半缕，恒念物力维艰。
宜未雨而绸缪，毋临渴而掘井。
自奉必须俭约，宴客切勿流连。

其实，朱柏庐本人是个很重视节俭并注重卫生方面修养的人。他说，如果浑身上下洗得干净、穿着整洁的话，即使是用砖瓦做的餐具也比金玉的强，如果饭菜少而精的话，即使只吃蔬菜也是美味。

秉承着自古以来"近朱者赤，近墨者黑"的训诫，朱柏庐也十分注重一个人的交友和与世人相处的方面。

朱柏庐主张做人要低调，不可炫耀，还主张要懂得识人，远离那些生性低劣的小人。他在《治家格言》中这样写道：

勿营华屋，勿谋良田。

三姑六婆，实淫盗之媒；

婢美妾娇，非闺房之福。

童仆勿用俊美，妻妾切忌艳妆。

伦常 我国古代社会的伦理道德。封建时代称君臣、父子、夫妇、兄弟、朋友五种关系为五伦，认为这种尊卑、长幼的关系是不可改变的常道，称为伦常。天下人共有的伦常关系有五项，即君臣、父子、夫妇、兄弟、朋友；用来处理这五项伦常关系的德行有三种，即智、仁、勇。

由于常年钻研程朱理学，朱柏庐有着以仁待人、以严正身的传统思想。他认为，礼教无论何时都是不能荒废、不可丢弃的，这不仅仅是为了自己，更是为了子孙后代。

在朱柏庐看来，虽然家族里的宗亲们已经阴阳两隔，但在祭祀时仍然要诚心诚意。即使是再愚笨的子孙，也要勤于教导让他明事理懂礼法。如果为人刻薄的主持这个家的话，天理是不会让他久享福气的。如果违背伦常、乖戾叛逆的话，马上就会消亡。

平常做人修身一定要品质淳朴简约，教育子孙一定要用好的方法。不要贪意外之财，饮酒不能贪杯过量。跟挑着扁担的小商贩做生意时，不要占他们的便宜。见到境况窘迫的穷苦亲人或者邻居，要多多关心体恤。

除此之外，朱柏庐在《治家格言》中，也对为人父母之道进行了阐释：对于兄弟叔侄，要多多安抚贫寡，对于长幼内外，应当家法严格。只一心听妇人之言，溺爱子女的人，哪里配得上称大丈夫呢？重视财产而对父母懈怠的人，不配为人子。女儿出嫁时要小心选择女婿，不要索取贵重的聘礼；儿子娶媳妇的时候要让他选淑女，别去计较嫁妆。

343

家有家规

家训教诲

■ 《二十四孝》刻木事亲

《二十四》之芦衣顺母

芦衣顺母

周闵损字子骞早丧母父娶
后母生二子为损衣以芦
花父令损御车体寒失纸
损母改闵氏有贤郎何里恩
母在一子寒去三子单母
接慕前贤母
三子免风寒

《治家格言》之所以300年间在我国有这么大的影响，不只是因为它集中体现了我国"修身齐家"的传统理想与追求，更重要的是它用了一种既通俗易懂又讲究语言骈偶的形式。

《治家格言》从治家的角度谈了安全、卫生、勤俭、有备、饮食、房田、婚姻、美色、祭祖、读书、教育、财酒、戒性、体恤、谦和、无争、交友、自省、纳税、为官、顺应、安分、积德等诸方面的问题，核心就是要让人成为一个正大光明、知书明理、生活严谨、宽容善良、理想崇高的人。事实上，这也是我国传统文化的一贯追求。

阅读链接

朱柏庐的《治家格言》问世以来，不胫而走，成为有清一代家喻户晓、脍炙人口的教子治家的经典家训，被士大夫尊为"治家之经"。其中一些警句，如"一粥一饭，当思来之不易；半丝半缕，恒念物力维艰"等，在后世仍然具有教育意义。

《治家格言》以"修身""齐家"为宗旨，讲我国几千年形成的道德教育思想，以名言警句的形式表达出来。因此，可以口头传训，也可以写成对联条幅挂在大门、厅堂和居室，作为治理家庭和教育子女的座右铭。

名臣曾国藩与《家书》

那是在晚清时的1811年11月26日，在湖南长沙府湘乡县杨树坪一个地主家庭里，一个重要的历史人物出生了。他就是后来被誉为"晚清名臣"的曾国藩。

据说曾国藩出生时，他的祖父曾经梦到有一只巨蟒缠在他家的柱子上，所以认为曾国藩是巨蟒转世。曾国藩出生后家中的一棵死梧桐树竟然重新焕发出了生命，让其祖父更加相

■ 曾国藩（1811—1872），初名子城，字伯涵，号涤生。生于今湖南省娄底市双峰县荷叶镇。晚清重臣，湘军之父。谥"文正"。他的军事功劳、政治思想及人格修炼，对清王朝的政治、军事、文化、经济等方面都产生了深远的影响，也对后世产生了不可低估的影响。

秀才 原本指称才能秀异之士，及至汉晋南北朝，秀才变成荐举人才的科目之一。唐初科举考试科目繁多，秀才只是其中一科，不久即废。与此同时，秀才也习惯地成了读书人的通称。宋代各府向朝廷贡举人才应礼部会试，凡应举选拔考试，以争取举荐的，都称为秀才。

信巨蟒转世这一梦语。

更凑巧的是，曾国藩患有类似牛皮癣的皮肤病，浑身上下都是像蛇的鳞片一样的癣，所以曾国藩也相信了巨蟒转世这一梦语。后来他在岳麓书院学习时，因为怕别人看到身上的鳞片，所以在夏天燥热时还穿戴整齐地读书，让先生大加赞赏。

曾国藩自幼勤奋好学，6岁入塾读书，8岁能读八股文、诵五经，14岁能读《周礼》《史记》文选，同年参加长沙的童子试，成绩列为优等。

说起来，曾国藩其实并不算是个聪明孩子。不仅不聪明，还笨得一塌糊涂。他小时候背书，一篇难度不大的文章却要反复背好几遍。

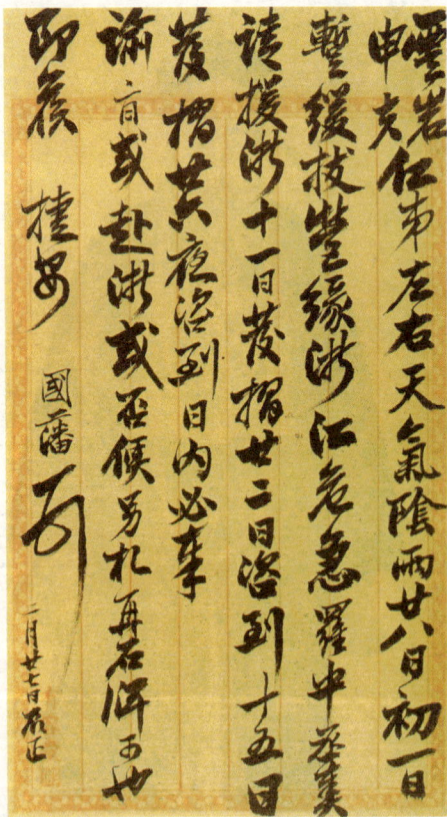

有一天晚上，曾国藩又在熬夜苦学，到了深夜，他家进了一个盗贼。盗贼原本以为这样一个富裕家庭的子弟读书只是做做样子而已，就耐心地藏在房梁上等着曾国藩早早去睡觉。可是，曾国藩左一遍右一遍地念文章，就是结结巴巴地背不下来。

盗贼渐渐地不耐烦了。眼看天色将亮，彻夜没能得手，气急败坏的小偷从房梁上跳下来，流利地将曾国藩反复念来念去的几个句子背诵了出来，然后扬长而去。

一个孩子反复背诵的次数甚至

■ 曾国藩书法

使旁听的人都能谙熟于心了，可见曾国藩确实不是机灵伶俐的孩子。

也正是因为这一点，曾国藩才更加发愤图强，刻苦学习。终于在22岁考取了秀才，28岁中进士，初授翰林院检讨，充文渊阁直学士，升内阁学士兼礼部侍郎衔，最后升至总督，官居一品。

"买书不可不多"，是曾国藩的观点。1836年，25岁的曾国藩自京师到金陵，走过之处都要购书。归家后，"侵晨起读，中夜而休，泛览百家，足不出庭户几一年"。

"看书不可不知所择"，是曾国藩的另一观点。他最终所择者，于"四书五经"之外，就是《史记》《汉书》《庄子》及韩愈等人的文章。

曾国藩在仕途上官运亨通，从进士及第后，10年之中连升10级，并在京师赢得了较好的声望。他一生严于治军、治家、修身、养性，实现了立功、立言、立德的封建士大夫的最高追求，被后世视为道德修养的楷模。

曾国藩对他所处的历史时期和后世的我国社会，都产生过重要的影响，尤其是他留下的《曾文正公文集》一书，在历史上受到世人的重视。

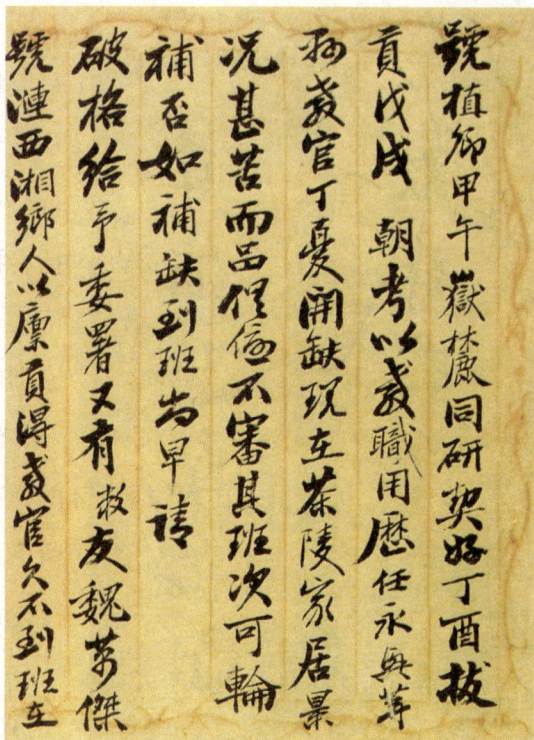

■ 曾国藩书法

韩愈（768—824），字退之，唐代著名文学家、哲学家、思想家、政治家。世称韩昌黎，晚年任吏部侍郎，又称韩吏部，谥号"文"，又称韩文公，唐宋八大家之一。后人对韩愈评价颇高，明人推他为唐宋八大家之首，与柳宗元并称"韩柳"，有"文章巨公"和"百代文宗"之名，作品都收在《昌黎先生集》里。

尊酒登临偏山寺

禅南尊元大人疋

歌辞散落满江楼

馆蕴弟曾国藩

崇文重教的蔚然民风

南怀瑾 我国台湾著名国学家，我国古代文化的积极传播者。所撰《论语别裁》是一本关于《论语》的讲演录。作者将对原文的串讲摄编为一个个历史故事，蕴意深邃而妙趣横生，这在众多的《论语》章疏中是别具一格的。

《曾文正公全集》由曾国藩撰写，李鸿章之兄、湖广总督李瀚章编辑，共167卷，初于1876年刊行，几经刻印，卷数不一。全集包括奏稿、批牍、治兵语录、文集、诗集、杂著、日记、书札、家书、家训等部分。

但流传至今，并受世人重视的，亦只有其中的"家书"真正遗留下来了，难怪著名学者南怀瑾在《论语别裁》中说：

清代中兴名臣曾国藩有十三套学问，流传下来的只有一套《曾国藩家书》。

曾国藩能取得无数荣誉，不仅和他自幼勤学苦练有关，也得益于他平日里为人处世得当又谨慎的态度和作风。在他与家中亲属的往来书信里，仍然能解读出不少这位晚清名臣的学识造诣和道德修养。

曾国藩从小家教很好，对长辈的态度是十分恭敬的。但凡是他给父母的书信，开头无一不是以"男国藩跪禀"而开头，这句话的意思是"儿子国藩跪着禀告"。而且信中总是有诸如"付母亲大人万福金安"之类的恭敬语。

对于其余的兄弟姊妹，曾国藩也抱十分关切的态度。他在给父母亲的家书里时常询问家中亲属的近况，在跟弟兄间的通信里也时常细致地叮嘱对方。比如在"咸丰七年十月初四日"写给"沅甫九弟"的家书中写道：

> 弟在营须保养身体，肝郁最伤人，余平生受累以此，宜和易以调之也。

由此可见，这个在军营和官场上铁面又不苟言笑的曾国藩十分重视家庭，这跟儒家的"齐家治国平天下"不谋而合。一个人对待家人的态度，往往就是他处世时最常见的姿态。

曾国藩对学业的态度也是要以勤奋、虚心为主。自小就明白"勤能补拙"的他，在"道光二十四年十月二十一日"给"四位老弟足下"的家书中，劝导弟弟们不要恃才傲物，还举出了例子来警示弟弟：

> 吾人为学，最要虚心。尝见朋友中有美材者，往往恃才傲物，动谓人不如己，见乡墨则骂乡墨不通，见会墨则骂会

曾国藩故居牌匾

篤親錫祜

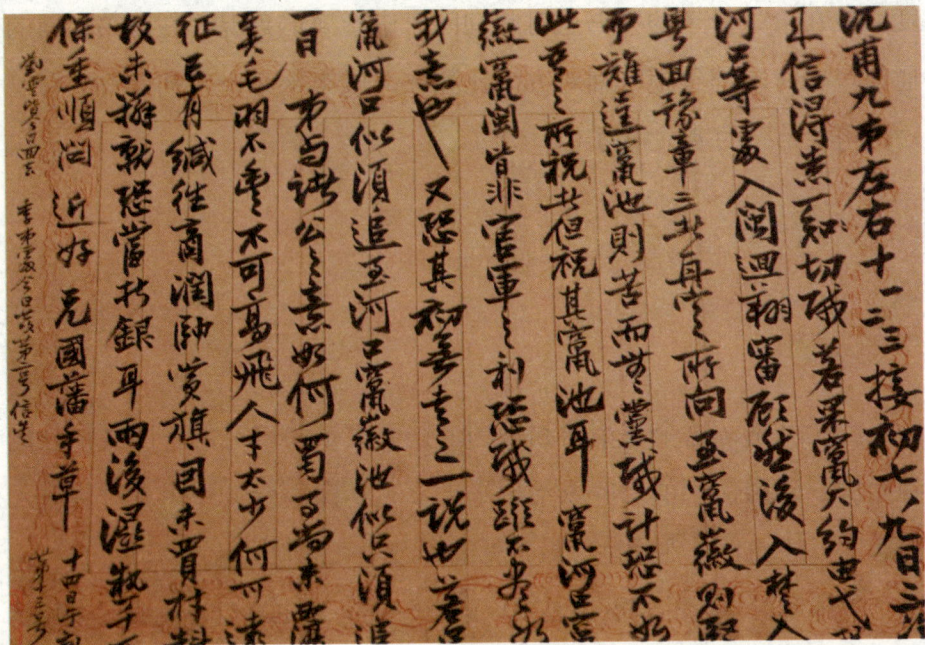
■ 曾国藩书法

墨不通……气既长，终不进功，所以潦倒一生，而无寸进也。

对于那些恃着自己的才能傲视一切，动不动就说别人不如自己的人，曾国藩认为他们实在也没有什么超人之处，而且还有见不得人的地方。

谦谨即谦虚恭谨。怎样识别谦与不谦？曾国藩告诫家人，谦谨是存之内心的，是自然而然流露的。流露在外表的，主要有四个方面：一是面色；二是言语；三是书函；四是随员。

谦不谦，谨不谨，一看面色就知道，那些习惯于自以为是，颐指气使的，往往一副"舍我其谁"的面色，目光咄咄逼人，让人难以接受。

言语是思想的外壳，骄横的人并没有在额头上写上骄横二字，但言语之间透出的横气、霸气，却让人感到难以接受，因之欲要谦谨，必得言语温婉。

言语一变成文字，就是白纸黑字了，所以落笔亦慎，用词也要圆融，不能口气太大。

为官不但自己要谦谨，还要让随员们学会谦谨，有的随员颇有气焰，狐假虎威，反而添乱帮倒忙，毁了主子的名声。所以选带随员要慎，管教随员要严。

对曾国藩来说，谦和的风度和思想不仅能构成一位儒雅之人的重要素质，也是能影响人身体健康的重要因素。

曾国藩能成就一番伟业，是因为他有着无数微小的良好习惯。这些习惯坚持下来，成全了曾国藩原本并不聪敏的头脑，使他获益匪浅。他在"道光二十二年十二月二十日"给弟弟的书信中说道：

■ 曾国藩画像

诸弟在家读书，不审每日如何用功？余自十月初一日立志自新以来，虽懒惰如故，而每日楷书写日记，每日读史十页，每日记茶余偶谈一则，此三事，未尝一日间断。十月二十一日誓永戒吃水烟，迄今已两月不吃烟，已习惯成自然矣，予自立课程甚多，唯记茶余偶谈，读史十页，写日记楷本此三事者，誓终身不间断也。

■ 曾国藩画像

俸禄 古代皇朝政府按规定给予各级官吏的报酬。主要形式有土地、实物、钱币等。我国古代俸禄制度的发展可分为三个时期。商周时期因官职同爵位相一致，并且世代相袭，俸禄实际上是封地内的经济收入，即俸禄表现为土地形式，封地的大小是各级官吏的俸禄标准。春秋末期至唐初以实物作为官吏的俸禄。

在这封家书的末尾，曾国藩还"附课程表"，是他自己每日必做功课，其中包括主敬、静坐、早起、读史、写日记等13项内容。他也希望"诸弟每日自立课程"，并做到"终身行之"。

曾国藩能在官场上平步青云，除了自身严格律己之外，更是因为多有贵人相助。曾国藩的个人魅力已经强大到了即使对方并不想去做某个官职，也仍然愿意为了追随他而舍弃自己意愿的地步。

在曾国藩为官的时候，他的幕府里军事型、谋划型、经济型和技术型的人才应有尽有，精英智囊团的高度集成达到了登峰造极的境界。

正是因为曾国藩具有皇上不具备的，众多忠心耿耿的朋友缘分，并且精诚团结、多荐贤能，打造出了古今无双，由精英荟萃高度集成的湘军幕府军事智囊团，从而平息了连朝廷的御林军都无法压制的内乱。

那么曾国藩是怎样看待交友这件事的呢？他在几封和弟弟来往的家书里，不断地强调要多和有贤能之才的人往来，而且要勤于和对方联系，不能抱着占便宜的心态去接近或者利用友人。

在很多家书里，曾国藩谈起昔日里有摩擦和争端的人时，都是一副十分平淡的口气。在历史上，曾国藩并没有因为私人恩怨而存心报复，比如举荐过历来和他摩擦很大的左宗棠，由此可见他宽广的心胸和良好的修养。

从一封封家书里，能看出的是曾国藩不仅对有积怨的人宽容以待，对钱财更是毫不计较。

明清两代的京官之苦，时人皆知。在曾国藩刚刚成为七品京官的时候，他的年俸仅为45两，外加作为津贴的"恩俸"和"禄米"也不过135两。

后来的晚清名臣、清代"洋务派"代表人物之一张之洞曾给京官算过账："日须一金，岁有三百余金，始能勉强自给。"京官的俸禄那么少，弥补这样大的收支赤字只有两法：一是收受外官的馈赠；二是借贷。

外官收入丰厚，为了构建关系网，每次进京，都要给熟悉的京官们送礼，名为"冰敬""炭敬""别敬"。这笔馈赠，少则数十两，多则

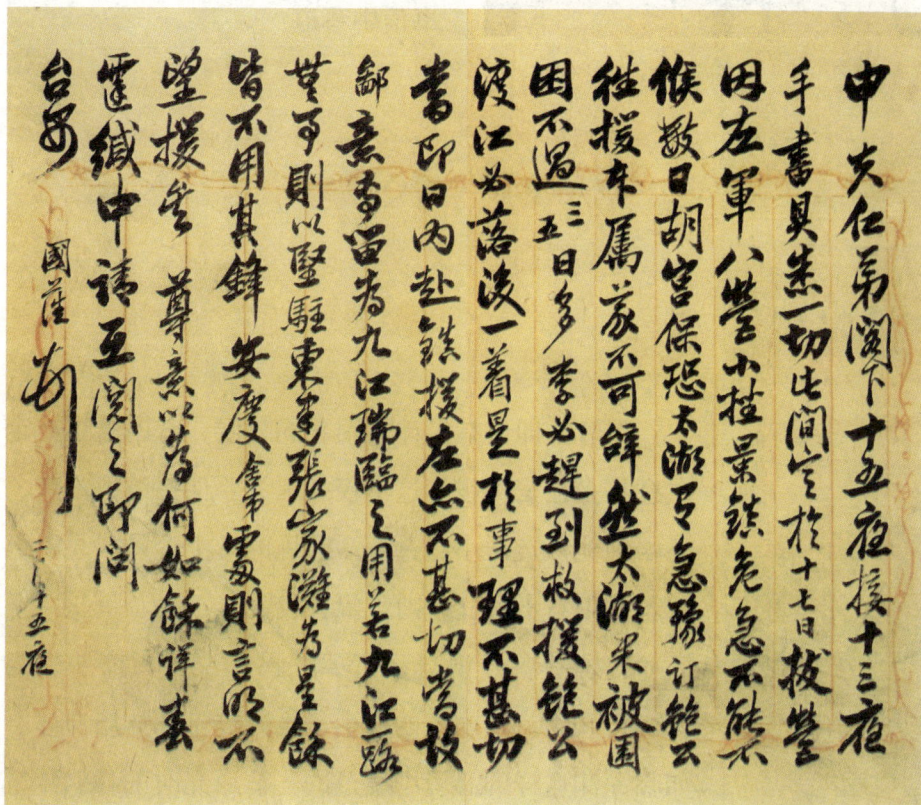

曾国藩画像

数百两。

但是曾国藩很少利用手中的权力为人办事，所以这种馈送次数很少，于是借债就成为他经济来源的主要部分。因为人品好，曾国藩借钱比较容易。

在1842年的年底，曾国藩已累计借银400两。这一时期，他在给父母的家书中多次出现"借""欠""窘"的字样，艰难情状，跃然纸上。他在"道光二十一年八月初三日"给家父的书信中写道：

男目下光景渐窘，恰有俸银接续，冬下又望外官例寄炭资。今年尚可勉强支持。至明年则更难筹划，借钱之难……用钱日多，恐无付银回家……

不过，即使在生计不困窘的时候，曾国藩也立定主意不多往家寄钱。这不仅是因为要保持清廉之节，还因为他认定从小经过生活磨炼的人更容易成大器，"若沾染富贵习气，则难望有成"。

曾国藩曾经说自己有"三畏"：畏天命、畏人言、畏君父。曾国藩的一生，也始终是在如履薄冰、如临深渊这样的心境中度过的。清道光时的1854年，

阴德 道家思想。深信因果的人指暗中做有德于人的事，后指在人世间所做的而在阴间可以记功的好事。传说阴德虽不为人知，但冥冥中自有鬼神记载，因此若某人多积阴德，天必报答他。人们常说"积阴德"，行善而不求人知道的传统美德可能就源于此。

曾国藩升了官。但是在给弟弟的家书中，曾国藩表示不但不敢高兴，反而感到战战兢兢。

他在信中说，这次升官，实在是出乎我的意料。我日夜诚惶诚恐，自我反省，实在是无德足以承受。你们远隔数千里之外，一定匡正我的过失，时时寄信来指出我的不足，务必使累世积累下的阴德不要自我这里堕落。

弟弟们也应当长存敬畏之心，不要以为家里有人当官，于是就敢欺负别人；不要以为自己有点学问，于是就敢于恃才傲物。要长存敬畏之心，才是惜福之道啊！

在持家教子方面，曾国藩主张勤俭持家，努力治学，睦邻友好，读书明理。他常对子女说，只要有学问，就不怕没饭吃。他还说，门第太盛则会出事端，应该不把财产留给子孙。因为子孙不肖的话，留了财产也是祸害；要是子孙图强，留下财产也没意义。这就是他所谓的盈虚消长的道理。

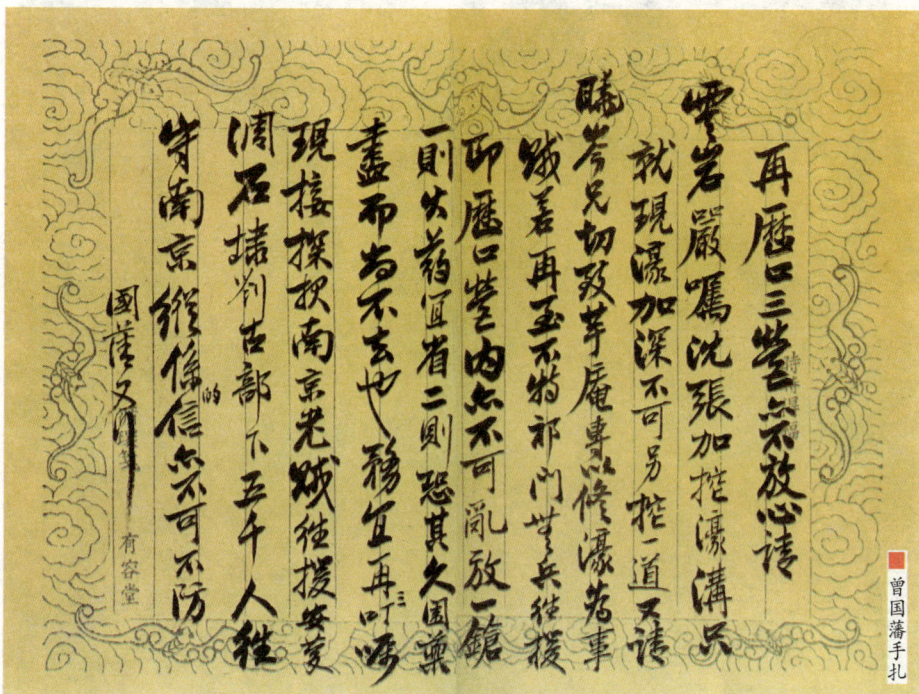

曾国藩手札

曾国藩的祖父在他和家中兄弟幼小时总是教导他们要有志气，不能懦弱，因此曾国藩的不少持家之道都是从他祖父那里继承的。他在和弟弟的书信中说祖父认为治家有八个字的要诀，就是"书、蔬、鱼、猪、早、扫、考、宝"。

　　读书是要勤学，种菜、养鱼、喂猪都是养家的事，早字，是黎明即起的意思。扫字，是洒扫房屋庭院。考字是祭祀祖先，奉祭显考王曾祖考，当然妣也一样。宝，指与亲戚邻居，时刻往来，贺喜吊丧，问疾济急。在这个治家的八字要诀上，曾国藩又在和四弟曾国潢的信里提及自己新加上的治家"八本"的观点：

　　读书以训诂为本，作诗文以声调为本，事亲以得欢心为

曾国藩与其他官员画像

■ 曾国藩塑像

本，养身以戒恼怒为本，立身以不妄语为本，居家以不晏起为本，做官以不要钱为本，行军以不扰民为本。

　　曾国藩还在家书里不断强调，一个家里最重要的原则就是孝悌。孝，是对父母、对长辈的感恩、尊敬与赡养；悌，是指兄弟之间和睦友爱，也就是同辈之间的融洽与和谐。

　　在曾国藩的家书里，他写给弟弟的信甚至要比给自己孩子写得还多，可见他对兄弟之间关系的重视。

　　曾国藩在家书里，除了"和以治家"的宗旨外还特别强调"勤以持家"。"勤以持家"在曾国藩那有两层意思：一是家庭成员要克勤克俭；二是做家长的要勤以言传身教。所以，曾家子弟代代皆有英才。

书法 文中特指中国书法。中国书法是一门古老的汉字的书写艺术，是一种很独特的视觉艺术。书法是我国特有的艺术，从甲骨文开始，便形成了书法艺术，所以书法也代表了我国文化博大精深和民族文化的永恒魅力。

曾国藩在《家书》中反映出来的曾国藩的主要活动和他治政、治家、治学、治军的思想，是研究曾国藩其人及这一时期历史的重要材料，更是后世的人们借以道德修养的范本。

曾国藩早年致力学问，其学术研究从历史、古文到书法、理学以及各种典章制度。他渴望多做学问，与当朝大学问家梅曾亮、何绍基等名士媲美，但他最终没有成为一位著述丰富的大学者，主要原因是他还来不及著书立说，就升至二品高官，从此忙于官场之争，再后来投身于戎马征战之中，使他不可能固守书苑，一心研究学问。

曾国藩在攻克天京后，权势极大，清朝对其极不放心。曾国藩具有丰富的政治经验和历史知识，熟悉历代掌故，因而在击败太平天国后，他一方面自裁湘军，一方面把家书刊行问世，借以表明自己忠心为清廷效命之意。

曾国藩家书自此起便风靡流行，历久不衰。后经多家取舍整理，形成多种版本。总的说来，他的家书现存1400多篇，从道光二十年（1840）到同治十年（1871），历时30年，其内容包括了修身、教子、持家、交友、用人、处世、理财、治学、治军、为政等方面，这些家书真实而又细密，平常而又深入，是一部真实而又生动的生活宝鉴。

崇文重教的蔚然民风

阅读链接

一天，天气晴朗，年幼的曾国藩从学校回到了家里。刚放下书包，其父就焦急地对曾国藩说："我明明煮了五个鸡蛋，怎么只有四个？煮熟的鸡蛋是要分给你们吃的，现在少了一个。"

曾国藩思索了一下，端出一个脸盆，倒了几杯茶，把家里的人都喊拢来，叫每人喝一口茶水，吐到盆里，他站在旁边观察，结果有一个用人吐出的茶水里夹有鸡蛋黄粉。曾国藩的父亲高兴极了，觉得儿子聪明，将来能当官审案子。

自古以来，国人特别重视童蒙教化，把它作为承传家道、家学、家业的根本。其基本目标是培养儿童认字和书写的能力，养成良好的生活习惯，能够具备基本的道德伦理规范，并掌握一些古代文化的常识及日常生活的一些常识。

童蒙教化主要是以儿童读本的形式进行的。这些诞生在古代的儿童读本中有民族文化血脉的精髓，也有些不合时宜的糟粕。而它们中蕴含的那种希望孩子增长见闻，知礼向善的良苦用心，却可在父母师长的谆谆教导下代代流传。

童蒙教化

儿童蒙学

第一部蒙学《千字文》

在南北朝时期的482年，有一天，一个背着行囊的13岁男孩儿走在南朝齐的都城建康的大街上，神色欣喜地东张西望。这个男孩儿叫周兴嗣。他远离家乡姑孰，即现在的安徽当涂，出外闯荡，就是为了多学知识，充分发挥自己的天资。

在建康经过十几年的游学，周兴嗣已经能精通各种纪事文章的写法，每次下笔，必是文采斐然。他仍然醉心于游学之中，以便见识各

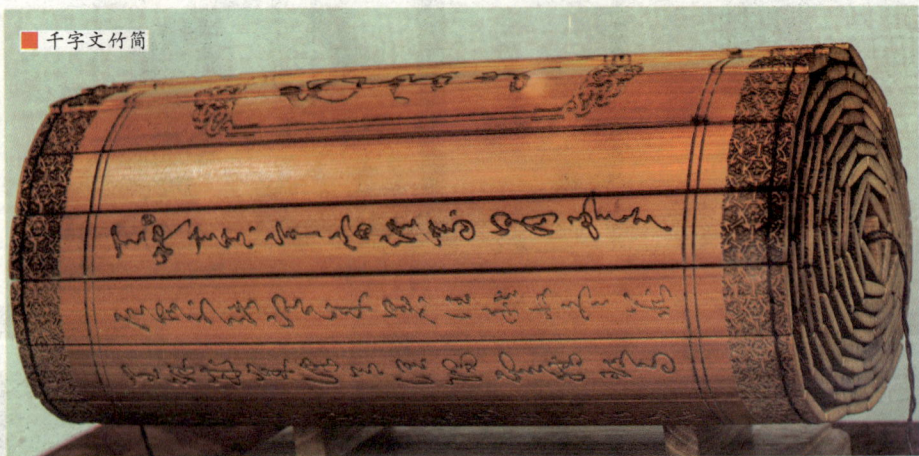

千字文竹简

《千字文》石刻

种风土习俗。

一次返乡，周兴嗣途径江苏苏州，看到天色已晚，就在当地的客栈住宿。夜里，睡得迷迷糊糊的周兴嗣听见有个低沉的声音对他说："周兴嗣，你才学盖世，不久就会结识到尊贵的大臣，最后被圣明的君主重用。"

这声音响在耳际，像是说话的人就近在咫尺。周兴嗣吓了一跳，猛地惊醒后四处查看，却发现客栈的房间里门窗紧闭，根本没有人进入的痕迹。

494年，也就是周兴嗣25岁这一年，曾任南朝宋宰相的谢朏为避宫廷争斗，自请外任吴兴太守，周兴嗣性情平和，文雅有礼，使得一向厌恶与士人交往的谢朏对他另眼相看，就荐周兴嗣于阙下，常在一起谈文论史。

后来谢朏奉命回朝时，就向朝廷极力推荐周兴嗣

宰相 是辅助帝王掌管国事的最高官员的通称。宰相最早起源于春秋时期。管仲就是我国历史上第一位杰出的宰相。到了战国时期，宰相的职位在各个诸侯国都设立了起来。宰相位高权重，甚至受到皇帝的尊重。"宰"的意思是主宰，"相"本为襄礼之人，字意有辅佐之意。"宰相"连称，始见于《韩非子·显学》中。

■ 仓颉造字塑像

的才学。不久，周兴嗣得到了梁武帝的重用，升为给事中，专门给皇室写文章。

梁武帝在位48年，一生戎马倥偬，但始终未忘读书，他深知那些"生于宫廷之中，长于妇人之手，未尝知忧知惧"的皇子的确是愚的恶的多，而贤的善的少。为了巩固梁朝江山，他希望自己的兄弟子侄，能够在他治理下的太平年代成为饱学之士，成为继他而起的"出乎其类，拔乎其萃"的人物。

然而，用心良苦的梁武帝却发现，天下竟然没有一本适合皇子皇孙的启蒙读物。当时流行的一些书籍，如《尚书》《左传》《论语》等儒家经典，对于孩子们来说程度较深，实为不便。

翰林待诏 唐代开始作为官及官署名，文学、经术、僧道、书画、琴棋、阴阳等各色人士以其专长听候君主召见，称"翰林待诏"。唐玄宗时，较多地选用文学士人，称"翰林供奉"，用于起草诏令，议论时事。

起初，梁武帝命翰林待诏殷铁石从大书法家王羲之的书碣碑石中揭下1000个各不相同的字，每字一纸，一字一字地教授那些皇子，可是这种教法杂乱无章，不便于记忆，收效甚微。

梁武帝后来就想到，若是将这1000个各不相同的字，编成一篇通畅又有韵味的文章岂不是更妙？可是，这样的文章由谁来写好呢？自然就是他最喜爱最重视的文臣周兴嗣了。

随意找1000个字组成一篇文章，听起来很简单，但其实是很难办到的。因为梁武帝想要的这千字文里没有一个字重复，组合起来又要有寓意，而且还要顾及文体文法，读出来还要朗朗上口，这实在是很苛刻的要求。

周兴嗣接到诏令后，回家找出王羲之的遗作，连夜工作。他伏案编撰，充分调动所有的知识库存，天才的大脑急速运转着，将那杂碎无序的1000个字一遍遍地排列组合，推敲斟酌。

最后，他采用四言韵语，八字一句，分125段完成，没有重字重义。第二天雄鸡报晓之时，终于编出了锦绣华章《千字文》。

因为太费心劳神，仅仅一夜之间，周兴嗣发现自己竟然忙得一夜白头了，就像伍子胥过昭关那样，满头乌黑的发须，都变成了雪白的银丝。

363

童蒙教化

儿童蒙学

■ 千字文正音

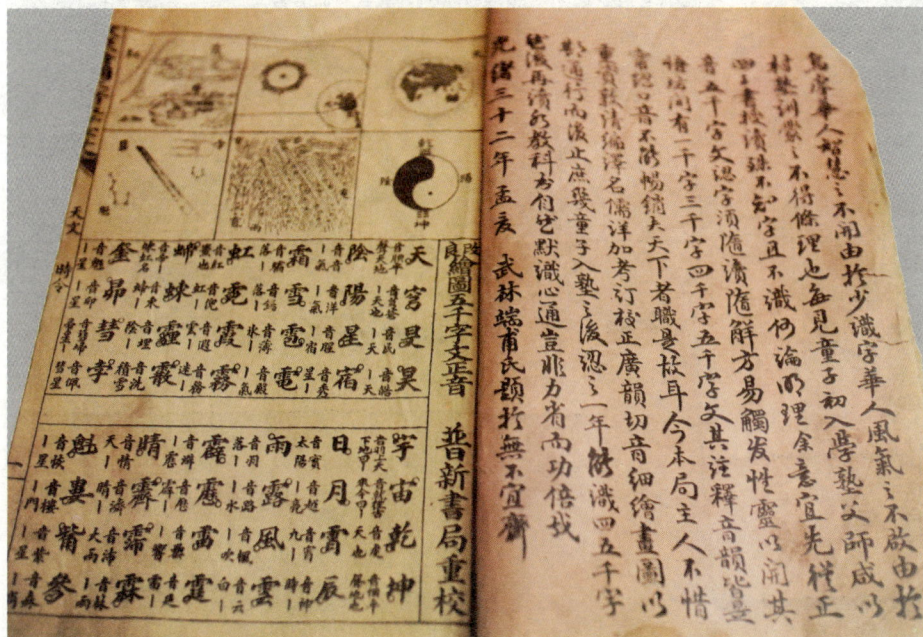

宋代类书《太平广记》这样记载了这件事：

> 梁武帝教诸王书，令殷铁石于大王书中拓一千个字不重者，每字片纸，杂碎无序。帝召兴嗣曰："卿有才思，为我韵之。"兴嗣一夕编缀进上，鬓发皆白。

周兴嗣到朝堂上报告时，梁武帝看见他几乎不敢相认。梁武帝在欣赏过周兴嗣的作品之后，大喜过望，又重赏了周兴嗣，提拔为佐撰国史。其他大臣看过这篇《千字文》之后，也纷纷赞不绝口，随后马上在宫廷的蒙学教育中流行起来。

周兴嗣选择的内容从远古的混沌初开、日月运

李斯（前280—前208），又名李通古。生于战国末年楚国上蔡，即今河南省上蔡。秦朝丞相，著名的政治家、文学家和书法家。因其政治主张的实施对我国和世界产生了深远的影响，奠定了我国2000多年政治制度的基本格局，被世人尊称为"千古一相"

364

■ 周公辅政石刻

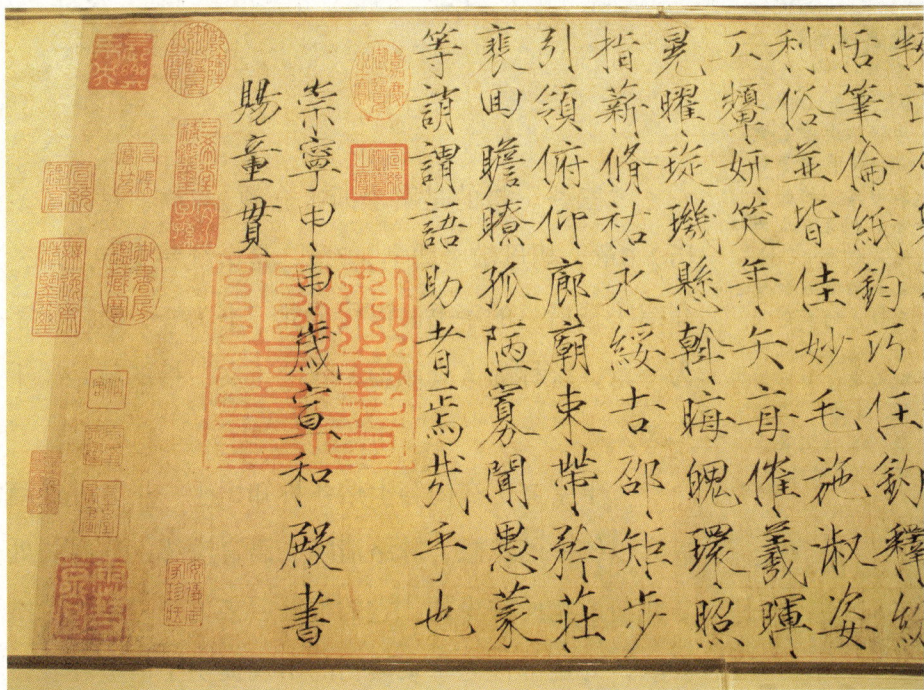

■ 楷书千字文卷局部

行、四季循环开始，叙述江河鱼鸟等自然界生物及景观。从伏羲氏、神农氏的龙师火官、天地人三皇，到仓颉造字，嫘祖制衣，囊括了天地、历史、人事、修身、读书、饮食、居住、农艺、园林以及祭祀等各种社会文化知识，对偶押韵、文法细畅，便于记诵。

我国很早就出现了专门用于启蒙的识字课本，如秦代李斯的小篆体《仓颉篇》。但是这些被称为"字书"的作品多数影响不大，在流传中也出现了种种问题，可读性有限。

而《千字文》内容精、文辞美，又是皇室用书，知名度高，以这种无可挑剔的姿态问世，便成了我国历史上第一部真正的蒙学读本。

后来的明代语言学家顾炎武曾经点评过《千字文》，他说：

小篆 秦始皇统一六国后，推行"书同文，车同轨"，统一度量衡的政策，由宰相李斯负责，在秦国原来使用的大篆籀文的基础上，进行简化，取消其他六国的异体字，创制的统一文字汉字写形式即为小篆。一直在我国流行到西汉末年，才逐渐被隶书所取代。但由于其字体优美，始终被书法家所青睐。

读者苦《三苍》之难，便《千文》之易，于是至今为小学家恒用之书。

"三苍"指的是秦李斯《仓颉》7章、赵高《爰历》6章、胡母敬《博学》7章。是秦统一文字之后，介绍小篆楷范的字书。汉代合此三书为一，断六十字为一章，统称为《仓颉篇》。"千文"指的就是《千字文》。

《千字文》在内容上熔各种知识于一炉，并通篇贯穿以统一的思想，脉络清晰，语言洗练，这些长处是此前读物所缺少的。它的长处后来为《三字经》所吸取，为这部优秀童蒙读物的出现提供了借鉴经验，这只要对二者稍加比较就可明白。

《千字文》之后，尤其是宋以后，童蒙读物层出不穷，数目众多，这些作品在通俗性和知识性方面，

■《千字文》之蔡伦造纸

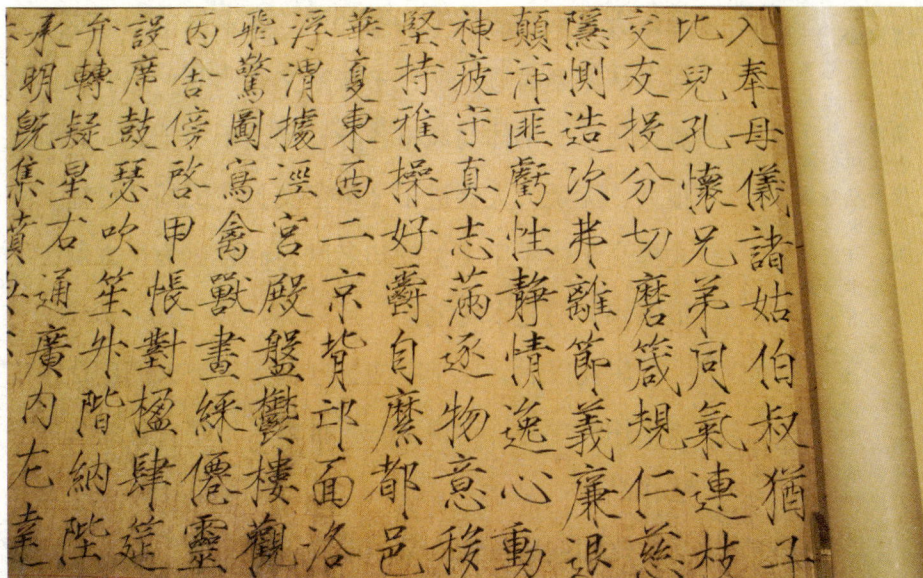

■ 宋徽宗赵佶楷书
《千字文》局部

都做了很多努力，各有长处，甚至还有《续千字文》《新千字文》等，但它们之中无一能与《千字文》相比。

因为其他文献的一个共同缺点就是文采稍逊，都无法与《千字文》的文采相比。《千字文》在文采上独领蒙学读物风骚，堪称训蒙长诗。许多人不但把《千字文》当作一部启蒙教材来读，而且作为学习书法的绝好范本。

在《千字文》的流传过程中，隋唐之际的智永和尚功不可没。智永是王羲之的七世孙，他用30年的时间，摹写了800本真草《千字文》分赠浙东各寺庙。

因为求书的人越来越多，住处的门槛几次都被踏穿，所以包了一层铁皮，人称"铁门槛"。智永的这一举动，既保存了王羲之的书法艺术，又使《千字文》得到了广泛的传播。

智永之后，历代写《千字文》的书法大师比比皆

王羲之（303—361，一说321—379），字逸少，我国东晋时期著名书法家，有"书圣"之称。王羲之的书法兼善隶、草、楷、行各体，自成一家，影响深远。风格平和自然，笔势委婉含蓄，遒美健秀。代表作《兰亭序》被誉为"天下第一行书"。在书法史上，他与其子王献之合称为"二王"。

《道藏》 道教经籍的总集，是按照一定的编纂意图、收集范围和组织结构，将许多经典编排起来的大型道教丛书。《道藏》的内容十分庞杂。其中有大批道教经典、论集、科戒、符图、法术、斋仪、赞颂、宫观山志、神仙谱录和道教人物传记等。

是，著名的有唐代书法家怀素、北宋皇帝宋徽宗、元代书法家赵孟頫、明代书法家文徵明等。他们的作品流传很广，书体与风格各异，可谓千字千姿，影响也很大，无疑大大促进了《千字文》在民间的传播，大大提高了《千字文》的知名度，而且也为世人留下了很多伟大的艺术瑰宝。

唐代以后，《千字文》这种形式被人们广泛地加以采用和学习，出现了一大批以《千字文》为名的书法作品。

比如：唐代僧人义净编纂了《梵语千字文》，宋代文士胡寅著有《叙古千字文》，明代文学家卓人月有《千字大人颂》，清代侍读学士吴省兰有《恭庆皇上七旬万寿千字文》，等等。这些所谓的作品内容各不相同，但都以《千字文》为名，足见《千字文》影响之大。

■ "嵇琴阮啸"图

《千字文》在古代的影响是多方面的。宋真宗时，编成了一部4359卷的《道藏》，分装在400多函中，每一函都按《千字文》的顺序编号，起于"天"字，止于"宫"字，所以人称这部《道藏》为《大宋天宫道藏》。

明清时期，《千字文》被用于科举考试的贡院，每一间用于考试的号房都用《千字文》来编号。清代长篇小说《儒林外史》第二回描写了一个屡试不中的周进到省城参观贡院时的情景：

> 到了龙门下，行主人指道："周客人，这是相公们进的门了。"进去两边号房门，行主人指道："这是'天'字号了，你自进去看看。"周进一进了号，见两块号板摆的齐齐整整，不觉眼里一阵酸酸的。

古代一些需要用较大数字编号的项目，多采用《千字文》，这恐怕是连作者周兴嗣都始料不及的。《千字文》与《三字经》《百家姓》

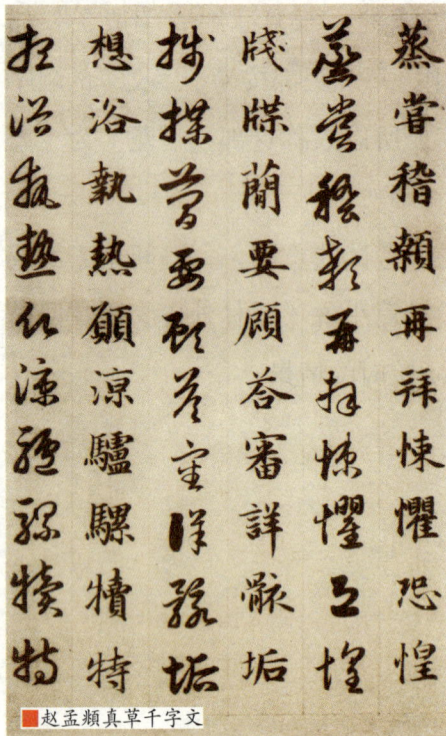
赵孟頫真草千字文

被后世称为"三百千"，是三部影响大而流行广的启蒙读物。

"三百千"将早期的识字教育与我国的历史文化，以及人格修养的教育巧妙地融合在了一起。言辞简练，含义丰富，朗朗上口，便于诵读。

相比之下，《千字文》基本不存在被后人反复修改增补等问题，因而版本清楚，面貌原始，这给阅读带来了许多方便。

《千字文》问世以来的流传表明，它既是一部流传广泛的童蒙读物，也是我国传统文化的一个组成部分，在我国古代的童蒙读物中，是一篇承上启下的作品。它那优美的文笔，华丽的辞藻，是其他任何一部童蒙读物都无法望其项背的。

阅读链接

《千字文》作为一部有影响力的作品，在很早就涉洋渡海，传播于世界各地，曾作为许多国家的汉字初级读本。

日本不仅有多种版本的《千字文》，而且还出现了很多内容各异但都以《千字文》为名的作品。1583 年，《千字文》传入朝鲜，出版了以朝语释义注音的《石峰千字文》，被用来教授儿童习汉字，成为汉字应用于韩国语言的推动力量。1831年《千字文》被译成英文。此后数十年中，相继出现了《千字文》的法文本、拉丁文本、意大利文本。

有凝聚力的《百家姓》

在北宋初年的杭州城，生活着吴氏一家四口，这家的大儿子已经成年，是个书生了，他的弟弟年纪还很小，每天还在牙牙学语。

有一天，吴家的邻居过来串门，见到他家的小儿子，就逗他说：

中华姓氏图腾

谢姓　李姓　王姓　张姓　刘姓　苏姓　卢姓　蒋姓　蔡姓

于姓　陈姓　杨姓　赵姓　黄姓　贾姓　丁姓　魏姓　薛姓

曹姓　周姓　吴姓　徐姓　孙姓　叶姓　阎姓　余姓　潘姓

傅姓　胡姓　朱姓　高姓　林姓　杜姓　戴姓　夏姓　钟姓

吕姓　何姓　郭姓　马姓　罗姓　江姓　田姓　任姓　姜姓

"你还记得我是谁吗？"

小儿子抬头看看邻居的脸，张口结舌了半天，才慢吞吞地用天真的童声回答道："是孙大娘。"

吴家的妈妈笑着拍拍小儿子的头，告诉他说："又记错啦！孙大娘是集市上卖糖给你吃的呀，怎么连个姓氏都记不住呢？"

邻居看了看小儿子，也笑着说："哎呀，小孩子嘛，认人都认不准，再说姓氏那么多，他们学一个忘一个的，这也没办法嘛。咱们小时候不也都这样吗？"

这番闲谈引起了吴家大儿子的注意，他想到，这么久以来，世间都没有过一本统计天下姓氏的书，是多大的遗憾啊！世间人口众多，姓氏也纷繁复杂，各有各的故事，如果能把它们总结在一起，一定是件趣事。

再说，收集天下人的姓氏编辑成册，无论是编写还是阅读，都不会有多大困难，还能让孩童早些识字，知晓四方姓氏。吴家的大儿子想到此，打定了主意。

中华姓氏图腾

《百家姓》书笺

从第二天开始，吴家的大儿子就挨家挨户地上门前去询问主人的姓氏，并让主人再说出自己所知的关于这个姓氏的起源、发展、演变的故事。渐渐地，越来越多的人知道吴家的大儿子统计了一本小册子，上面收集着很多人的姓名，还有每个姓名的来由。

大家对这本小册子的兴趣越来越浓，每天都有人饶有兴趣地抢着翻阅，从各自的姓氏中判断哪个姓氏和自己可能有血缘关系。还有的人则纯粹是为了长长见识，了解一下先祖的经历，或者看看世上的其他人还有什么少见的姓。

结果，这本书的影响越来越大，官府知道了，学者们知道了，就连朝廷也知道了。皇帝对这件事也有了兴趣，干脆派出官员专门去详细地统计，同时，给这种书命名为"百家姓"。

氏 本是古代姓的分支，在母系社会，子女随母姓，随时间发展到父系社会后，姓则随父亲。随着同一祖先的子孙繁衍增多，这个家族往往会分成若干支散居各处。各个分支的子孙除了保留姓以外，另外为自己取一个称号作为标志，这就是"氏"。也就是说，姓是一个家族的所有后代的共同称号，而氏则是从姓中衍生出来的分支。

《百家姓》局部姓氏

五代十国 简称"五代"。唐代之后在中原地区相继出现了定都于开封和洛阳的后梁、后唐、后晋、后汉和后周五个朝代以及割据于西蜀、江南、岭南和河东等地的十多个政权，合称"五代十国"。五代并不是一个朝代，而是指介于唐宋之间的一个特殊的历史时期。

《百家姓》并非是因为只统计了100个姓氏，而是以"百"来表示多的意思。另外，《百家姓》的第一句是"赵钱孙李"。

《百家姓》以"赵"姓打头，并非因为"赵"为天下第一大姓。而是因为它是完书于北宋初年，宋朝的皇帝的姓是赵氏，"赵"自然成为当时的"天下第一姓"，要排在首位。五代十国时期吴越国的国王姓钱，后裔居浙江，所以，"钱"姓便排列第二。钱的妃子姓孙，借钱氏之威势，"孙"又排在第三。李是南唐李后主的姓。"李"姓排在第四。这就是《百家姓》的开场白"赵钱孙李"次序的由来。

《百家姓》的排列体现了封建帝王的专制，以后各朝代为此目的都对《百家姓》的排列进行过修改。各朝都把皇帝的姓排列在首位，只有清朝康熙年间的《御制百家姓》以孔子的姓为首。

早在唐太宗的时候，吏部尚书高士廉，就把民间的姓收集记录下来，写成了一本《氏族志》，这本书被颁行天下，作为当时推举贤能做官或通婚结亲的依据。

《百家姓》采用四言体例，句句押韵，虽然它的内容没有文理，但读来顺口，易学好记，颇具实用性。它与《三字经》《千字文》合称为"三百千"，是我国古代蒙学中的固定教材。

《百家姓》受我国传统文化影响极深：它所辑录的姓氏，体现了我国古人对宗脉与血缘的强烈认同感。姓氏文化或称之为谱牒文化，则是我国传统文化的重要组成部分。

中华民族是世界上寻根意识最强的民族。《百家姓》在历史的衍化中，为人们寻找宗脉源流，建立血亲意义上的归属感，帮助人们认识传统的血亲情结，提供了重要的文本依据。它是国人认识自我与家族来龙去脉不可缺少的文化文献基础蓝本，是我国最早的姓氏书。

我国是历史上最早使用姓氏的国家。古老的姓与氏经过不断的演变，遂成为我国的百家姓，这期间经历了漫长的历史过程。

姓，是标志家族系统的称号，是人们进行社会交

尚书 秦代及汉代初期与尚冠、尚衣、尚食、尚浴、尚席，称"六尚"。汉武帝时，选拔尚书、中书、侍中组成中朝或称"内朝"，成为实际上的朝廷决策机关，因系近臣，地位渐高。和御史、史书令史等都是由太史选拔。隋以后尚书为六部长官。

■ 百家姓文化墙

■ 黄帝时期

祝融 本名重黎，我国上古帝王，以火施化，号赤帝，后尊为火神、水火之神、南海神、"五帝"之一。祝融的居所是南方的尽头衡山，是他传下火种，教人类使用火的方法，常在高山上奏起悠扬动听、感人肺腑的乐曲，相传名为《九天》。

往的先决条件，涉及千家万户，关系到每一个社会成员。 姓氏的起源可以追溯到人类原始社会的母系氏族制度时期，所以我国的许多最早的姓氏都是女字旁或部首。姓是作为区分氏族的特定标志符号，如部落的名称或部落首领的名字。

传说黄帝住姬水之滨，以姬为姓；炎帝居姜水之旁，以姜为姓。皇天以大禹治水有功，赐姓为姒。此外，部落首领之子也可得姓。

黄帝有25个孩子，得姓者14人，为姬、酉、祁、己、滕、任、荀、葴、僖、姞、儇、依，其中有4人分属二姓。祝融之后，为己、董、彭、秃、妘、曹、斟、芈8个姓，史称"祝融八姓"。

夏商时期，贵族皆有姓氏。姓的分支为氏，意思相当于家或族。夏王室为姒姓，另有霸主昆吾为己姓，己姓中有苏、顾、温、董、豢龙等氏。商王室为殷姓，另有霸主大彭、豕韦为彭姓。商代还有条氏、徐氏、萧氏等13个姓。周代是我国姓氏大发展的一个重要时期，姓氏制度见于记载者较多。

到东周时期，可考的姓氏有姒、子、风、嬴、己、任、祁、芊、曹、董、姜、偃、归、曼、熊、隗、漆、允等22姓。

百家姓的排名只是名义上的，虽然有字面上的这么多姓，但因为某些姓氏虽然在字面上不同，实际上部分姓是从某姓衍生出来的。

比如，五帝之一的舜，其后子孙以姚为氏，称为姚氏。因舜帝居姚地，有子孙以姚为姓，称为姚氏。舜在当帝之前，曾经在妫河边居住，他们的子孙有留在妫河边居住的，便以妫为姓。

再如，舜帝登帝位后，仁德荣耀，有子孙以帝名舜为姓。禹封皇舜长子商均于虞，至始祖四十三世孙

■ 舜帝时期

大夫 古代官名。西周以及先秦诸侯国中，在国君之下有卿、大夫、士三级。大夫世袭，有封地。后世遂以大夫为一般任官职之称。秦汉以后，中央要职有御史大夫，备顾问者有谏大夫、中大夫、光禄大夫等。至唐宋尚有御史大夫及谏议大夫之官，明清时废。又隋唐以后以大夫为高级官阶之称号。

妫满封于陈，官拜陶正，谥胡公，其子孙或以国号陈称姓，或以官号改称陶唐氏，或以谥号胡称姓，或以尊讳满称姓。

姚氏演变至汉代，衍生出妫、舜、虞、陈、胡、田、袁、王、孙、陆、车等60姓。妫、陈、田、姚、胡5姓同根同源，其血缘先祖同为舜帝姚氏。

南宋史学家郑樵在考辨、论述姓氏的专著《通志·氏族略》里面记载：

> 虞有二姓，曰姚曰妫。因姚墟之生而姓姚，因妫水之居而姓妫。

因而史称妫、陈、田、姚、胡为"妫汭五姓"。由此说明，在中华姓氏中，繁姓同根，异氏同源，是一家亲。

东周时期，虽然贵族有姓，但只有女子才称姓，未婚女子如齐姜、宋子二姓，齐、宋为国名，姜、子

■《百家姓》石刻

为姓。已经出嫁的女子，如江芊、栾祁，江、栾为夫家国、氏名，芊、祁为女子本人的姓。在当时有同姓不婚的习俗，因此称贵族女子的姓以示与夫家之姓有所区别。

■ 古籍《百家姓》

周代实行宗法制，有大小宗之别。一个氏的建立表示一个小宗从大宗分出来，另立门户。建立诸侯国要经周王认可，卿大夫立新家要得到君主允许，称之为"胙之土而命之氏"。

炎黄子孙是最重视祖先、家族的，人们初次见面，问的第一个问题常常就是"您贵姓"。姓不仅代表一个人的族属，还承载着浓重的家族、地域内涵。

从简单的一个姓氏，能看到历史上的政治、文化、民俗的许多东西。所以，古人教育孩子，首先要让他知道自己姓甚名谁，了解自己的根脉。

《百家姓》早先收集了411个姓氏，后经增补到

卿大夫 西周、春秋时国王及诸侯所分封的臣属。规定要服从君命，担任重要官职，辅助国君进行统治，并对国君有纳贡赋与服役的义务。但在其"家"内，为一"家"之主，世代掌握所属都邑的军政大权。

姓氏竹简

500余个。但据有关报道，研究姓氏的专家从古今文献上能够收集到包括生僻姓氏在内的数千个姓氏。

随着岁月的流逝，不断出现新的姓氏。如为孩子取名时，取男女双方两个单音姓合成复姓，又为姓氏家族增添了新的成员。

姓名学是每个国民不可缺少的文化知识，让孩子了解我国独特的姓氏文化，是对孩子教育不可缺少的一部分。而读了《百家姓》，孩子们不仅能了解许多历史故事，还能熟悉传统文化和历史知识，在姓氏文化中所包含的民族凝聚力的影响下，爱家、爱族人、爱国。

阅读链接

元代出版的《百家姓》是现今所见最早的，它根据汉字和蒙古字的语音、笔画对应而成。但是元版《百家姓》并不完整，流传已久的《百家姓》直到明代才收录完整。它总共记录了438个姓氏，其中408个是单姓，由102行组成，38个是复姓，编成15行。最后一行是"百家姓终"，即百家姓完结篇，由118行构成，共有472个字。

清代后期又出现了《增广百家姓》，书中记录了444个单姓，60个复姓，结束语为"百家姓序"，读起来很像古时的四句诗词。

儿童启蒙经典《三字经》

南宋时期的1223年8月17日，这一天，庆元府鄞县的吏部郎中王㧑喜得一对龙凤胎。他将一双儿女以麒麟和凤凰命名，分别取名为王应麟和王应凤。

王应麟天性聪敏，最讨父亲的欢心。他9岁就能通读六经，19岁就中了进士，成了家族的骄傲。王应麟对程朱理学很感兴趣，在为官的同时也没有放松勤读经史。

王应麟似乎和麒麟一样，生来就是一身正气。在他担任衢州西安县主簿的官职时，因为年龄小而被

■ 王应麟（1223—1296），字伯厚，号深宁居士，又号厚斋。进士出身，是南宋著名的学者、教育家、政治家。他曾位至吏部尚书，为人正直敢言，屡次冒犯权臣丁大全、贾似道而遭罢斥，后辞官回乡，专意著述20年。他一生著述颇丰，计有二十余种、六百多卷。

甲子 为干支之一，顺序为第一个。前一位是癸亥，后一位是乙丑。我国传统纪年农历的干支纪年中一个循环的第一年称"甲子年"。各个公元年份的年份数除以60余4，或年份数减3，除以10的余数是1，除以12的余数是1，自当年正月初一起至次年除夕止的岁次内均为"甲子年"。

一些人看轻，所以在纳赋税时故意延迟，想给这个年纪轻轻的小主簿一个下马威。

结果，王应麟毫不马虎地将所有故意拖延赋税的人都上报给了郡守，要求将他们绳之以法。当地县民从此知道这个脾气倔强的小官吏不好欺负，从此就再不敢故意捣乱，对他十分畏服。

王应麟后来步步晋升，但这股正直的勇气一直未减。由于他不喜欢像别人那样圆滑处世，无意中得罪了不少人，后来，因为不想包庇污吏而遭到报复，曾经几度被罢官。

宦海沉浮，让王应麟颇感力不从心，但自小以理学自律的他并没有一走了之，而是咬牙为了国家大计在官场上苦苦支撑。

南宋之后，王应麟到远方隐居起来，不愿复出。

■《三字经》竹简

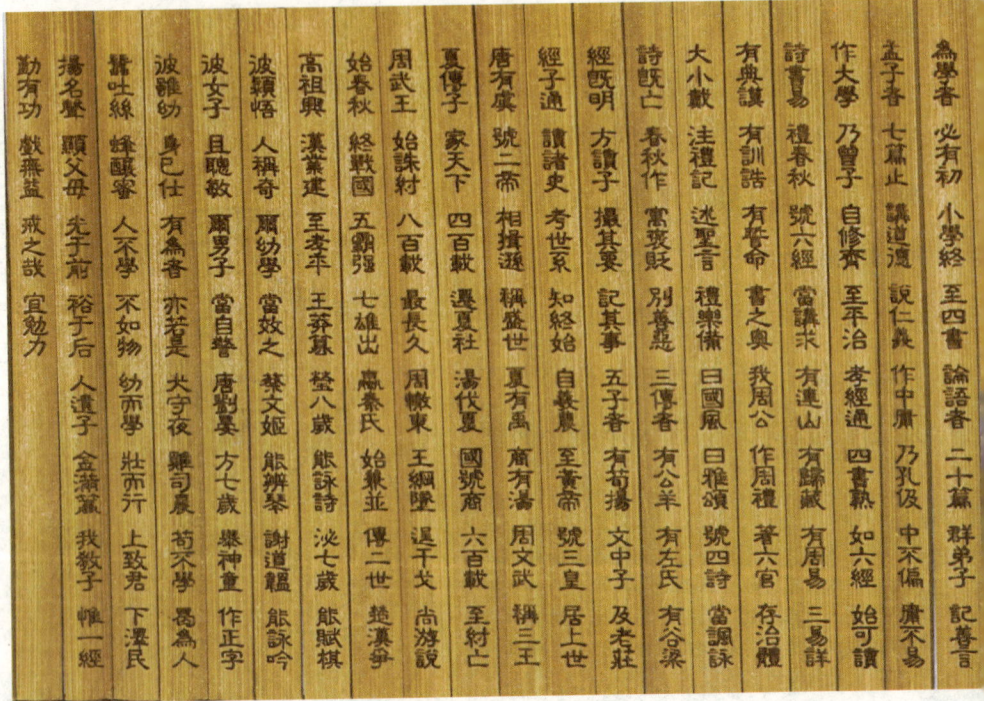

虽然自身安然无恙，但山河破灭使王应麟痛心，他写文章时甚至只写甲子不写年号，用以怀念南宋。

在默默无闻的隐居时光里，闲逸的生活慢慢冲淡了王应麟心头的惆怅，但他胸中始终有一股郁结之气，硬硬的哽得他喉头难受，让他在无数个夜晚辗转反侧，难以入眠。

到底是在惦记什么呢？王应麟自己也搞不清楚。等他将近古稀之年，自觉时日无多的时候才猛然醒悟，自己实在是不甘心啊！

回想一生，从昔日的毛头小子再到踌躇满志的年轻县官，甚至再到后来的礼部尚书，自己哪一刻不是想着能以学识改变天下黎民的命运，让国家昌盛呢？

彼时虽有小人为伍，却也有君子在侧，总有一份希望值得去拼搏。可惜后来江山破灭，故国不在，自

礼部 我国古代官署之一，是吏、户、礼、兵、刑、工的六部之一，由礼部尚书主管。礼部负责考察五礼，也要管理全国学校事务及科举考试及藩属和外国往来的事项。礼部共分为仪制清吏司、祠祭清吏司、主客清吏司、精膳清吏司这四司。

383

童蒙教化

儿童蒙学

人之初　性本善　性相近　习相远　苟不教　性乃迁　教之道　贵以专
昔孟母　择邻处　子不学　断机杼　窦燕山　有义方　教五子　名俱扬
养不教　父之过　教不严　师之惰　子不学　非所宜　幼不学　老何为
玉不琢　不成器　人不学　不知义　为人子　方少时　亲师友　习礼仪
香九龄　能温席　孝于亲　所当执　融四岁　能让梨　弟于长　宜先知
首孝悌　次见闻　知某数　识某文　一而十　十而百　百而千　千而万
三才者　天地人　三光者　日月星　三纲者　君臣义　父子亲　夫妇顺
曰春夏　曰秋冬　此四时　运不穷　曰南北　曰西东　此四方　应乎中
曰水火　木金土　此五行　本乎数　曰黄道　曰所躔　当中权　赤道下　温暖极　我中华　在东北
曰江河　曰淮济　此四渎　水之纪　曰士农　曰工商　此四民　国之良
地所生　有草木　此植物　遍水陆　有虫鱼　有鸟兽　此动物　能飞走
稻粱菽　麦黍稷　此六谷　人所食　马牛羊　鸡犬豕　此六畜　人所饲
曰喜怒　曰哀惧　爱恶欲　七情具　青赤黄　及黑白　此五色　目所识
酸苦甘　及辛咸　此五味　口所含　膻焦香　及腥朽　此五臭　鼻所嗅
匏土革　木石金　与丝竹　乃八音　曰平上　曰去入　此四声　宜调协
高曾祖　父而身　身而子　子而孙　自子孙　至玄曾　乃九族　人之伦

中国古代文化精品

己的一腔壮志也彻底无处抒发了。

　　王应麟有些后悔，又有些愤懑。眼看自己的年岁渐渐增大，想着再出去闯荡一番是不可能了，不免唏嘘长叹。

　　王应麟看见了在宅院里嬉闹的孙子孙女，心想，既然"平天下"的志愿已然无望，但至少要把自己的一生所学所想简要地整理出来，留下些东西给自己的后人。如果子孙中能有人从中获益，一生不改君子豪气，他日在九泉下，自己也就能瞑目了。

　　王应麟收起了几案上摊开的本本著作，准备下笔。写什么呢？他抬手挠挠头，不小心把墨水甩到了脸上。他的一个孙女看见爷爷满脸墨汁，捂着肚子笑翻了天。

　　孙女银铃般的笑声，使王应麟回忆起了幼时伙伴们唱歌谣的情景，那时候，自己和妹妹也是这么爱

崇文重教的蔚然民风

九泉 指地下埋葬死人的地方，即阴间。因为九是数字单数中最大的数字，所以有"极限"之意。古人从打井经验中获知：当掘到地下深处时，就会有泉源。地下水从黄土渗出，带有黄色，故叫黄泉。古人认为人死后要到很深地下的阴曹地府，就把"九"和"泉"相搭配，称为九泉。

■《三字经》插图

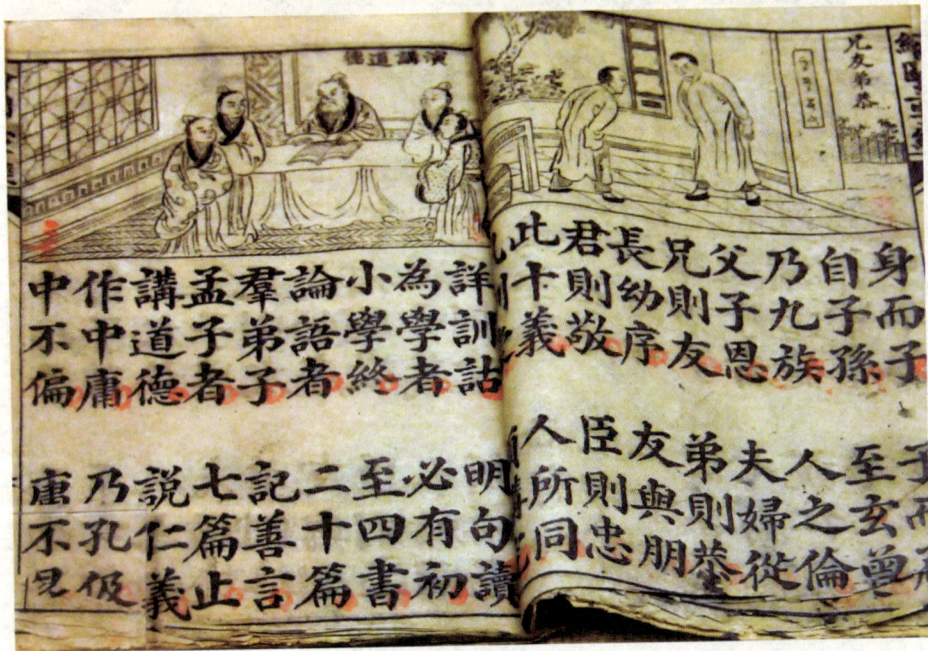

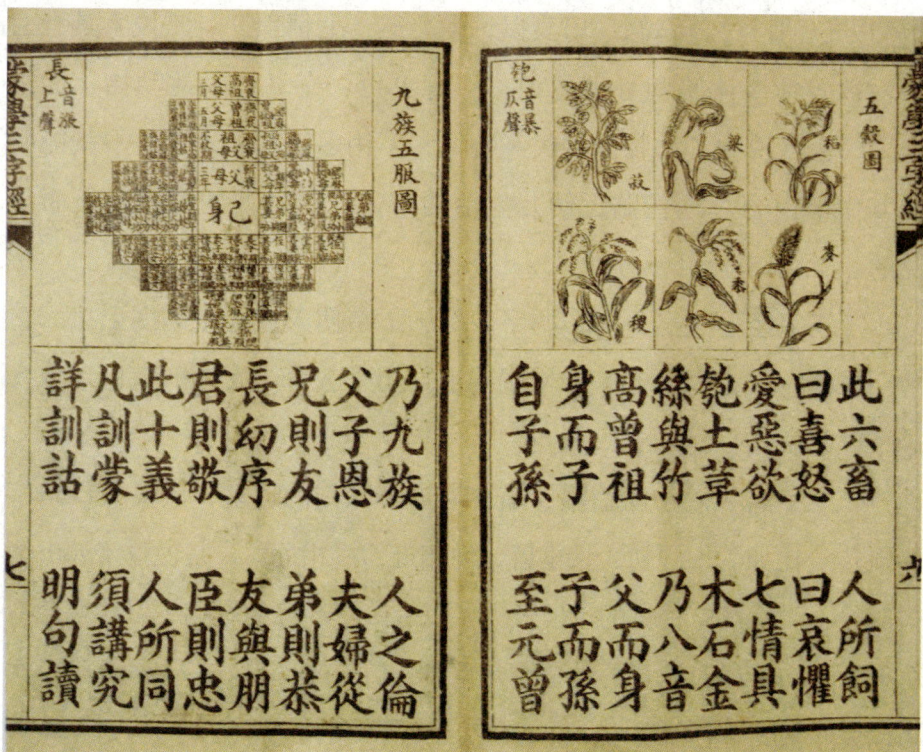

■ 《三字经》插图

玩爱闹，唱着歌诀跑来跑去。这时，他的脑海灵光突现：对，就把这些写成三字歌诀吧！

王应麟毕竟是通古博今的大儒，博学多才，对经史子集、天文地理，都有非常深入的研究。举重若轻的大家手笔写出的这部"三字歌诀"，当然是非同凡响的。

后来，这本融会了我国文化精粹的"三字歌诀"，就成了后人所说的蒙学传世经典《三字经》。

《三字经》的内容非常丰富，涉及历史知识、天文地理、社会生活等各个方面。时人觉得本书内容很好，纷纷翻印，因此广为流传，历久不衰。

比如"曰春夏，曰秋冬，此四时，运不穷"和"曰南北，曰西东，此四方，应乎中"，是说明季

几案 长桌子，也泛指桌子。人们常把几和案并称，是因为二者在形式和用途上难以划出截然不同的界限，"几"是古代人们坐时依凭的家具，"案"是人们进食、读书写字时使用的家具，其形式早已具备，而几案的名称则是后来才有的。

节和方位的；"曰喜怒，曰哀惧，爱恶欲，七情俱"，是说人具有七情六欲等情绪体验和心理意识；"有虫鱼，有鸟兽，此动物，能飞走"，概括说明了动物的种类和特征，不用多解释，幼儿一看就能明白其中的内容。这些贴近幼儿生活的知识，对幼儿的熏陶是显而易见的。

《三字经》三字一句，两字一韵，不禁使人读起来朗朗上口。它像一首诗一样，背诵起来如同唱儿歌，用来教育子女朗朗上口十分有趣，又能启迪心智。

《三字经》短小的篇幅，蕴含着许多深刻的道理，脍炙人口、广为流传。比如"人之初，性本善，性相近，习相远"，是说每个人出生的时候，天性都是善良的，但长大了以后，受环境的影响，习性就会不一样。这句话说对儿童的教育非常重要，后天教育得好，方法正确，就可以使儿童成为有用之才，反之，就会有不好的结果。

孟母择邻图

《三字经》插图

至李闖　神器焚
清太祖　膺景命
靖四方　克大定

廿二史　全在茲
載治亂　知興衰
讀史者　考實錄
通古今　若親目
口而誦　心而唯
朝於斯　夕於斯

　　再如"昔孟母，择邻处，子不学，断机杼"。这就是著名的"孟母三迁""孟母断织"的故事。

　　一迁，是因孟家附近是坟场，孟子就学人做丧事；二迁，是因邻居是肉商，他就学人卖肉；三迁，迁到了学校附近，孟子上学了，那里人文环境良好，孟母很满意，认为这才是能够教育好孩子的地方。

　　有一日，孟子逃学回来，孟母一气之下把已织到一半的布剪断，说："你现在这样，就和我剪断这匹布一样，前功尽弃。"

　　孟子听从了母亲的教诲，从此以后，发奋读书，终于成为一名伟大的思想家、教育家，与孔子合称"孔孟"。

　　《三字经》中，类似这样有趣又有意义的故事还有很多很多，可以说每12个字就是一个故事，虽然字数不多，但其中都包含着深刻的道理和无穷的哲理，是一本值得所有孩子一读再读的好书，也是可以相伴孩子们左右的良师益友。

《大学》 原为《礼记》第二十四篇。宋代程颢、程颐兄弟把它从《礼记》中抽出来，编次章句。后来，朱熹又将《大学》《中庸》《论语》《孟子》四部书合编注释，称为"四书"，从此《大学》便成了儒家经典。朱熹把《大学》重新编排整理，分为"经"一章，"传"十章。

从明代开始，《三字经》不仅在国内流传，更踏上异国他乡，是国际上影响最大的蒙学读物。

世界上最早的《三字经》翻译本是拉丁文，这个首功当属意大利人利玛窦的老师罗明坚。利玛窦是位首开中意文化交流之先河的使者，但是他的老师罗明坚却鲜为人知。当年就是这位罗明坚带着利玛窦来到我国，并指点他学习我国文化。

罗明坚是历史上第一位研究汉学的欧洲人，早在1579年，他就来到澳门学习中文，他首先接触的就是《三字经》。

这本讲述道德培养和学习精神及涵括文史的"小书"让他很快就进入传统儒家文化的领地，他深感这本《三字经》的文化价值和对西方文化界的启发作用，于是他从1581年就开始着手翻译，并将译文寄回

■《三字经》插图

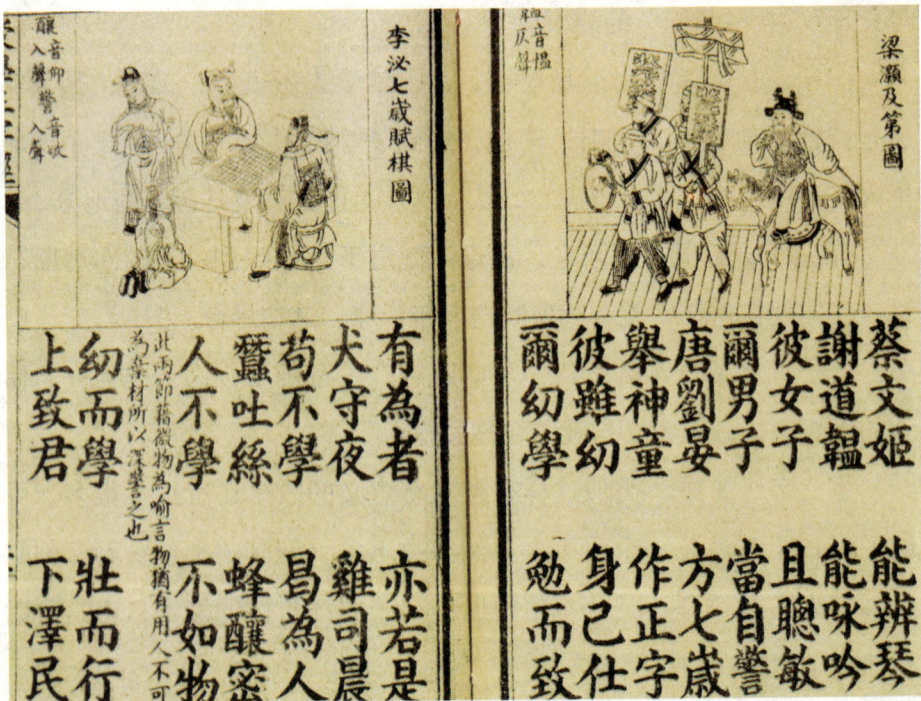

瑩八歲 能咏詩
泌七歲 能賦碁
彼穎悟 人稱奇
爾幼學 當效之

爾小生 宜立志

懸梁讀書圖

蘇老泉 二十七
始發憤 讀書籍
彼既老 猶悔遲
爾小生 宜早思
若梁灝 八十二
對大廷 魁多士
彼既成 眾稱異

蔡文姬辨琴圖

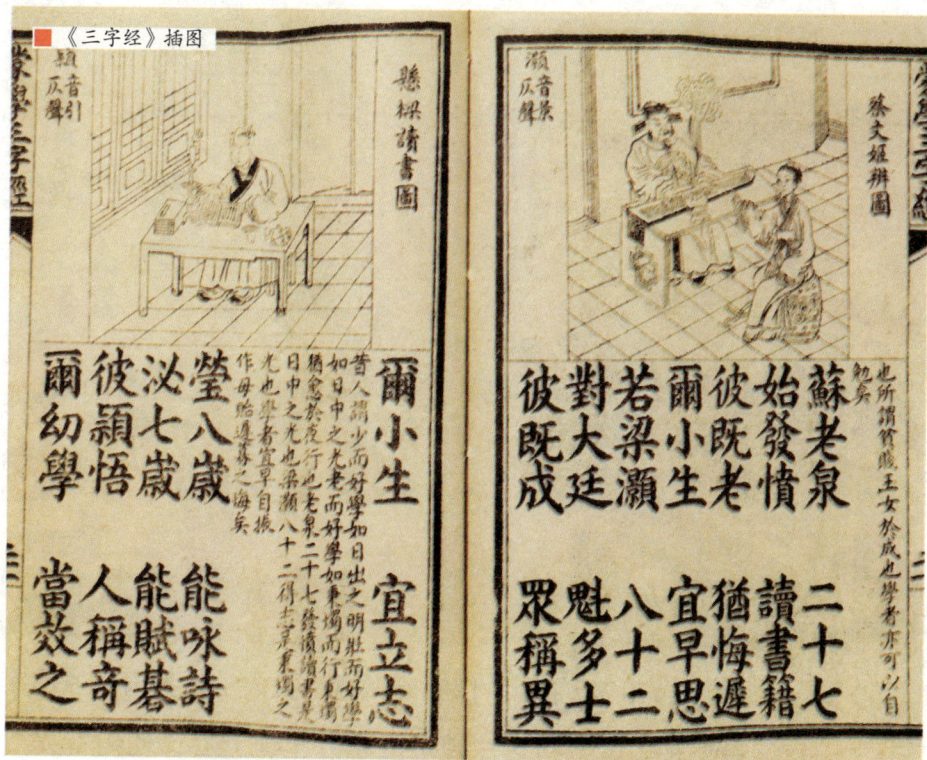

意大利，他在附信中还写道"时间仓促，拉丁文译文也很不通顺"。虽然此书当时没发表，但历史仍清晰地记录下他的这份不凡辛劳和开创之功。

正是这位自称是"我们已被视为中国人"的意大利学者，更将《四书》《大学》翻译为拉丁语，成为当时欧洲贵族学习东方文化的珍贵资料。

王应麟当然没想到，自己这本启蒙书，在200多年后，竟由一位素不相识的意大利人翻译为"番文"，漂洋过海，来到"番邦"，还成为这些洋人认识"中国文化"的入门必备书。

在意大利人一字一句地朗读《三字经》的那会儿，俄罗斯人也开始与这本小书不期而遇，他们意想不到的是，这本小书竟在日后的俄罗斯历史上产生了不可低估的文化作用，并成为大诗人普希金钟爱的"中国读物"。

■ 清代《三字经》教子图

崇文重教的蔚然民风

儒家 又称儒学、儒家学说，或称为儒教，是以信奉以孔子为先师，以"儒"为共同认可符号，各种与此相关，或声称与此相关的思想道德准则，是中华文明最广泛的信仰构成。春秋战国时期，孔子在鲁国讲学，以"诗、书、礼、乐、易、春秋"之六经为经典，奠定了儒家的最早起源。

1727年，沙俄政府派遣一批人士到我国学习儒家文化，来到这片神奇的东方土地上后，他们首先要研读的就是这本薄不起眼的《三字经》。这本字仅一千、涵括万物的神奇小书，令本来有点傲慢的欧洲人渐生好奇，而其中默不知名的一位学生罗索兴更埋头将它翻译为俄文，后竟入选为培训教材，成为当时文化界的流行读物。

1779年，圣彼得堡帝俄科学院又公开出版了列昂节夫翻译的《三字经及名贤集合刊本》，因其内容与当时女皇叶卡捷琳娜二世推行的讲求秩序的"开明专制"等政治策略不谋而合，政府遂正式"推荐给俄国公众"并走向民间。

不过，真正令《三字经》深入俄国民心的是"俄国汉学之父"俾丘林。他曾在北京生活14年，深谙经史，更明晓《三字经》的文化内涵和社会影响，他在

1829年推出《汉俄对照三字经》。此书一推出，果然立即受到社会各界的高度关注。

俄国教育界在当时也正好在讨论儿童教育问题，《三字经》中"孟母三迁"等典型例子，让这些满口高雅法语的贵族们惊讶于早在2000年前这个毗邻大国的一位母亲早就探索出一种有效的教育方法，于是，《三字经》成为"俄国人阅读中文翻译本的指南"，并成为当时社会的流行读物。

此外，其他众多不同国家如英国、美国、法国的汉学权威在介绍中国传统经典时，大多都将《三字经》与《论语》《孟子》等儒家圣人经典并列推介。他们这种出自非功利色彩的选择，正好道出《三字经》不可小觑的文化意义。所有这些，都折射出《三字经》所蕴含的令人无法绕开或轻视的文化分量。

汉学 或称中国学、国际汉学、海外汉学、域外汉学、世界汉学，是指我国以外的学者对有关我国的方方面面进行研究的一门学科。汉学奠基者是清代汉学家惠栋，他一生治经以汉儒为宗。1814年12月11日，在法国法兰西学院主持了第一个被称为西方汉学起点的汉学讲座。

391

■ 《三字经》里的孔子师项橐故事

孟母劝学图

经过数百年的流传，《三字经》从乡间走向宫廷内外，走向世界各地，其间的曲折历史和历代学者的心血与贡献可谓纸书难尽。

总之，《三字经》作为儿童启蒙经典，是中华民族五千年历史的缩影，其内容涵盖量非常丰富、全面。《三字经》能让世界了解我国的历史文化，它对世界文化的贡献可谓垂裕千秋，造福后代。

阅读链接

关于《三字经》的作者王应麟，有的说他是开封府人士，也有说他是顺德人士，众说纷纭。研究《三字经》，不得不关注王应麟和区适子这两个人。

区适子是广东顺德人。据宋史载：区适子，宋末县境鲤洲人，以博学多才闻名乡里，人称"登洲先生"。这一点不存在争议。他和王应麟几乎是同一时代的人，但区适子是不是王应麟，或许他们所撰写的是不同版本的《三字经》，或者说《三字经》是王应麟和区适子合著的，这一点尚待考订。

道德教化的《童蒙训》

北宋时期的1089年，宰相吕公著逝世，封申国公，谥正献。吕公著执政刚毅严谨、德高望重，因此，所有的朝廷高官，包括宣仁高太后和宋哲宗，都来出席葬礼。

这时，5岁的孙子吕本中聪明伶俐，一直深受爷爷喜爱，站在遗像前大哭不止。宣仁高太后拍拍小孩儿的肩膀，抚摸着他的头，叹道："孝于亲，忠于君。孩子，你努力学习，男儿当自强，加勉吧！"

小吕本中似懂非懂地看着太后，使劲地点点头，用小手抹去眼泪，渐渐收住了哭声。

吕家是北宋著名的官宦之家，人才辈出，从中书郎吕公著开始，随后的兵部员外郎吕希哲和东莱郡侯吕好

吕本中像

问，都是子承父业式的辉煌。可想而知他们的家教之严，家风之优。

吕本中是吕好问的儿子，生于1084年。一眨眼，小吕本中长成了温文儒雅的青年。他勤奋好学，喜爱诗歌，热衷参加诗词派对，经常跟着陈师道、黄庭坚等人学诗。

在人们对吕家的一片赞誉声中，吕本中常常思索的一件事是，自己的家族为什么能够连续四代都有才人出。他想到自己的童年以及父亲、祖父和曾祖父的事迹，有一种恍然大悟的感觉，领悟到了长辈们用心良苦的教诲。显然，这是因为这些人才自幼就都受到了良好的教化。

为了颂扬祖辈长处，使祖宗的德业能流芳千古，

■ 宋代《女孝经图》

也是为了勉励自己的后代，吕本中根据自己的亲身经历和体会开始编写《童蒙训》。

由于家族里最注重的就是孝道，因此在《童蒙训》中宣扬的也是孝道等儒家提倡的正统思想，凡涉及颂扬其祖辈长处的有关人物的点滴事件及言论都加以汇集。

吕本中的《童蒙训》是一部侧重伦理道德教化的童蒙课本。该书采用语录体、内容以作者所见所闻为主，且具有浓厚的理学色彩。

《童蒙训》书中所颂扬的，正如研究古典文献的工具书《四库全书·总目提要》所说：

所记多正论格言，大抵皆根本经训。

黄庭坚（1045—1105），字鲁直，自号山谷道人，晚号涪翁，又称豫章黄先生。生于唐代洪州分宁，即今江西省修水县。北宋书法家、诗人和词人。在书法方面，他与苏轼、米芾、蔡襄并称为"宋代四大家"。是北宋书坛杰出的代表，一代行草书风格的开拓者，对当时乃至后世影响深远。

吕本中详细地分析了儒家各个学派的书籍以及每位儒学大师的影响，他认为当以《孝经》《论语》《中庸》《大学》《孟子》为本，熟味详究，然后通求之《诗》《书》《易》《春秋》，必有所得。

　　在写《童蒙训》的时候，吕本中想起了他幼小的时候，父亲给自己讲过的一个东晋书法家王献之的故事。这个故事在晋国史书《晋书》上也有记载：

　　东晋书法家王献之曾和自己的弟兄王徽之、王操之一起去拜访当时的宰相谢安。王徽之和王操之与谢安谈的都是生活琐事，但王献之只是简单地寒暄了一下。

　　等他们离去后，有人问谢安说："他们三兄弟之中哪个最出色呢？"谢安回答说："年纪最小的那个王献之不错。"对方又问："您是怎么看出来的呢？"谢安说："自古以来贤人们说起话来没有喋喋不休的，而三兄弟中只有王献之话最少。"

　　还有一次，王献之和哥哥王徽之一起在一个房间里，房子突然失火了。王徽之吓得连鞋都来不及穿就冲出门去，但王献之却是神色自若地由仆人搀扶着走出来了。世人们由此分辨出了谁才是真名士。

　　又有一次，王献之的家中深夜遭遇盗贼。在那群小偷把家中财物

《论语》竹简

扫荡一空，想扬长而去时，王献之在卧室里不急不缓地说："盗贼们，那个青毡是我家的旧物，你们还是给我留下吧。"小偷们没见过如此淡定的人，都被吓跑了。

这个故事使吕本中相信，人的自我修养不仅能从语言上表现出来，在危急时刻也能保持本色，风度翩翩。由此，他在《童蒙训》中写道：

后辈刚开始学习时，一定要领会并练就一副必要的精神气质。精神气质好时，什么事都能独当一面。精神气质通过人的言辞、容颜和举止及处事的轻重缓急之中充分地显现出来。不仅君子与小人能根据这个划分，人的贵贱和寿命长短也都与这个有关。

精神气质是一种气象，它是一种自然蒸发在眉宇间的文化修养，具有一种处变不惊、随机应变的品节和气度。读书到了一定的境界时，自然而然就会形成一种高雅圣贤的气象，这种气象来自于书香墨气。

书香墨气是指中华传统文化所独有的圣贤之学，它探讨为人处世的基本原则和实践的途径，被古人认为是比功名利禄还要关键的安身立命之本，所以后人也应懂得好的

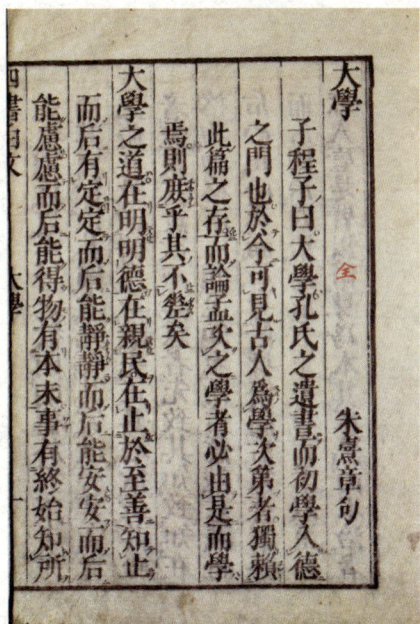

■ 古籍《大学》

王献之（344—386），字子敬，小字官奴。琅琊临沂人，曾官吴兴太守，中书令，世称"王大令"。与其父并称"二王"，羲之称"大王"，献之称"小王"。书法众体皆精，尤以行草著名，敢于创新，不为其父所囿，为魏晋以来的今楷、今草做出了卓越贡献，被誉为"小圣"。

气质和习惯应该从小培养和磨炼，这样方可稳固坚定下来，日后有所建树。

吕本中著成《童蒙训》，担得起当年高太后"孝于亲，忠于君"的嘱咐。

《童蒙训》在流传过程中，其中论说为官处事的内容被剥离了出来，编成了《官箴》。论说诗文的内容被删削，大多散佚在各种诗话文献中，当代语言学家、文学家、文学批评史家郭绍虞将其收集，编成《童蒙诗训》。论修身治学的内容被保留下来，成了《童蒙训》的内容。

《官箴》和《童蒙训》在宋、元、明、清各代都广为流传。原本《童蒙训》包含的文化价值是多方面的，主要反映了治学的内容、态度、方法和途径，需培养的思想品行和懂得的待人接物的礼节，学作诗写文章的步骤、方法和学习的典范及对历代诗文的评论，为官处事的态度和原则。

今传《童蒙训》源于南宋刻本，已非旧貌。主要讲述了尽孝、明礼、诚信、风节、仁慈、谨慎、庄重、勤劳等方面的道德要求。

崇文重教的蔚然民风

阅读链接

《童蒙训》作者吕本中是北宋时期的诗人，他经常跟着陈师道、黄庭坚等人学诗。有一次，他与朋友喝酒作诗，酒酣耳热之际，搞了一幅名为"江西诗社宗派图"的戏作，因黄庭坚、陈师道等25人之诗其源流皆出江西，故戏称之为"江西诗派"。这是我国文学史上第一次以地域来划分派系，对后世影响深远。

有趣的是，吕本中是开封人，当时并没有将自己列入"江西诗派"，但后人却因他提出了"江西诗派"这个名称，都视其为"江西派诗人"。

包罗万象的《幼学琼林》

明代末年，一位叫程登吉的人写了一本《幼学须知》的书，又称《成语考》《故事寻源》，用来给自己的孩子做启蒙读物。后来，这本书流传了出去，清代嘉庆年间的学者邹圣脉给《幼学须知》做了一些补充，并更名为"幼学琼林"，也叫"幼学故事琼林"。

■《幼学琼林》

《幼学琼林》是骈体文写成的，共分为33类，文体全部用对偶句写成，容易诵读，便于记忆。我国一直流传一句话：

读了《增广》会说话，读了《幼学》走天下。

《增广》指的是明代编写的儿童启蒙

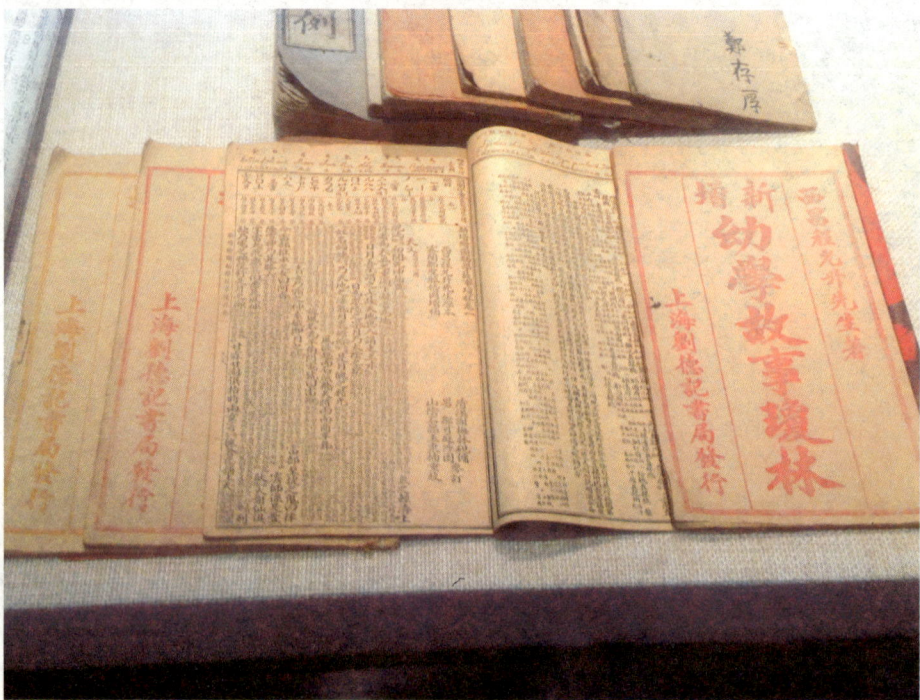

《幼学琼林》

读目《增广贤文》，又名《昔时贤文》《古今贤文》。《幼学》指的是就是《幼学琼林》。

在《幼学琼林》中，对许多的成语出处做了介绍，因此可以让人掌握不少的成语典故，此外还可以了解我国古代的著名人物、天文地理、典章制度、风俗礼仪、生老病死、婚丧嫁娶、鸟兽花木、朝廷文武、饮食器用、宫室珍宝、文事科第、释道鬼神等诸多方面的内容。《幼学琼林》中还有许多警句、格言，至今仍传诵不绝。

《幼学琼林》对天地的起源和天体的运行做了一番描述：

混沌初开，乾坤始奠。气之轻清上浮者为天，气之重浊下凝者为地。日月五

乾坤 八卦中的两爻，代表着天地，衍生为阴阳、男女、国家等人生观世界观。是我国古代哲人对世界的一种理解。《系辞上》认为乾卦通过变化来显示智慧，坤卦通过简单来显示能力。把握变化和简单，就把握了天地万物之道。古人以此研究天地、万物、社会、生命和健康。

星，谓之七政；天地与人，谓之三才。

　　日为众阳之宗，月乃太阴之象。虹名
螮蝀，乃天地之淫气；月里蟾蜍，是月魄
之精光。

意思是说，混沌的宇宙，元气一经开辟，天地阴阳
便有了定位。元气向上浮升而形成了天，厚重混浊的部
分凝结在下面便形成了地。太阳、月亮及金、木、水、
火、土五星并称为七政。天、地和人合称为三才。

　　太阳是众多阳气的宗主，月亮是太阴的精华象
征。长虹又称为螮蝀，是天地之气交汇浸淫而形成
的；月宫里的蟾蜍，是月亮的精华所凝聚而成的。

　　在《幼学琼林》"地舆"的章节里，也对各地区
的划分做了简单的介绍：

月宫 又名蟾宫，是我国神话传说中嫦娥居住的天上宫殿，是一只具有灵性的蟾蜍幻化而成。广寒宫宫殿群包括广寒宫、天籁馆、百花馆、望乡亭、凌云亭、会仙亭、青龙台、朱雀台、白虎台、玄武台、太和殿、文华殿、长生殿、观音殿和清暑殿。

童蒙教化

儿童蒙学

■ 《幼学琼林》内容宗庙冠礼仪式

■《幼学琼林》内容黄帝划分疆域图

舜 我国传说中父系氏族社会后期部落联盟领袖。舜，也称虞舜，生于姚地，今河南濮阳，以地取姓氏为姚。姚姓族人是黄帝、舜的后裔。舜帝是中华民族的共同始祖。他不仅是中华道德的创始人之一，而且是华夏文明的重要奠基人。

黄帝画野，始分都邑；夏禹治水，初奠山川。宇宙之江山不改，古今之称谓各殊。北京原属幽燕，金台是其异号；南京原为建业，金陵又是别名。

浙江是武林之区，原为越国；江西是豫章之郡，又曰吴皋。福建省属闽中，湖广地名三楚。东鲁西鲁，即山东山西之分；东粤西粤，乃广东广西之域。

意思是说，黄帝划分了我国的疆域，才有了都邑的界限，夏禹平治了洪水，才奠定了山川的位置。天地间的山川河脉虽然不曾更改，自古以来它们的称呼却各有不同。北京古时称幽州或称燕国，别名又叫金台；南京就是建业，别名又叫金陵。

浙江从前称为武林，本是越王的故国；豫章、吴皋都是旧时江西的称呼。福建一省古时统称七闽，湖广地方旧名叫作三楚；东鲁、西鲁就是山东、山西的旧名，东粤、西粤即为广东、广西。

除了天文地理之外，《幼学琼林》还以历代圣人举例打趣，劝导人要爱惜自己的面容，隐喻了"相由心生"的道理：

百体皆血肉之躯，五官有贵贱之别。

尧眉分八彩，舜目有重瞳。耳有三漏，大禹之奇形；臂有四肘，成汤之异体。

文王龙颜而虎眉，汉高斗胸而隆准。

孔圣之顶若圩，文王之胸四乳。周公反握，作兴周之相；重耳骈胁，为霸晋之君。

此皆古圣之英姿，不凡之贵品。

403

童蒙教化

儿童蒙学

■《幼学琼林》内容大禹治水图

■ 大成殿内的孔子像

意思是说，身体的各种器官都是由血肉组成的，从人的五官上就可以看出贵贱之别。相传尧的眉毛分为8种色彩，舜的眼中有两颗瞳仁。耳朵上有三个耳孔，这是大禹令人称奇之处；胳膊上有四个关节，这是成汤与众不同之处。

周文王有像龙颜一样的额头和虎眉一样的眉毛，汉高祖有像斗一样的胸膛和高高的鼻梁。孔子的头像"圩"一样呈凹形，周文王的胸有四乳。周公的手掌柔软，可以反掌握住手腕，后来成为振兴周的国相；重耳的肋骨连接在一起，最后成为晋国的君主，称霸天下。这些都是古代圣贤英姿超凡脱俗的品相。

《幼学琼林》对师生和求学之事也做了一番详细描述：

尧 上古五帝之一，史称"唐尧"。他是原始社会末期的部落联盟长。当他得到帝位以后，便在唐县伏城一带建立了第一座都城，后来迁都平阳。他当政时期，天下安宁，世风祥和，因此，人们将帝尧时代视为农耕文化出现飞跃进步的时代。

马融设绛帐，前授生徒，后列女乐；

孔子居杏坛，贤人七十，弟子三千。称教馆曰设帐，又曰振铎；谦教馆曰糊口，又曰舌耕。

师曰西宾，师席曰函丈；学曰家塾，学俸曰束脩。桃李在公门，称人弟子之多；苜蓿长阑干，奉师饮食之薄。冰生于水而寒于水，比学生过于先生；青出于蓝而胜于蓝，谓弟子优于师傅。

意思是说，东汉的马融设帐授徒，前面教导弟子，后面却有女乐为伴；孔子在杏坛讲学，先后培养了三千多弟子，其中最著名的有72人。形容别人设立教馆讲学叫作"设帐"，又叫"振铎"；谦称自己设立教馆讲学叫作"糊口"，又叫"舌耕"。

家塾教师叫作"西宾"，塾师的座席叫作"函丈"；在家里教学叫作"家塾"，给塾师的学费叫作"束脩"。"桃李在公门"，是形容教的学生多，硕果累累；"苜蓿长阑干"，是形容塾师的俸禄少，饮食很差。"冰生于水而寒于水"，是用来形容学生强过先生；"青出于蓝而胜于蓝"，是用来形容弟子强过师傅。

《幼学琼林》中的一句"毛义捧檄，为亲之存；伯俞泣杖，

马融（79—166），字季长。东汉时期著名经学家，东汉名将马援的从孙。马融性格放达任性，不为儒者的小节所拘。他的房屋器用衣物，都崇尚奢侈，常常坐高堂，挂红纱帐，前面教授门徒，帐后设置女乐。他还擅长鼓琴，好吹笛，任性而为。他的前授生徒，后列女乐的做法，对以后魏晋清谈家的破弃礼教产生了一定的影响。

■《幼学体操法》

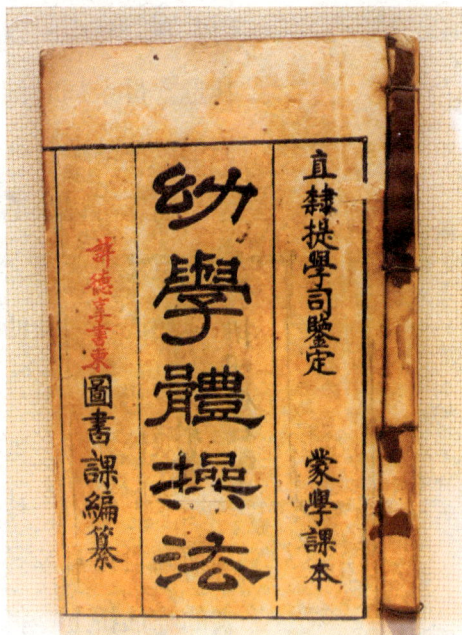

弃官寻母

朱寿昌，宋代天长人，七岁时，生母刘氏被嫡母（父亲的正妻）嫉妒，不得不改嫁他人，五十年母子音信不通。神宗时，朱寿昌在朝做官，曾经刺血书写《金刚经》，行四方寻找生母，得到线索后，决心弃官到陕西寻找生母，发誓不见生母永不返回，终于在陕州遇到生母和两个弟弟，母子欢聚，一起返回，这时母亲已经七十多岁了。

■ 《二十四孝》弃官寻母

因母之老”也是有典故的。

"毛义捧檄，为亲之存"说的是：东汉末庐江有个叫毛义的人，他自幼丧父，母子相依为命。毛义家境贫寒，年少时以为他人放牧为生，箪食瓢饮，奉养其母。母亲病时伺候汤药，还曾为母亲割股疗疾，人们都以他的孝行称著乡里，举为贤良。

朝廷听说了毛义的事迹后，就送来檄文赏封他为安阳县令。毛义本人并不想做官，但是为了安慰母亲，便迎至"临仙桥"喜接檄文。

时隔不久后，毛义的母亲病逝了，朝廷听说后又派来奴仆和专车前来看望，但是毛义说："当时我接受檄文只是为了让母亲高兴，如今母亲不在了，我还是回归自由身吧。"然后，毛义就跪拜在当初接受檄文的临仙桥上，将原赏封的檄文双手捧还了。

梁州 古代行政区划名，曾是古九州之一；三国时始设梁州，治所在陕西汉中，唐德宗改其为兴元府。"梁州"正式成为行政区域名，始于263年。是年，魏灭蜀汉，旋分蜀汉故地为益、梁二州，各领八郡。

"伯俞泣杖，因母之老"说的是：汉代梁州有个叫韩伯俞的人，他生性孝顺，能先意承志，所以深得母亲欢心。母亲对他十分严厉，尽管对他非常疼爱，但是偶尔也会因他做错事而发火，用手杖打他。

每当这时，韩伯俞就会低头跪拜在地等着挨打，不加分辩也不哭。直等母亲打完了，气也消了，他才和颜悦色地低声向母亲谢罪，母亲也就转怒为喜了。

到了后来，母亲又因故生气，举杖打他，但是由于年高体弱，打在身上一点儿也不重，韩伯俞忽然哭了起来。母亲感到十分奇怪，问他："以前打你时，你总是不言声，也未曾哭泣。怎么这次哭得这么厉害，难道是因为我打得太疼吗？"

伯俞忙说："不是不是，以前挨打时，虽然感到很疼，但是因为知道您身体康健，我心中庆幸以后母亲疼爱我的日子还很长，可以常承欢膝下。可是今天母亲打我，一点儿也不觉得疼，足见母亲已筋力衰迈，所以心里悲哀，才情不自禁地哭泣。"类似这样的典故，都是非常感人的。

《幼学琼林》这本蒙学教材是除了"三百千"外影响较大的一种。历史证明，《幼学琼林》对语文学习尤其是写作客观上起到了极大的促进作用，这来源于《幼学琼林》百科全书式的知识类编，又因为多用成语，几乎相当于一部可读性很强的成语典故小词典，其释词精要，取譬得当，解析浅近，都令人赞佩。内容上大致归类，便于检索，具有类书的功能。

知识类编的特点使得这本蒙学教材在语文积累上具有积极的意义。积累，分为常识积累和词语积累，《幼学琼林》在这两方面都有充分的体现，并能将两者有机统一起来。如在常识方面，有天文、地理、岁时等，学生可以分门别类地学习这些方面的常识，与此同时也积累了与之相关的词语，可以说做到了工具性与人文性的统一。通过这样的有机结合，形成了极其丰富而极具特色的自然节气知识，这些知识可以解答儿童眼中的自然现象，使之能理解事物的本源。

如对于"晦""朔""望"三个词分别指的是农历每月"三十""初一""十五"三天，单个地去识记不容易记住，但将之与月之圆缺相联系，就形象地道出其中命名的由来，使得儿童在常识的学习中又积累了数量相当的词语。这种百科全书式的知识教学，是《幼学琼林》的一大特点，也是蒙学教材的特点。

《幼学琼林》的类书功能提供了儿童词语学习的好办法。这种主题式的教材编写，在客观上具有类书的价值和功能。

如果考究一下《幼学琼林》的编撰体例和主旨，不难发现它的源头可以上溯到《大学》。明代解释演绎《大学》书的有邱濬的《大学衍义》和湛若水的《格物通》，其编纂的体例与这本《幼学琼林》非常相似，可以说它们是一脉相承的。

《幼学琼林》针对的对象是儿童，考虑儿童的心理和知识程度，用语更为浅近通俗，内容广博、包罗万象，是我国古代蒙学中影响最大，编得最好的读本，堪称我国古代的一部百科全书。

阅读链接

在《幼学琼林》里面，有一些关于我国道学家和佛学家的事迹记录："如来释迦，即是牟尼，原系成佛之祖；老聃李耳，即是道君，乃为道教之宗。鹫岭、祇园，皆属佛国；交梨、火枣，尽是仙丹。沙门称释，始于晋道安；中国有佛，始于汉明帝。"

如来佛就是释迦牟尼，本是佛教的始祖；谥号为"聃"的李耳就是老子，后来被尊为道教的始祖。"灵鹫山"和"祇园"都是佛祖说法的地方，属于佛国；"交梨""火枣"全都是道家服用的仙丹。和尚和僧侣开始以"释"为姓，源于东晋僧人道安；我国有佛教开始于东汉明帝。

儿童生活的《童蒙须知》

南宋理学大师朱熹十分关注孩童的教育问题。他发现当时没有一本典籍是关于教化孩子的，觉得如果一个人在幼时就没有得到良好的教育，知道有所为有所不为的道理，那以后还怎么成才呢？于是，就写出了一本童蒙教化的著作，起名为"童蒙须知"。

《童蒙须知》分衣服冠履、言语不趋、洒扫涓洁、读书楷子、杂细事宜等目，对儿童生活起居、学习、道德行为礼节等均做了详细规定。对此，朱熹说：

朱熹画像

夫童蒙之学，始于衣服冠履，次及言语步趋，次及洒扫涓洁，次

■ 朱熹讲学蜡像

及读书写文字，及有杂细事宜。皆所当知。今逐目条列，名曰童蒙须知。若其修身、治心、事亲、接物、与夫穷理尽性之要，自有圣贤典训，昭然可考。当次第晓达，兹不复详著云。

两衽 分为左衽和右衽，是古代汉族服饰特点之一。左前襟掩向右腋系带，将右襟掩覆于内，称右衽，反之称左衽。一般来说，应该是右衽在上，但古代某些少数民族的服装的前襟向左掩，异于中原一带的右衽，称为左衽，因用以指受外族的统治。

朱熹认为，即使是一个小孩子，也不能衣冠不整，否则长大了也不会形成好的习惯，在外则会被笑话父母没有好家教。在书中，朱熹严格地对古代孩童的标准装束做了详细的规定：

对于一个人来说，身体外表的端正清洁是最重要的。自冠巾、衣服、鞋袜都需要细心爱护，令它们洁净整齐。我家的先人常常告诫我们说，男子的装束有三紧，也就是头紧、腰紧、脚紧。

头，指的就是头巾。对未成年还没有加冠的男孩儿来说，则是发髻总角。腰，指的就是束腰的带子，脚则指的是鞋袜。

身上的这三处装束一定要细心穿戴好不能懈怠宽慢，连穿衣服都太过随意的人行为也会放浪形骸，会被人看轻的。每次着装之后都要对自己检查一番，提整襟领，整理两衽和纽带，不要有遗漏。

穿戴整齐才是第一步，然后就是要保持衣服的洁净：在吃饭喝水的时候也要留心衣服，不要让它有污迹和损坏。行走的时候也要小心，不要让它溅上污渍或者被破坏。脱掉衣服的时候，要把它整齐折叠后放在衣箱之中。

如果不把衣服随意乱丢乱放，衣服就不会染上

411

童蒙教化

儿童蒙学

■ 朱熹纪念堂

灰尘和脏污，还能容易找到不会丢失。穿衣服久了自然会脏，所以衣物要勤洗，把破的地方缝补上。即使全是补丁也没关系，整体干净最重要。

在洗脸的时候，要找毛巾遮住衣领并卷起两袖，不要把它们弄湿了。如果要劳作，就把宽袍大袖的衣服收起来换上短一些的便装，但仍然要爱护衣服小心别弄脏。

白天穿的衣服，到了晚上睡觉时要换下来，这样衣服才不会生虫子，不会被弄坏。如果照这样做的话，不仅人看着有精神，衣服保存得也很好。

晏子的狐裘能一穿30年，虽然也有他节俭困顿的原因在里面，但是也说明他对衣服爱惜有道啊。这才是最重要的。

儒家一向讲究尊师重道，儒家学说先圣孔子曾说过："三人行，必有我师焉。"但幼小的孩童可能还不知尊师重道的重要性，朱熹就把这一点化成了简易的几句叮嘱：

崇文重教的蔚然民风

朱熹祠堂正厅

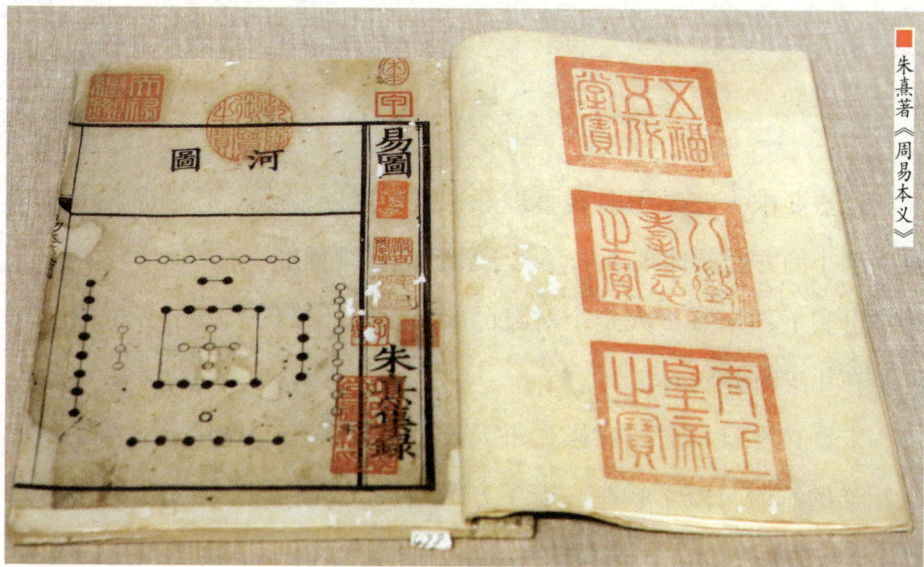

> 凡为人子弟，须是常低声下气，语言详缓，不可高言喧闹，浮言戏笑。父兄长上有所教督，但当低首听受，不可妄大议论。长上检责，或有过误，不可便自分解，姑且隐默。久，却徐徐细意条陈云，此事恐是如此，向者当是偶尔遗忘。

既然做了别人的弟子，说话语气就要和缓谦逊，吐字清晰，不要高声吵闹喧哗嬉笑。当接受父亲或兄长等长辈的教育时，要低头恭敬地听取，不能狂妄地顶嘴分辩。

即使长辈教训你的地方有不对的，也不要当场争辩，还是先忍下来。等过一段时间，再细细把当时的事情对长辈讲清楚，说这件事其实是另一个样子的，前些时候忘记告诉您了。

对于儿童的学习，朱熹在《童蒙须知》里说：

> 凡读书，须整顿几案。令洁净端正。将书册整齐顿放。正身体，对书册，详缓看字，子细分明读之。

须要读得字字响亮。不可误一字。不可少一字。不可多一字。不可倒一字。

朱熹要求人在学习时要整理好书桌，坐姿端正，书写也要认真，这些细小的方面都体现了朱熹对于教育的重视程度。

事实上，朱熹本人是个对自己要求十分严格的人，很多生活习惯都是在年少时养成的。

朱熹在平日家居的时候，每天天色还没有亮，就起来了，穿好衣裳相连的制服，戴了幞头，着了方头鞋子，到家庙里和先圣神位前去跪拜。

行了礼以后，退回到书房里，几案必定摆得很正，一切书籍器用，必定整整齐齐的。有时候疲倦了休息，就闭着眼睛端端正正地坐着，休息完了起来，就整齐了脚步慢慢地走。他的威仪和容貌举止的法则，从少年时一直到老始终没有放弃。

作为我国古代最负盛名的教育家，朱熹的一系列教育理论和他所著的蒙学教育著作《童蒙须知》，对后世来说，都有着十分重要的教育意义。

阅读链接

朱熹有一次来到永春走访书友，一日来到蓬壶，但见山川幽胜，即向乡老索纸笔，题字以赠。乡老争相传诵圣人留下的金字，即以楠木作匾，镌之以作永远纪念。

清代康熙年间，永春知县骆起明下乡劝农来到蓬壶，将朱熹题字的楠木匾重金收藏。有一次过乌龙江时风浪大作，轻舟有覆舟之险，同舟之人认为是妖邪作祟，需宝物压邪，急以楠木匾掷之江中，说来也怪，一时风平浪静，众人誉朱熹显灵。传说归传说，它表明人们对朱熹的敬仰之情。

行为规范的《弟子规》

那是在清代顺治年间的1647年，山西新绛的一个山村里，李家一个名叫李毓秀的孩子出生了。李毓秀从小并没有展示出多么过人的天资，人生经历也很普通，但他最大的特点就是性情温和豁达。

李毓秀年轻时师从同乡学者党冰壑，游学近二十年。科举不中后，就放弃了仕进之途，终身为秀才，开始致力于研究学说。在研究了不久之后，他慢慢对《大学》和《中庸》产生了不小的兴趣，决定仔细钻研。

后来，李毓秀想把自己所知的心得和学术上的成果惠及各方，就创办了敦复斋讲学。当时的人也有讥讽他的，但是李毓秀毫不在意。在他看来，自己并不是什么所谓学术大家，也不是要博取美名，办学堂只是自己的想法罢了。

李毓秀画像

《弟子规》书卷雕刻

李毓秀平和的心态和毫不矫揉造作的讲学风格吸引了很多人，再加上他对儒家的学说钻研得深，又有准备科考的学术底子，因此也能出口成章，语言风格平易近人。渐渐地，来听他课的人越来越多，路过李毓秀家或学堂门口的人，都会看见地上有密密麻麻的脚印。

想讲学就不能没有教材。李毓秀同样认为《大学》这种典籍不适合理解，尤其是不适合小孩子理解。如果只会背诵其中的句子而不解其意，就和不会没什么两样了。

在这个想法的推动下，也结合他自己的教书实践，李毓秀写了《训蒙文》，后来经过贾存仁的修改订正，改名为"弟子规"。

也许连李毓秀自己也没想到，自己和朋友的一个举手之劳，一个为了成全讲学而编出的教材，居然成

贾存仁 字木斋，清乾隆朝辛卯科副榜。工书法，精韵学。对《训蒙文》从形式到内容都进行了修改和订正，付出了巨大的心血，对《弟子规》的传播和发扬光大做出了不可磨灭的贡献，今人视贾存仁为《弟子规》的作者之一。

了传世的教化之书。

《弟子规》吸引人的地方也是李毓秀本人的性格魅力所在。李毓秀是个乐观豁达的人，基本上对于什么事都想得开。在他的意识里，考不上功名就回家呗；想讲学的话，那就开个学堂好了；没有教材，自己写一本不就好了？这种随性又亲切的处事风格也被李毓秀带进了《弟子规》里。

《弟子规》除了宣扬儒家传统美德之外，还引用了大量典故和民间故事举例，没有以往典籍相对普通百姓的生硬和晦涩，因此十分受欢迎，流传得很快。

比如，《弟子规》里面讲勤学苦练的重要性时，就有一句"有余力则学文"，这讲的就是董遇善于利用时间，刻苦求学的故事。

根据三国时代记载魏国历史的史书《魏略·董遇传》的记载：三国时期的魏国，有一个人叫董遇。他自幼生活贫苦，性格木讷，却十分喜爱学习，无论条

三国 我国东汉与西晋之间的一段历史时期，主要有曹魏、蜀汉及东吴三个政权。赤壁之战中曹操被孙刘联军击败，造成了三国鼎立局面的形成。220年曹操之子曹丕篡汉称帝，国号"魏"，史称曹魏，三国历史正式开始。280年，西晋灭亡东吴，三国时期结束，进入晋代。

■《弟子规》砚台

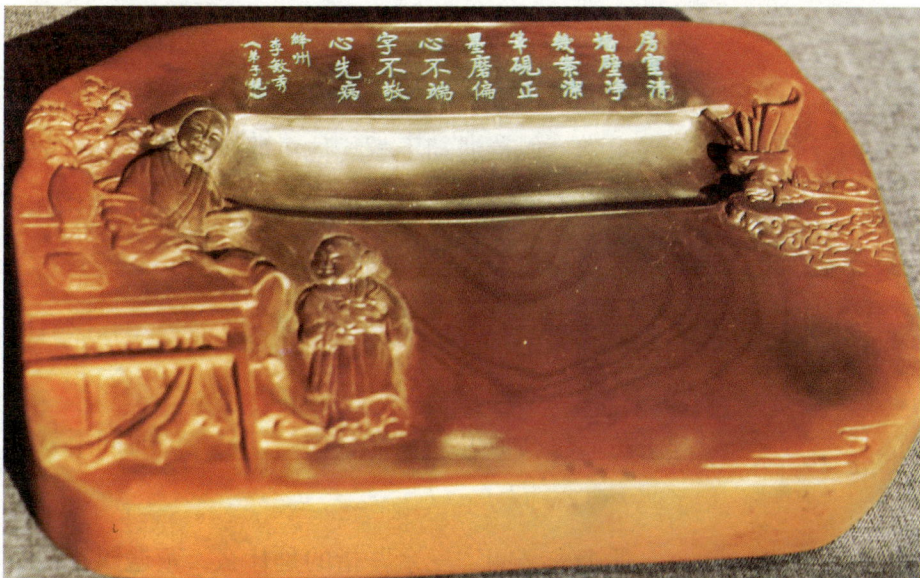

童蒙教化
儿童蒙学

《弟子规》提到
的亲有疾药先尝图

件多么艰苦也会抓紧时间看书，他哥哥耻笑他多次，但董遇丝毫不受影响。

董遇对《老子》很有研究，后来，他的学问已经大到可以为《老子》作训注了。董遇对《春秋左氏传》也下过很深的功夫，根据研究心得，写成了《朱墨别异》。

由于董遇的名声越来越大，不久之后，有人来向董遇求学，但董遇却不教。他对那个人说："你先去把书读上百遍再说吧。读上那么多次之后，书中的道理就不言而喻了。"

来求学的人面露难色地抱怨说："可是我没有时间读那么多次书啊！"

董遇反问他说："你利用'三余'的时间不就行了吗？"

那个人又问"三余"指的是什么，董遇回答说：

《老子》又称为《道德经》《五千言》，是我国古代先秦时期诸子分家前的一部著作，传说是春秋时期的老子所撰写的。《道德经》是道家哲学思想的重要来源。分上篇《德经》和下篇《道经》。是我国历史上首部完整的哲学著作。

"三余指的是三种空余时间：冬天是一年之余，晚上是一天之余，雨天是平日之余。"

那人听了恍然大悟，原来求学之道就是要通过一切可以利用的时间来读书学习，以提高自己的水平。

《弟子规》里面也强调父母对孩子的教育作用，认为古今以来孩子大都贪玩，最重要的是要能在父母的合理监督下认真求学不松懈。因为世上本没有天生的圣人，而是一点一滴的坚持和改变造就了人们的生命轨迹。

《弟子规》引述了我国古代妇女学古籍《列女传》中记载的孟母断杼教子的故事。通过这个故事，李毓秀强调母亲教子的重要意义。

《弟子规》中的一句"冬则温夏则清"，指的是宣扬儒家思想及孝道的古籍《二十四孝》中的首位孝子黄香的事迹。

童蒙教化

儿童蒙学

《列女传》是一部介绍我国古代妇女行为的书，"列女"就是"诸女"的意思。列女传有一百多个故事，主要是表彰美善，歌颂古代妇女的高尚品德、聪明才智以及反抗精神的内容，对后世影响很大。

■《弟子规》提到的母丧三年常悲咽图

汉黄香年九歳失母思慕惟切郷人称其孝躬執勤苦事父尽孝夏天暑热扇凉其枕草冬天寒冷以身暖其被席太守刘護表而奨之冬月温衾暖夏天扇枕温衾

■ 《弟子规》提到的扇枕温衾典故

扇 我们的祖先在烈日炎炎的夏季，随手摘取植物叶或禽羽，进行简单加工，用以障日引风，故扇子有障日之称，这便是扇子的初源。而最早的文字记载，则有"成于商殷"之说。我国的扇文化，内涵丰富，源远流长，拥有厚重的历史积淀和人文底蕴，是中华民族文化的重要组成部分。

黄香家住云梦县城北，他9岁时，母亲不幸去世，家里非常贫寒，他对母亲十分怀念。安葬母亲后，黄香在母亲坟前盖了个草庐。黄香白天帮父亲劳作，夜晚在墓庐里一边守墓，一边挑灯夜读，这一守就是三年。

不仅如此，黄香对父亲也格外孝敬。夏日炎炎，他为父亲摇扇驱蚊解暑，直到父亲入睡，方才回墓庐学习；严寒冬日，黄香总是先用自己的体温把被子焐热后，再请父亲入睡，唯恐父亲受凉。

《弟子规》中提到的《二十四孝》事迹不止这一个，"亲所好力为具"讲的是春秋时期郯国国君郯子以鹿乳奉亲的事情。

郯子是春秋时期人，十分孝顺。当时，郯子的父母年老，患眼疾，需饮鹿乳疗治。他便披鹿皮进入深山，钻进鹿群中，挤取鹿乳，供奉双亲。

在一次取乳时，猎人看到了郯子的装扮，以为是麋鹿，想射杀他。郯子急忙掀起鹿皮现身走出，将挤取鹿乳为双亲医病的实情告知猎人，免除了被误杀的危险。

从此，郯子的贤名不胫而走。人们慕名而来，纷纷拜郯子为师，学知识，学做人。有的人为了求学的方便，干脆就在这里住了下来。就连孔子也曾经来此住过一段时间，接受郯子的教诲。

人越聚越多，郯子的家乡由乡村变成了城镇，又由城镇变成了邦国，就称作郯国。当地的人们都一致推举郯子做了郯国的第一任国君。

《弟子规》中的"亲爱我，孝何难，亲憎我，孝

郯子 己姓，子爵，春秋时期郯国国君。在当时，东周王室渐趋衰败，诸侯大国之间相互争战侵吞，天下动乱。郯国虽是区区小国却颇有名气，这其中主要原因是国君郯子的政绩、才华和仁孝之德，赢得了人心。

■ 《弟子规》提到的鹿乳奉亲典故

鹿乳奉亲

周郯子性至孝父母年老俱患眼疾思食鹿乳子乃衣鹿皮去深山入鹿群之中取鹿乳供亲猎者见而欲射之郯子具以情告乃免亲老

方贤"，讲的则是晋代人王祥为了继母而卧冰求鲤的典故。

晋代　我国历史上九个大一统朝代之一，分为西晋与东晋两个时期。它上承三国，下启南北朝，属于六朝之一。265年司马炎自立为皇帝，国号晋，定都洛阳，史称西晋。317年，晋室南渡，司马睿在建邺建立东晋。420年，刘裕建立宋，东晋灭亡。

晋代的王祥在幼年时就失去了母亲。父亲又娶了继母，继母朱氏不喜欢王祥，经常在父亲面前说他的坏话，久而久之，连父亲也不喜欢他了。虽然失去了父母的宠爱，但是王祥仍然很孝敬自己的父母。

有一年冬天，继母病了，想吃新鲜的鲤鱼。当时天寒冰冻，河面都结冰了，一般渔民都已经不出去捕鱼了。王祥为了捉到活鱼，竟然脱掉衣服卧在冰上，希望能用体温化开河面的冰以后再捕鱼。

这时，冰忽然自行融化裂开一条缝，从里面跃出两条鲤鱼，王祥于是拿回去供母。王祥的孝行感动了继母，以后继母对他也就格外关心起来了。一家人的生活慢慢融洽和谐起来。

《弟子规》中说的"亲有过谏使更，亲憎我孝方

崇文重教的蔚然民风

■ 《弟子规》提到的卧冰求鲤典故

贤"，指的也是《二十四孝》中的内容，是"芦衣顺母"这个典故。

■ 《弟子规》提到的单衣顺母典故

周代时候有个孝子叫闵损，字子骞。闵子骞是孔子的学生。生他的母亲，早已过世了，他的父亲娶了一个后妻，生了两个儿子。那个后母很厌恶闵损，冬天的时候，给自己亲生的两个儿子，做了内有棉絮的衣裳，给闵损穿的衣裳却是只装着芦花的。

有一天，他的父亲叫闵子骞推车子出外。可是因为衣裳单薄，身体寒冷，一个不小心，不觉失掉了车上驾马引轴的皮带子。他的父亲起初以为儿子太粗心很生气，就举鞭子抽打他。鞭子把衣服抽破了，露出全是不保暖的芦花，父亲才知道闵子骞是穿着芦花的衣服。

回家后，父亲再摸摸另外两个孩子的衣服，却

闵子骞（前536—前487），孔子高徒，在孔门中以德行与颜回并称，为"七十二贤人"之一。他为人所称道的主要是孝。在千年之后的《二十四孝图》中，闵子骞排在第三，是中华民族文化史上的先贤人物。

是暖和的棉花。闵子骞的父亲十分惊讶，终于明白是妻子虐待了闵子骞，一气之下，就要赶走后妻。

这时，闵子骞跪下来哀求父亲，说："母亲在家，只有孩儿一人受冻，如果母亲走了，家里就有三个孩子要受寒。"

这两句话感动了父亲，留下了后妻，也使后妻知道反省改过，从而变成了慈母。

七十二贤人之一的闵子骞的孝行是发自天性的，不管父母对他是疼爱或是憎恶，他始终都是用心尽孝的，安顿了一家人的心，让一家人各安其分，因而保全了一个濒临破碎的家庭。

所以孔子在教学时，还特别称赞闵子骞说："你真是难能可贵的孝子啊！"

《弟子规》全文1080个字，本是童蒙养正宝典，看似一本不显眼的小书，实际上里面蕴含着做人做事做学问的大智慧。《弟子规》的总叙中有七个科目，即孝、悌、谨、信、爱众、亲仁、学文，前六项属于德育修养，后一项，即学文，属于智育修养。

《弟子规》汇集了我国至圣先贤的大智慧，首先教育孝顺父母、恭敬兄长，继而教育把对父兄的孝敬扩大到社会，"事诸父，如事父；事诸兄，如事兄"，进而教育泛爱众，"凡是人，皆须爱"，通篇讲的是爱心。

学好《弟子规》，对于"知廉耻、明是非、懂荣辱、辨善恶"，培养健全的道德品质，具有重要意义。

《弟子规》所讲的道理，正是圣人的训诲，从"入则孝、出则悌、谨而信、泛爱众"，亲仁及余力学文着手，在日常生活工作中要经常广泛运用，逐步孕育出重德、崇德、立德、尚德、明德、修德、厚德品行。

《弟子规》对后世影响颇大，可以使后人吸收前人在修身处事、治国理政等方面的智慧和经验，养浩然之气，塑高尚人格，不断提高人文素质和精神境界。

阅读链接

《弟子规》里有这样一句话："冠必正，纽必结；袜与履，俱紧切。"意思是说帽子要戴好；纽扣要系好；袜子和鞋也要穿好。

孔子的学生子路是个很讲究仪表的人。一年，卫国发生了内乱，正在国外的子路听说后，急忙往回赶。进城之后，子路竭力帮助国君平叛，但还是因为寡不敌众，被敌人的武士击中，帽子上的缨带也被割断了。子路知道自己难逃一死，立即停止搏斗，说"君子虽死，但不能让帽子脱落而失礼。"于是他从容地系好了帽子便死了。

言浅义深的《小儿语》

那是在明代嘉靖时期，这一天，文学家吕得胜正在和自己的儿子吕坤一同诵读经书。作为一个声名远播的大贤，吕得胜教导起自己的儿子还是很轻松的。

吕坤画像

吕坤自小就跟着父亲学习先贤思想，再加上天资聪颖，因此学得也很顺利。只是小小的吕坤发现，自己竟没有可以和自己交流的玩伴，同年纪的同伴们玩的唱的背的都是一些十分世俗的东西，和他平日深种在脑海里的儒家道义一点儿边也不沾。

这种担忧在吕坤成年后一直存在，尤其是在为人父后变得更重了。作为一个望子成龙的父亲，他

■ 古画儿童玩耍

希望自己的孩子在问问题的时候，就能接受正确的教育。平日里能熟读《公羊传》《穀梁传》就好，不理解也没关系，但是像《尔雅》那种古籍，默念几遍就能烂熟于心了。

当时流传的儿歌，如"盘却盘""东屋点灯西屋亮"之类的，吕坤认为这些儿歌对儿童固然无害，但对品德修养以及后来的发展也没有什么好处。

如此下去，孩子学东西怎么能快呢？如果整天念着这种没有一丁点儿思想含量的熟语作乐，怕是也理解不了多少仁义之道。

想到这，吕坤坐不住了。他找到父亲，把自己的担忧对他说了一遍。吕得胜很支持儿子的想法，决定父子二人齐心协力编写新的儿歌，用来代替旧的儿歌。《小儿语》就这样问世了。

《小儿语》的语言浅近，人人易读易懂。用四

《尔雅》 我国最早的一部解释词义的专著，也是第一部按照词义系统和事物分类来编纂的词典。作为书名，"尔"是"近"的意思，"雅"是"正"的意思，在这里专指"雅言"。《尔雅》的意思是接近、符合雅言，即以雅正之言解释古语词、方言词，使之近于规范。

■ 古代学生学习场景

言、六言、杂言的语言形式，宣传一些做人的道理，以及每个人应该具有的良好品德。此书问世以来，很受欢迎，比较普遍地流行于民间，所以影响很大。

《小儿语》的最大意义在于，能用十分俏皮轻松的语言让孩子们引起兴趣，因此比生涩的古籍更愿意背诵。再加上其中的道理十分浅显，即使是不能熟读经书的父母也能看得懂，可以为孩子解惑。

最可贵的是，《小儿语》虽然是一本教化类书籍，但其中的很多语句，成年人也可以引以为戒。《小儿语》从不以圣人之德之类的高姿态教导人，而是用一种老友间互相调侃的口气讲出道理。比如：

手下奴仆，从容调理。他若有才，不服侍你。一不积财，二不结怨。睡也安

六言 绝句的一种，属近体诗的范畴。绝句是由四句组成的，有严格的格律要求。根据每句字数，绝句分为五言绝句、六言绝句、七言绝句。当前所言近体诗一般很少涉及四、六言。和五言绝句、七言绝句相比，六言绝句比较少见。

然，走也方便。

不要和手下的奴仆或者是不入流的人一般见识。他们要是道德高尚才高八斗的人，也不会跑你这儿来当奴婢了。财产适量就好，也不要与人结怨。这样一来，睡得也安心，身后事也好安排。

在一个人的成长时期里，童年的经历和所见所闻可以说是最重要的，因为那个时候的人模仿能力都很强，思想辨别力却很差。孩子们则会从身边的一切，包括父母、邻居、玩伴身上注意到某些特质，然后不加分辨地模仿，慢慢地形成了习惯。

但是人无完人，孩子们总会无意中树立或者学习到一些缺点。在那个年纪，与他们大谈孔孟之道是不实际的，尚未入世的他们也不会明白功名利禄以及淡泊明利的区别。

《小儿语》的伟大之处还在于，它不需多么沉重

才高八斗 "八斗"是南朝诗人谢灵运称颂三国魏诗人曹植时用的比喻。他说："天下才共一石，曹植独占八斗，我得一斗，天下共分一斗。"后来，人们便把"才高八斗"这个成语比喻他人的知识渊博、才学高深。

■ 清代考试蜡像

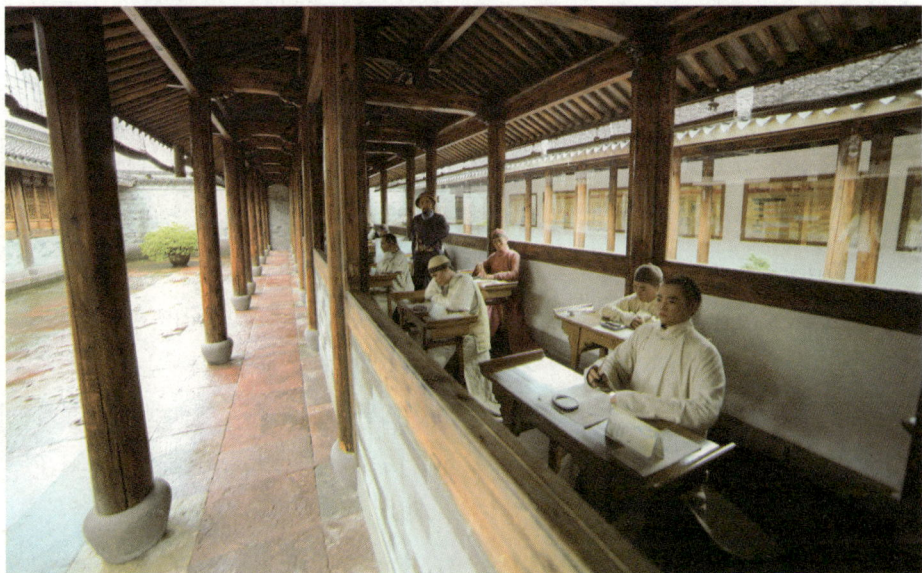

的大道理，就能使人安然地接受其中所说，轻松的语言风格里带着一种孩子间斗气争辩的慧黠。虽然语言平实，但其中讲的句句都不离佛道儒三家的思想主旨。比如《小儿语》的六言绝句诗里有一句：

儿小任情娇惯，大来负了亲心。
费尽千辛万苦，分明养个仇人。
世间第一好事，莫如救难怜贫。
人若不遭天祸，舍施能费几文？

　　《小儿语》是以鲜活随意的语言形式，讲述了诸多做人的道理，用来帮助孩子培养良好的品德。它浓缩了大量的文史知识和道德理论，内容丰富，浅显易懂，作为中华民族优秀文化的经典而传承至今。

　　学术，并不是越晦涩难懂，越故作高深就越是有价值。真正的好学术著作，就该像《小儿语》这样，用平和的语言将大道理深入浅出地讲出来，使人们都能心领神会。不能被发扬传播的学说就是没价值的。从这一点上来说，《小儿语》要比《春秋》《论语》等著作，更有效地弘扬了儒家思想，完成了孔子礼教于天下的夙愿。

阅读链接

　　吕坤和父亲吕得胜为了使儿童诵习有教育意义的儿歌，写了《小儿语》。此后，吕坤觉得意犹未尽，还有话可说，便写了《续小儿语》。此书形式与《小儿语》相同，仍分四言、六言、杂言三个部分。不过内容比《小儿语》更成人化了。

　　《续小儿语》宣传中庸之道，主张做一切事情都不要过分。所叙述的也完全不是儿童之事，而是大人的处世经验和处世哲学。此书把这些经验和哲学灌输于儿童，目的是使他们从小就遵循这些去做事情。

处世语录

处世是一种艺术，更是一种功夫，善处世者，无不注重学习儒家的正身修身思想。在这方面，古人给我们留下了宝贵而丰富的遗产，比如《小窗幽记》《菜根谭》《围炉夜话》《增广贤文》等。

这些关于修养、人生、处世的语录集，在对浇漓世风批判的同时，也阐释了深刻的含义，透露出哲人的光辉。

它们是儒道真理的结晶，是万古不易的教人传世之道，也是旷古稀世的奇珍宝训，对于人的正心修身，养性育德，有不可低估的潜移默化的力量。

涵养心性的《小窗幽记》

明朝时期，江南有一个著名的鱼米之乡，叫作华亭。在华亭的东北部，有一个泖桥村，村名以古桥"泖桥"而得名。明嘉靖时的1558年12月14日这一天，泖桥村有一个孩子出生了，他的父母给他起名叫陈继儒。

陈继儒天资聪颖，4岁即知字学，研习苏轼和米芾的墨宝。5岁在其父陈濂石膝上受书，即能成诵。6岁入小学。9岁从塾师周云汀，受艺文熏陶。10岁时，"毛诗、书、义"已皆通达。13岁，始习时艺，旁及五经、子、史。16岁，知识已相当渊博。

陈继儒着色像

陈继儒21岁参加童子试，华亭邑侯奇大为赏识，取他为第一，入县学。当朝首辅徐阶，亲为延见，陈继儒因讲时习之学，徐阶叹服不止。后来参加科考，以第七名的成绩取得乡试资格。

1580年，陈继儒因家里经济窘困，就馆于王翼明家，与唐文恪、董其昌、力学宪、何士端等切磋艺文。25岁赴南京科考，不第，后来再次科考不第，遂视功名为嚼蜡。

由于科举不第，陈继儒重新审视、规划自己的人生之路，最终决定放弃仕途，走向归隐。在29岁那年，他以惊人之举，来到小昆山，像东晋时的文学大师陶渊明那样，过起了隐居生活。这是对传统价值观进行反叛和颠覆，与仕途决裂。

一般说来，选择做隐士的人或是官场失意，或是故国已亡，在自己的小天地里继续保有一方故土。但陈继儒甚至没有进入官场就选择了永远退出，而且还是在意气风发的年纪。

事实上，考试对陈继儒来说，可以说是在儒家观念下的一种"他我"行为。在一种集体意识的支配下，陈继儒同其他士子一样想通过科举获得功名，实现人生价值。但科场多次失利，使其对科考这一行为产生反思与怀疑，并失去信心，遂视功名为镜中之

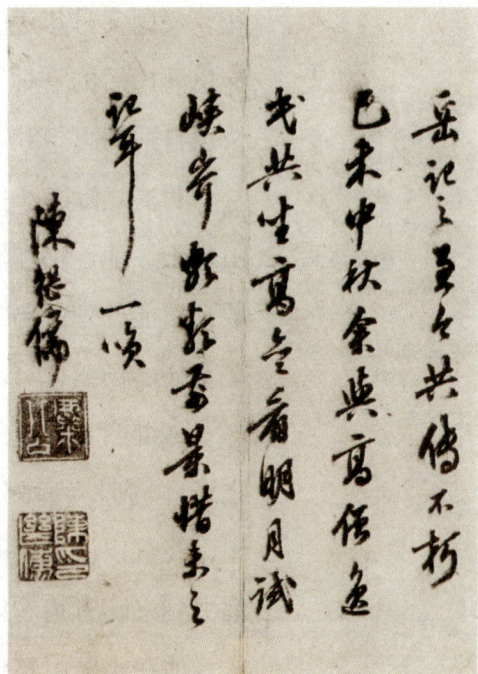

■ 陈继儒书法作品

小昆山 位于松江西北境内，距城区约10千米。小昆山有5000多年人类文明史，现有两处新石器时代古文化遗址，是上海历史文化的重要发源地。人称"先有小昆山，后有松江城，再有上海滩"。小昆山为著名西晋文学家陆机、陆云的故乡，《小窗幽记》作者陈继儒曾在此隐居20年。

徐阶 （1503—1583），字子升，号少湖，明松江府华亭县人。明代名相，嘉靖朝后期至隆庆朝初年任内阁首辅。徐阶的整个政治生涯中的最为人称道的就是他斗倒了权势熏天的严嵩。去世后赠太师衔，谥号文贞。著有《世经堂集》《少湖文集》等。

花。又因父母年迈家庭贫困等原因，故隐居是他经过深思熟虑后的一种"自我"行为，其绝进取之路，求快意自适的思想和心态。

明清之际，小昆山林木翳然。陈继儒结茅于小昆山之阳，他性格随和，善于处世，因深得"圆融"之妙，故能处理好与达官显贵之关系，其先后曾就馆于沈太仆、杨继礼、徐阶、王士骐、项崑虚等家。

陈继儒又因文采出众，也时常为人代笔，收润笔之资。同时又有好友慷慨馈赠山田，故得以构亭筑园，终日以诗文书画自娱其间。在声名隆盛之后，又编书刻书，行情看好，其家境也逐渐殷实起来。就这样，他在小昆山整整隐居了20年。

陈继儒虽归隐，却并非四根清静、放弃社会责任。其归隐是一种朝市之隐，"吾隐市，人迹之市；

■ 陈继儒书画作品《梅石图》

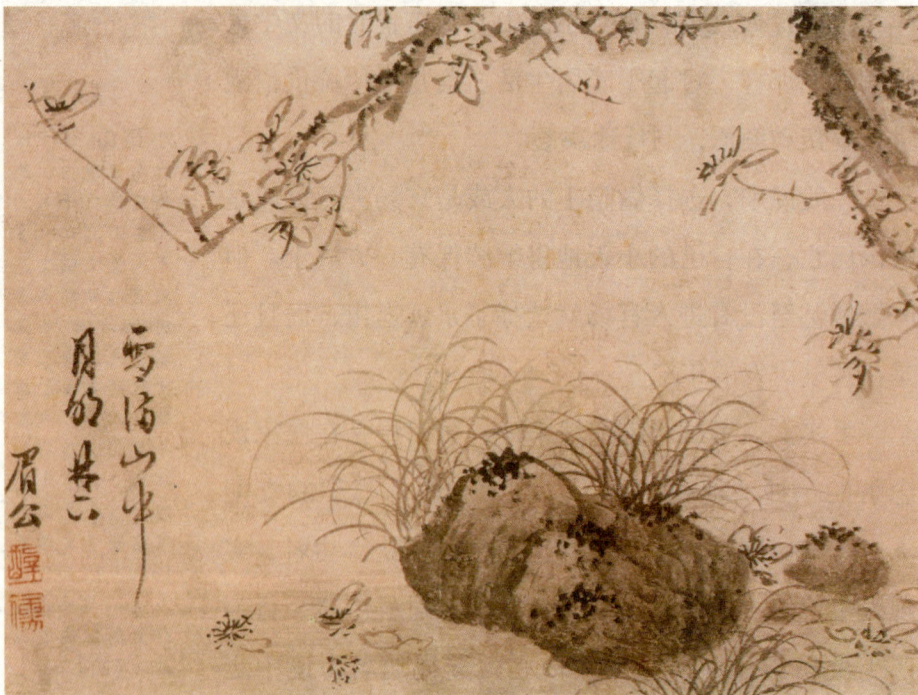

隐山，人迹之山"。归隐后，他依然家事国事天下事事事关心，特别是有关地方旱潦转输等事，其往往慷慨上书官府，洋洋千言，委曲条辨，当事者常常为之动容，最后按其意愿付诸实施。陈继儒也由此被冠以"山中宰相"之名。

陈继儒作为一代山人之首，其仕隐生活及心态颇具典型意义。他曾经和陶渊明一样，在残破的家园里喝过闷酒，欣赏过苍凉的秋景。秋景虽然多了一股苍凉，多了一点野性，但他看到了满地金黄。这种金黄是他用自己的艰辛、苦难创作出来的精神财富与文化成果，《小窗幽记》就是他的文化成果之一。

原来，陈继儒虽远居在山林之中，却渐渐发现自己无法再心安理得地享受闲逸了，即使能眼不见心不烦官场上的纷争，但平常人的苦难他也是看在眼里的。

陈继儒想，自己的一身才华无处展示，即使不能强求世人都舍弃功名利禄，但著书立说教人处世之道的精力还是有的。于是，他回到书房中，将平日里消遣用的书画随手移开，开始撰写。

在书稿将成之日，陈继儒想到自己总是从书房中的窗户内窥到外面的风光景色，院中的落英缤纷，就也想让读这部书的人能和自己一样，可以借着这小小的一扇窗看清一些人世纠纷，因此将此书取名为"小

陈继儒《红梅绿竹》

王士骐 字冏伯。明代太仓人。1582年江南乡试解元，后来登进士，与睢州袁可立、云间董其昌同科。授兵部主事，任至礼部员外郎，有政绩。后署吏部郎中。著作《晋史》《四侯传》，《醉花庵诗选》五卷。赠太仆寺少卿。《明史》中有传附。

窗幽记"。

《小窗幽记》分为醒、情、峭、灵、素、景、韵、奇、绮、豪、法、倩12集，内容主要阐明涵养心性及处世之道，表现了隐逸文人淡泊名利，乐处山林的陶然超脱之情。其文字清雅，格调超拔，论事析理，独中肯綮，为明代清言的代表作之一。

作为一个隐士，陈继儒最关心也最想要强调的事情，就是要让世人从喜爱名利的沼泽中能脱身出来，劝他们放下名利和争端，求得内心的一片安宁。他在《小窗幽记》里说：

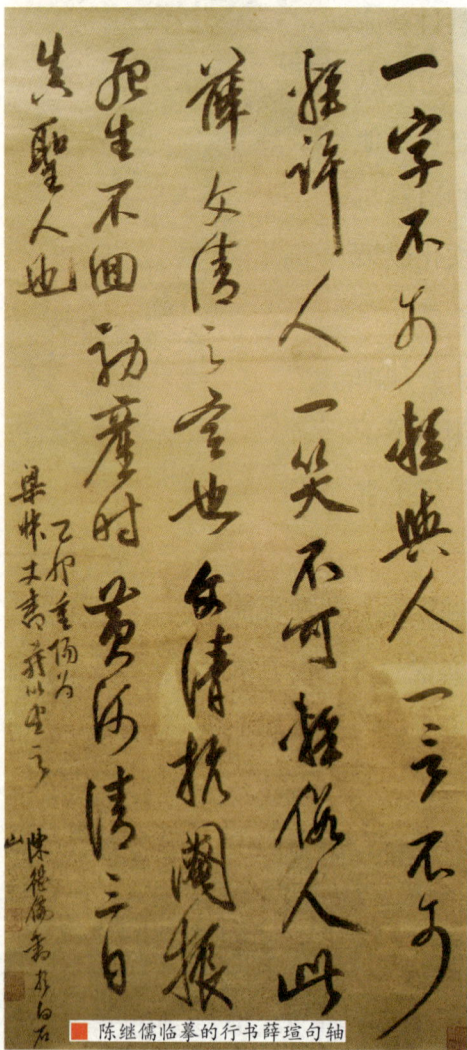
陈继儒临摹的行书薛瑄句轴

贫贱之人，一无所有，及临命终时，脱一厌字。富贵之人，无所不有，及临命终时，带一恋字。脱一厌字，如释重负；带一恋字，如担枷锁。

意思是说，贫穷低贱的人因为一无所有，面对死亡时反而会觉得解脱；应有尽有的富贵者却会在临终前对财富依依不舍。因厌倦而带来的解脱感使人不惧死亡，因贪恋而带来的依依不舍反而会使人虚弱。

陈继儒在《集醒篇》中曾经这样慨叹：饮了中山人狄希酿造的酒，可以一醉千日。如今世人迷于俗情世务，终日追逐声色名利，可说没有一日不在醉乡。

好名的人醉于朝廷官位，好利的人醉于民间财富，豪富的人则醉于妙声、美色、高车、名马。如何才能获得一剂清凉的药，使人服下获得清醒呢？

饮了中山酒，要醉上千日，千日之后，还有醒时。而能使世人昏昏逐逐，一生犹不醒的，无非是以名利作曲、以声色为水，所酿出来的欲望之酒。

这种酒初饮时心已昏醉，不知身在何处。再饮之后因渴而求，求而愈渴，渴而愈求，终至一生性命与之，而不复醒。此时若问"心在何处"？心已失落在名利声色之中；若问"身在何处"？身已追逐幻影而不止歇。

中山酒只能醉人千日，千日之中不能自主；欲望之酒可以醉人一生，一生之中不能自主，但世上很多为此至死而不醒的人。

酒醉的人，只要给他喝下"醒酒汤"就能清醒，然而，在名利声色中沉醉的人，要如何唤醒他呢？有什么样的清凉剂能唤醒心的迷醉？

也许只有清醒人留下的清醒语吧！在醉梦中做的事都是纷乱的、幻影的事，只有醒来才能做一些真实

《渊明醉归图》

狄希　《搜神记》中所记载的古代酿酒师之一。据说狄希会酿造一种"千日酒"，喝了这种酒会醉上千日，曾有人因为喝了狄希没有酿造完的千日酒而昏睡了一千天后才醒来，其间差点被其家人误认为已经过世。

的事，因此，"醒"是第一要务，唯有醒了，生命才可贵，天地宇宙才真实。

陈继儒隐居山中之后，迎接过很多自称为名士的来访者。有的人是真心想与他结交，有的人则是心怀愤懑想与他一吐为快，实际上内心仍然沉醉在功名之中；还有的人，则是为了沽名钓誉，见见他讨个话头罢了。

陈继儒在山中清闲惯了，因此，在来访的人中谁是心静而志同道合的隐士，谁是愤世嫉俗满腔怒火的粗人，谁是只求虚名的市井之徒，他一眼就能分辨出来。由此，陈继儒分享了自己的识人经验：

淡泊清静的操守，必须在声色富贵的场合中才试得出来。镇静安定的志节，要在纷纷扰扰的闹境中考验过才是真功夫。

莲花被人视为纯洁的象征，是因为它出淤泥而不染。一个人心境的淡泊也是如此，真正的恬淡不是未经历过世事的空白，而是经历任何声色豪富的境遇，都能不着于心。

有的人在贫穷中守得住，在富贵中却守不住；有的人在富贵中守得住，在贫穷中却守不住。能够淡泊，就是不贪浓艳之境，而这淡

陈继儒作品《云山幽趣图》

泊之心，有的是从修养中得来，也有的是天性如此。

"定"代表着心如止水般的不动摇。世间是五光十色的，足以诱动心志的事物实在太多，而身处尘世能不动摇的又有几人？大多数人在名利中动摇，在身心的利害中动摇。

常人认为泰山是不动摇的，但泰山崩于前，却不能不动摇。动摇的人是受环境的牵动，环境要他向东，他便不能向西。不动摇的人是不为环境所动的，反之，环境将以他为轴心而转动。在紊乱的环境中能保持安定的心境，才能掌握自己的方向。

■ 陶渊明画像

在陈继儒的来访者中，那些深受虚名困扰、不知该如何取舍的人也有不少，他们哀叹着自己的际遇，抱怨着命运的不公，想要集君子的诸多美德于一身却不知从何做起，想建功立业却又郁郁不得志，想乐善好施却从不被报以恩情。

陈继儒在这些看似苦恼的哀叹中，看到的却是他认为在官场中最可怕的一点，也就是求报偿。自古以来，圣贤们都会异口同声地说，为善的原则就是不能要回报。

做善事却想要被报答，为政清廉却想要受嘉奖，

隐士 特指才华横溢却又不愿做官，隐居山林的知识分子。隐士是我国特有的历史背景下产生的特殊群体，核心内涵就是指宁肯隐居也不做官的人。我国隐士之风最盛行是在魏晋时期，这和当时道家崇尚自然的思想影响有关，也和当时的形势有关。

董其昌（1555—1636），字玄宰，号思白、香光居士，曾居松江。明代书画家。官至南京礼部尚书，卒后谥文敏。擅画山水，师法董源、巨然、黄公望、倪瓒，笔致清秀中和，恬静疏旷；用墨明洁隽朗，温敦淡荡；青绿设色古朴典雅。

乐于助人是为了赢得好名声，这样的心态和不为善的人一样，是不纯净也不仁义的。君子的仁发于本心，不求回馈；君子的善德是为自己修身，不是为求别人感激：

> 市恩不如报德之为厚，要誉不如逃名之为适，矫情不如直节之为真。

给予他人恩惠，不如报答他人的恩德来得厚道。邀取好的名声，不如逃避名声来得自适。故意违背常情以自命清高，不如坦诚做人来得真实。

因此示他人恩惠以取悦对方称为"市恩"，有买卖的意思，"市恩"大部分是怀有目的的，或者是安抚，或者是希冀有所回报，这和买卖并无不同，恩中既无情义，也不足以令人感谢。

但是，无论是"市恩"，或是出于诚意的恩惠，总以回报为上。一个人一生承受他人的恩德不在少数，报之犹恐未及，哪里还能再图他人的恩惠呢？所以，"市恩"不如报德为厚，而最大的报德在于以德

■ 陈继儒书法

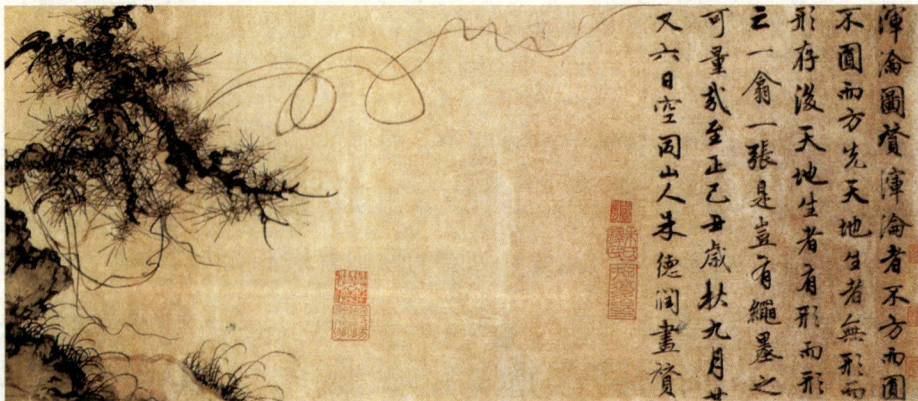

报之，并非在于报惠。

由于《小窗幽记》的作者工书善画，与董其昌齐名，其文读来颇有风致。整部书除了能让人清新美文外，于处世修身，砥砺操守或有启发，与明代洪应明的《菜根谭》和清代王永彬的《围炉夜话》一起并称"处世三大奇书"。

全书始于"醒"，终于"悟"，虽混迹尘中，却高视物外；在对浇漓世风的批判中，透露出哲人式的冷峻，其格言玲珑剔透，短小精美，促人警醒，益人心智。它自问世以来，不胫而走，其蕴藏的文化魅力，正越来越被国人所认识。

陈继儒桃花图轴

阅读链接

明代"四大家"本有沈周、文徵明、董其昌、陈继儒之说，一说沈、文、董、陈为"吴派四大家"，而沈、文、唐、仇原只是被称为"吴门四家"。唐、仇成就的影响却远逊董其昌，董其昌在当时和后世左右了山水画坛的主流发展，陈继儒是董的朋友和同道，其成就并不在董其昌之下，有些成就甚至在董其昌之上。

内阁要臣太仓王锡爵招陈继儒与其子王衡读书。文坛领袖"后七子"之首的王世贞亦雅重陈继儒。三吴名士欲争陈继儒为师友，一时名声大振。

处世思想格言《菜根谭》

明代万历年间，有位学者名叫洪应明。和所有的有志之士一样，洪应明毕生的梦想就是以自己的才学和能力修身治国平天下。可惜，当时的明王朝虽然经济繁荣，思想活跃，但是政权已经呈现颓败之势，民间的奢侈之风盛行，官场也随之腐化。

洪应明画像

洪应明在几次碰壁之后，终于明白想靠走上仕途而报国的心愿是实现不了了。虽然他对国家满腔热血忠心耿耿，但一个王朝的败坏之处靠他一己之力是无论如何都难以撼动的。

被泼了一头冷水的洪应明被迫放弃了自己的梦想。他一改年少时迫不及待跻身官场的热切，变得消极、悲哀。

眼看着国家在慢慢消亡，感觉就和目睹自己的亲人身染重疾却无力医治一样。为了不再忍受这种折磨，洪应明干脆归隐山林，专心礼佛。

从一个踌躇满志的青年才俊转变到一个心如死灰、靠佛经舒缓痛苦的隐士，洪应明心中的感慨和苦衷是可想而知的。但在他内心里，他又是有些隐隐不安于这种"壮士未酬身先死"的无奈和悲哀。

在当时，既不愿意与当权者同流合污，也不愿意违心迎合世俗的社会风气的有志之士并不止洪应明一个人。这些才高八斗的人无法改变现实，就只好靠文字来宣泄自己心中的痛苦。洪应明也在其中，并写出了《菜根谭》来表现隐者的高逸超脱情怀。以"菜根"为本书命名，意谓"人的才智和修养只有经过艰苦磨炼才能获得"。

《菜根谭》是以处世思想为主的格言式小品文集，采用语录体，糅合了儒家的中庸思想，道家的无为思想和释家的出世思想的人生处世哲学的表达，文辞优美，对仗工整，含义深远，耐人寻味。

醉心于佛学的洪应明，对世间的悲喜就看得更加明了。即使是爱，如果太强烈也还是会导致反效果，《菜根谭》中说：

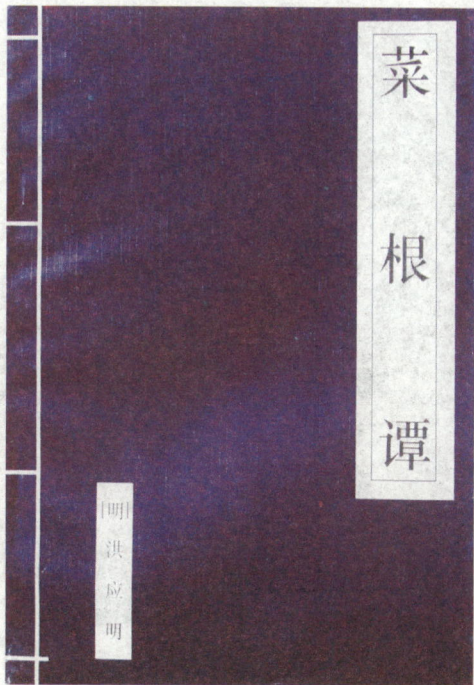

■《菜根谭》古籍

中庸思想 儒家的道德标准，待人接物不偏不倚，调和折中。第一层意义是指人生不偏离，不变换自己的目标和主张；第二层意义指人需要保持中正平和；第三层意义指人要拥有一技之长，做一个有用的人才；又指人要坚守自己的岗位，要在其位谋其职。

■ 《菜根谭》内容体现的修行

千金难结一时之欢，一饭竟致终身之感，盖爱重反为仇，薄极反成喜也。

意思是说，价值千金的重赏或恩惠，有时难以换得一时的欢娱，一顿粗茶淡饭的小小帮助，可能使人一生不忘此事永远心存感激回报之心。

当一个人爱一个人到极点时很可能会翻脸成仇；平常与自己相互不重视或者交情十分淡泊的一些人，在他困难的时候给予一点儿惠助，他就可能对你无限感激，结下交情。

这段话告诉人们，人的感情不是用钱可以买到的，助人就要在对方最急切需要帮助的时候。像韩信那样的人，就会对"一饭之恩"终身不忘。

在生活中，爱恨之事也是常有的，有句古话叫

韩信 （前231—前196），淮阴，即今江苏淮安人，西汉开国功臣，我国历史上杰出的军事家，与萧何、张良并列为"汉初三杰"。后遭刘邦的疑忌，以谋反罪处死。韩信是我国军事思想"谋战派"的代表人物。

"身在福中不知福"，往往被爱包围着的人却不自知，而一点不如意便会反目成仇的例子却很多，爱与恨的反反复复交织在人生的全过程。

> 有一乐境界，就有一不乐的相对待；有一好光景，就有一不好的相乘除。

意思是说，有一个快乐的境界，就有一个不快乐的事物相对应；有一个美好的光景，就有一个不好的风光来抵消。

由此可见，有乐必有苦，有好必有坏，只有平平常常安分守己才是快乐的根本。

洪应明退而隐世，对名声和那些打着隐归山林旗号以博名气的人很是不屑。但他并不是全部否定这种做法，他认为如果时机合适，隐者能够、也应该再度出山，涉足官场：

> 名根未拔者，纵轻千乘甘一瓢，总堕尘情；客气未融

■《菜根谭》内容体现的修行

者，虽泽四海利万世，终为剩技。

意思是说，名利思想没有彻底拔除的人，即使他能轻视富贵荣华而甘愿过清苦的生活，最后仍然无法逃避名利世俗的诱惑；一个受外力影响而不能在内心加以化解的人，即使他的恩泽能广被四海以至遗留万世，其结果仍然算是一种多余的伎俩。

争名夺利之累人所共知，而名利之诱惑确也太大。一个人不铲除名利观念，随时都会有追逐名利的念头产生，不论他如何标榜清高声称退隐林泉，都不过是以退为进的托词。

唐代的进士卢藏用本来功名心很强，可是他很造作，隐居京师附近的终南山，以清高之名而获得朝廷征用。这时，他竟毫不隐讳地指着终南山说："此中大有佳趣！"

其实一个人选择隐世还是出世，都是次要的，关键是要看他的修养，是正气居多还是私心杂念满身，要看他的行为是不是利国利民，才是判断他是否圣贤的要点。

经过刻苦修行的洪应明也不再追求一蹴而就的做事风格，明白了不积跬步无以至千里的道理：

青天白日的节义，自暗室漏屋中培来；旋乾转坤的经纶，自临深履薄处缲出。

青天白日一般光明磊落的人格和节操，是在暗室漏屋的艰苦环境中磨炼出来的；凡是一种足可治国

447

人间正道

处世语录

■ 《菜根谭》内容体现的治国平天下

■《菜根谭》内容
体现的鹬蚌相争图

蜡梅 传说，原来
蜡梅并无芳香。
西周鄢国国君很
喜欢蜡梅花，但
嫌其不香。便下
令花匠限期让梅
花吐香，否则严
惩。在束手无策
时，一位刘姓隐
士带来几枝蜡梅
砧木，帮助嫁接
在黄梅上。到了
寒冬腊月，数九
寒天，百花凋
零，蜡梅花苞发
出了阵阵幽香。
国君龙颜大喜，
花匠得以安保，
鄢陵蜡梅也名扬
四方。

平天下的宏伟策略，是从小心谨慎的做事中磨炼出来的。

俗话说"滴水穿石"，英雄大业不是一蹴而就的，不经一夜寒彻骨，哪有蜡梅扑鼻香，成大功立大业者，都得经过艰苦恶劣环境中的奋斗。

一个有远大志向的人仅仅接受磨难是不够的，因为受磨难和受得了磨难的人很多，却不是每个人都可以成为英雄。他们的事业绝对不是在粗心大意中完成的，都是抱着"如临深渊，如履薄冰"那样战战兢兢的谨慎态度，一点一滴累积起来的。

因此，成大事者都能在胸怀上博大宽厚，光明磊落；在细节上点滴积累，在大事上眼光长远；再加上坚强的意志，完善的人格，高尚的品德，就可以为自己事业的成功奠定厚实的基石。

     人生原是一傀儡，只要根蒂在手一线不乱，卷舒自由，行止在我，一毫不受他人提掇，便超出此场中矣！

    人生本来就像一场木偶戏，只要你能把控制木偶活动的线掌握好，那你的一生就会进退自如，丝毫不受他人或外物的操纵。如果是能做到这些的人，就可以超然置身于尘世之外了。

    做事要注意发现规律，就具体事而言应发现其窍门，得窍则一通百通，就像看病对症下药一样。做人要善于发现优势、特长，看清本质，就可以使自己遇事进退自如，不受他人控制。人贵自知，处世要摆正

木偶 古代叫傀儡、魁儡子、窟儡子。用它来表演的戏剧叫木偶戏。木偶戏是由艺人操作木偶表演故事的一种戏曲形式。我国的木偶戏兴起于汉代，至唐代有了新的发展和提高，能用木偶演出歌舞戏。宋代是我国木偶戏发展的一个重要时期，木偶的制作工艺和操纵技艺进一步成熟。清代以后木偶戏进入全盛时期。

■ 《菜根谭》讲述的邯郸学步图

■ 仇英画《孔子圣
绩图·问礼老聃图》

庄子（约前369—前286），即庄周，是战国时期的思想家、哲学家、文学家，也是道家学说的主要创始人之一。他是老子思想的继承者和发展者，后世将他与老子并称为"老庄"。他们的哲学思想体系，被思想学术界尊为"老庄哲学"。

自己的位置，做事要看是否可行，以做到卷舒自在。

一向尊崇孔孟之道的洪应明劝导人们在处世的同时保有自己的本心，不去犯道德低下的错误：

涉世浅，点染亦浅；历事深，机械亦深。故君子与其练达，不若朴鲁：与其曲谨，不若疏狂。

一个刚踏入社会的人阅历很浅，所以沾染各种社会不良习气的机会也较少；一个饱经世事的人，经历的事情多了，城府也随之加深。所以君子与其处事圆滑，不如保持朴实的个性：与其事事小心谨慎委曲求全，倒不如豁达一些才不会丧失纯真的本性。

他还说，心中假如没有忧虑和杂念，又何必要下内省观察功夫呢？佛教所说的"反观内省"，实际上又增加了修行的障碍；天地万物本来一体，又何必等待人来划一平等呢？庄子所说的"消除物我界限"，等于分割了本来属于一体的物性。

"拿着笤帚不扫地，深怕扫起心上尘"，这句富于禅机的偈语，是说人心本来清净，可用扫帚一扫，虽说目的是在扫除尘埃，反倒会把心中的尘土给扫起来。佛家的"观人"，庄子的"齐物"，原来都是为了说明心空物一之理。

六祖慧能禅题就曾说："菩提本无树，明镜亦非台；本来无一物，何处惹尘埃？"一尘不染，也就是像佛僧应有的四大皆空。以佛理来喻人事是同样的道理。假如一个人本性善良，就不应邯郸学步，而应从其他方面锻炼自己，保持品性，加强修养。而一个涉世不深的人，有许多纯真的品德，关键是保持下去，而不是为学习、为修养自己却丢掉本质上好的东西而拣来世俗的恶习。

《菜根谭》采儒、佛、道三家之精髓，以心学、禅学为核心，拥有修身、齐家、治国、平天下等大道；融处世哲学、生活艺术、审美情趣于一体；它似语录，却拥有语录所没有的趣味；它似随笔，却拥有随笔所不及的整饬。

《菜根谭》是一部文辞优美、含义深邃的读物，更是一部陶冶人之情操、磨炼人之意志、催人奋发向上的文学作品。"咬得菜根者则百事可为"，《菜根谭》以众多富含哲理的名言警句教予世人出世入世之法则及为人处世之道，引人入胜，耐人寻味。

阅读链接

《菜根谭》书名又作"菜根谈"，书名的由来历来说法不一。有人以为典出"性定菜根香"，所谓"夫菜根，弃物也，而其香非性定者莫知"；也有人说《菜根谭》的意思来源是一句俗语："人能咬得菜根，则百事可做。"

《菜根谭》作者洪应明的友人于孔兼在"题词"中则称："谭以菜根名，固自清苦历练中来，亦自栽培浇灌里得，其颠颠风云、备尝险阻可想矣。"于孔兼的这个说法，应该是最有说服力的。

文学品评《围炉夜话》

清乾隆时的1792年的一天，湖北宜都的一个人家里，一个男孩儿出生了。孩子的父亲希望孩子能终生以礼教和进学为信念，就从《史记·太史公自序》中那一句"叔孙通定礼仪，则文学彬彬稍进"中取字，给儿子命名为王永彬。

王永彬画像

说起来，王永彬的祖先是南宋时的主战派学士王刚中，王刚中为官清廉，力主战守，反对议和，曾奏明"开屯田，省浮费，选将帅，汰冗兵"等四事，尽忠职守。升任宰相以后，更是为朝廷殚精竭虑，尽其所为。

家族的传统具有奇妙的力量，百年之后，王永彬继承了先祖刚直的硬脾气，虽然有才学却不喜功名，当上修职郎之后，他执拗地要求学生以修身为主，反而对科考不太上心。

古今以来研究儒家大义的人也不少，但不会有任何一个人能比得上王永彬的投入。王永彬时时刻刻以儒家的君子标准约束自己，然后谆谆教导学生们。甚至在有人犯了过错时，他也是一遍一遍苦口婆心地对其讲明道理。

当时的其他人只当他是书呆子，但是他们渐渐看出来，王永彬是真的对圣贤之理全心投入，甚至在和朋友谈及古今忠义之事的时候，还会激动到痛哭流涕。

■ 清代官员蜡像

当一个正直忠诚的臣民在谈起孝义而流泪时，基本上就可以推断出当时的社会风气并不是那么高尚了。实际上，王永彬经历了清乾隆、嘉庆、道光、咸丰、同治五朝，见证了历史为世人留下的道道痕迹。

在这五个王朝中，有盛景之时，也有颓败之日，但王永彬只一心研读经书，像是一心想回到令他心仪不已的古代去。他一生涉猎广泛，在著述授业之余，经史诸子书法医学都有研究，还喜爱吟诗，与高安周柳溪、彝陵罗梦生结诗社，号吟坛三友。

志同道合的朋友和先贤们的智慧冲淡了王永彬的孤寂之感。虽说君主在他眼中还是不甚贤明的，学生们在他眼中也还是需要多规劝的，世风日下还是会让他感慨不已，但经书上字字分明的语句和身旁的有志

乾隆（1736—1796），清高宗爱新觉罗·弘历的年号，亦代指乾隆皇帝。乾隆帝是清王朝第六位皇帝，定都北京后的第四位皇帝。他25岁登基，在位60年，退位后当了3年太上皇，是我国历史上执政时间最长、年寿最高的皇帝。乾隆帝对发展清朝"康乾盛世"局面做出了重要贡献，为一代有为之君。

之士，提醒着他心中那片"桃花源"的存在。

　　感慨之下，王永彬和千古以来无数文人一样，决定留下一本著作来阐述自己的思想，把自己心中的忠孝礼义传给后人。

　　先贤们的思想和智慧融在了王永彬的骨血里。当他痛哭流涕时，似乎能感受到孔子当年问道时迷惘又绝望的心情；当他独立松林中时，似乎也能体会苏轼下笔"千里孤坟，无处话凄凉"时内心的孤寂伤感。

　　既然他们感染了自己，那为什么自己不能去多感染其他人呢？王永彬打定主意，开始提笔。但是书应该叫什么才好呢？

　　适合分享的当然是朋友。瞬间，王永彬回忆起了他和那帮老友把酒言欢、冬天围炉调侃的情景。在寒冷的冬夜，围着暖暖的火炉，和知己谈古论今，调侃心中所想，是多么惬意的事啊！主意已定，王永彬提

■《清代簪花图》

■ 清代《教子采桑图》

笔就开始写下书名"围炉夜话"。

这样一个虚拟的冬日拥着火炉，至交好友畅谈的情境，使《围炉夜话》语言亲切、自然、易读，并由于其独到的见解使它在文学史上占有重要地位。

《围炉夜话》分为221则，以"安身立业"为总话题，分别从道德、修身、读书、安贫乐道、教子、忠孝、勤俭等十个方面，揭示了"立德、立功、立言"皆以"立业"为本的深刻含义。

王永彬是个教谕，负责教导生员。自然，他对人的教育问题很是上心。他认为，教育孩子要从幼年时抓起，要教导他们有正直、宽容、光明磊落的气概和度量；在平常生活中，多省察自己的思想和行为，不能没有勤恳自警忧患磨砺的思想修养。

生员 唐国学及州、县学规定学生员额，故而称生员。明、清指经本省各级考试入府、州、县学者，通名生员，习称秀才，亦称诸生。生员常受本地教官及学政监督考核，名目分廪膳生、增广生、附生。

圣贤书 出自文天祥《自赞铭》，全文是："孔曰成仁，孟曰取义，唯其义尽，所以仁至。读圣贤书，所学何事？而今而后，庶几无愧！"圣贤书指的是孔子、孟子及其后人编纂的书，略指四书五经，是智者取之不尽、用之不竭的精神宝藏。

但是光懂理论也是不行的，否则就成了叶公好龙似的装模作样和名不副实。正如他所说：与朋友们的交流来往，一定要注意观察朋友们的优点和长处，将他们各方面突出的地方加以学习，这样才能从与朋友的交流中得到益处。对古代圣贤先哲们的教导，一定要在平时遵照去实行，才算是读好了圣贤书。

在王永彬教导过的学生中，他看见过太多的天资聪颖的人因为懈怠而失掉大好前途，也目睹过太多本来堪称是朽木脑袋的人因为勤奋而争得光明未来。勤学苦练的作用，实在是不可小觑。

他说："贫无可奈唯求俭，拙亦何妨只要勤。"贫困到了无法避免的时候，那也只有依靠节俭来度过困境；禀赋上比较拙朴没有什么关系，只要肯勤奋学习，仍然可以弥补不足。

■ 古人科考蜡像

■ 古人著书雕塑

　　为人处世，要多从他人的角度考虑，看看是否会因自己的方便而使人不便；读书学习，却一定要自己切实地下死功夫，因为学问是自己的，别人不能代替。

　　一信字是立身之本，所以人不可无也；
　　一恕字是接物之要，所以终身可行也。

　　"信"字是一个人在世上立身的根本，所以做人不能没有信用；"恕"字是一个人待人接物的最重要的品德，所以人的一生都应该始终奉行。

　　王永彬虽然不是高调的隐者，但对钱财的看法和无数隐士一样，认为不必贪财，也不必为一逞口舌之快而抢白或刁难别人。

　　王永彬虽然心仪古代圣贤的风姿，却没有痴傻到以为世人皆善。他主张对不同的人要有不同的姿态：

苏秦（前337—前284），字季子，战国时期著名的纵横家，与张仪齐名。相传为鬼谷子徒弟。他以一己之力促成山东六国合纵，使强秦不敢出函谷关15年，又配六国相印，叱咤风云。后世敬仰其成就，以"苏秦背剑"来命名武术定式，十分形象，通俗易懂，更取其纵横捭阖之意。

人皆欲会说话，苏秦乃因会说而杀身；

人皆欲多积财，石崇乃因多积财而丧命。

人人都希望自己善于言谈，但是战国时代的纵横家苏秦虽然凭着三寸不烂之舌而挂六国相印，终因口才太好，而被齐大夫派人暗杀；每个人都希望能够积累巨额财富，然而晋代的石崇虽然富可敌国，却因为财富太多，才会在暴乱中被杀而亡。

作为一个知识分子，王永彬生活在晚清风云突变的时代，大清帝国由康乾时期的强盛走向了衰落，清政府也正处于内外交困的局面。另外，当时的太平天国运动如火如荼，占据了江南大部分地区，并且派兵北伐。

面对这种危亡的局势，当时的朝廷自上而下却因循守旧，不思变革，致使国势日蹙。众多士大夫为之

战国　指公元前475年至公元前221年这段时间，是我国古代重要的历史时期之一，其主体时间线处于东周末期。战国承春秋乱世，启帝秦发端，中续百家争鸣的文化潮流等涌现出了大量为后世传诵的典故。

■ 清代家庭教育

■ 清代科举考试

忧心忡忡，空有壮志却无力回天，王永彬就是其中的一个代表人物。

王永彬一方面清醒地认识到风雨飘摇的大清帝国已是积弊重重，千疮百孔，对于官场的积弊更是认识深刻，他对贪官污吏深恶痛绝，并予以无情的鞭挞。同时，他对社会上的流弊进行揭露：

风俗日趋于奢淫，靡所底止，安得有敦古朴之君子，力挽江河；人心日丧其廉耻，渐至消亡，安得有讲名节之大人，光争日月。

他认为这种礼崩乐坏、世风日下的局面是由于人们的道德沦丧所引起的："门户之衰，总由于子孙之骄惰；风俗之坏，多起于富贵之奢淫。"

礼崩乐坏 我国古代政治名词，描述的是东周时期典章制度逐渐被废弃的现象。在春秋中后期，由于生产力的发展导致在经济基础、上层建筑领域出现了与周礼要求不相融的局面，势力强大的诸侯开始变王田为私田，变分封制为郡县制，政权不断下移，这些都反映了周代社会正走向解体。

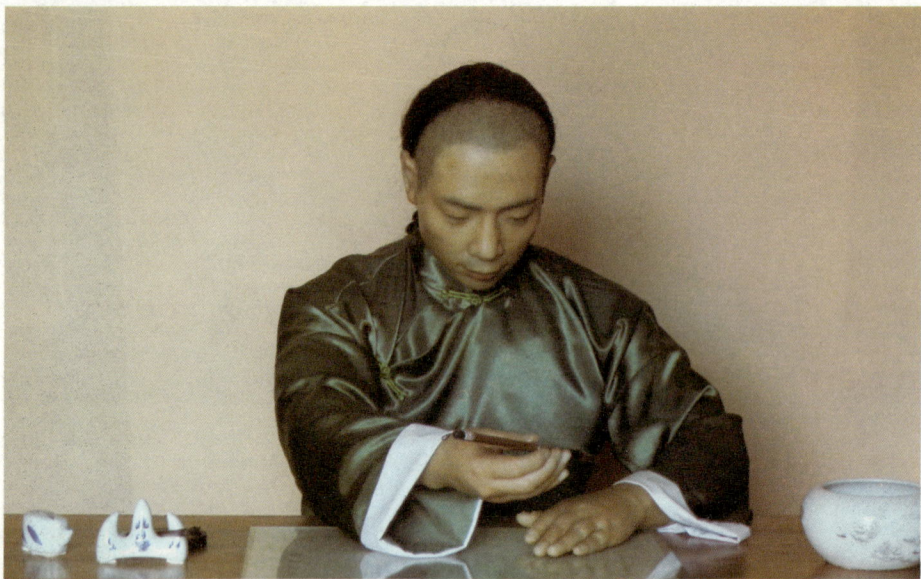

■ 清代士子蜡像

崇文重教的蔚然民风

王永彬试图为挽救时局寻找出一个可行的良方，他认为只有重建道德秩序才能挽救涣散的人心，并寄希望于那些清正的官员和道德高尚的君子能为子孙和其他人起到表率作用，改变这种世风日下、道德沦丧的局面。如他在书中言：

> 孝子忠臣，是天地正气所钟，鬼神亦为之呵护；圣经贤传，乃古今命脉所系，人物悉赖以裁成。

同时，王永彬提醒人们不能耽于一时之安逸，心存侥幸，要善于居安思危，发愤图强。他在《围炉夜话》中以儒家的道德伦理为根基，从人生的诸多方面阐发了道德重建和挽回世道人心的方法和途径。

王永彬劝诫人们要遵循儒家的道德规范，有所作为，"君子以名教为乐，岂如嵇阮之逾闲；圣人以悲

仁 儒家理论的核心，仁就是去爱别人、帮助别人、体恤别人，"仁"还有"忠恕"的意思，就是说好事要与别人分享，不可独占，坏事不可强加于人。"仁"还有"克己"的意思，就是说，一个人不能私心、欲望膨胀，不择手段。"仁者爱人"，强调要善待人、友爱人。

悯为心，不取沮溺之忘世"；他认为儒家的仁厚是治国之本，能纠正世上的轻浮不实之风气，"治术必本儒术者，念念皆仁厚也"。

王永彬教育世人要学习儒家的思想精髓，不能只学其皮毛和外表的形式。他要求人们要有高尚的道德情操，以修身养性、行善积德为务。

王永彬在《围炉夜话》中特别重视读书治学，立志成才。他除了阐释读书和治学的一些方法外，特别强调学者要以道德为根基，读书和治学要经世致用。

在立志方面，王永彬希望世人早立志以成才："人生光阴易逝，要早定一成器日期。"强调人要有远大的志向和理想，同时不能志大才疏，这样才能有所作为。

身处忧患之境，更应立志图强，才能再次振兴，如果一味因循，就必然趋于消亡，这对于势家大族及

嵇阮 我国三国魏文学家嵇康和阮籍的合称。二人在政治方面都不与魏国当权者合作。嵇康为"竹林七贤"的精神领袖，通晓音律，尤爱弹琴，著有音乐理论著作《琴赋》和《声无哀乐论》。阮籍是竹林七贤之一，崇奉老庄之学，政治上则采谨慎避祸的态度。在文学创作方面上，二人继承了建安文学的传统，形成了洒脱、浑朴、含蓄的风格。

461

人间正道

处世语录

■ 古代教育机构

清代学堂

朝政来说尤为关键："常人突遭祸患，可决其再兴，心动于警励也；大家渐及消亡，难期其复振，势成于因循也。"其所见颇为深刻，发人深省。

王永彬对政治有着敏锐的洞察力和强烈的使命感，除了对官场的积弊深有感触和忧心外，他希望朝廷能改良政治，革新吏治，不能因循守旧。

同时，他非常重视官员的道德素质和执政能力，颇具真知灼见。比如他曾反问那些想踏入仕途的人："人皆欲贵也，请问一官到手，怎样施行？"

王永彬希望为官者要有气节，正直无私，勤于职守。官员应有忧国忧民的博大胸怀和思想境界，并勇于任事，身体力行，还要善于集思广益，吸收众人的智慧，才能避免因失误而造成严重的后果。

即使身处下位或尚未发达之时，也要以儒家的高尚心志相期许，静待为国出力的时机："抚心希古，藏器待时"；同时他希望朝廷官员能广招人才为国家出力："宾入幕中，皆沥胆披肝之士；客登座上，无焦头烂额之人。"

王永彬还用吃饭的筷子比喻用人之道："进食需箸，而箸亦只悉随其操纵所使，于此可悟用人之方。"希望统治者要善用人才，让人才有其用武之地，才能多为国家出力。

王永彬还特别重视青少年的教育和培养，他认为一个人能否成长为一个德行兼备的人才，家长在其中能起到非常重要的作用。

对于如何教育孩子，王永彬提出了几条可行的方法，如他认为家长要以身作则，给孩子树立一个好的榜样，才可能教育好孩子：

父兄有善行，子弟学之或不肖；父兄有恶行，子弟学之则无不肖；可知父兄教子弟，必正其身以率之，无庸徒事言词也。

■ 古代家学教育

王永彬尤其强调家长要善于从小抓起，悉心教导自己的孩子，因为这个时期的孩子的可塑性很强，如果这个时期家长过于放纵孩子的话，等其养成不良习性后，就很难改正了。

对于已染成劣习的孩子，也要尽力使其有自新之路："教子弟于幼时，便当有正大光明之气象。"王永彬还告诫人们教育孩子要从严要求，不能姑息。

对于孩子的培养，王永彬认为家长应注重教育和培养孩子良好的品性，这才是成才之根基。他告诫人们教育孩子尤其不能只崇尚金钱和追求安逸，否则容易使孩子养成不良习性，甚至品行败坏。

王永彬这种重视教育从青少年抓起的见解，不仅是挽救世道人心的一种可行的途径，还有十分重要的借鉴意义。因为孩子是一个家庭和国家的未来，只有将孩子从小教育和培养成一个德行兼优的人才，才能造福社会，国家才有前途。

宋代私塾拜师蜡像

除此以外，王永彬还对修身养性、勤俭持家、交友处友、为人处世等方面也进行了阐释，从书中可以看出他对人情世态洞察入里，见微知著，提出了许多有益的见解，处处显耀着智慧的光芒。

王永彬可谓是晚清时期的一个颇有良知的知识分子，他忧国忧民，对在当时的纷乱局势下，朝廷上下因循守旧、吏治腐败深感痛心，对道德沦丧的局面忧心忡忡，他试图唤醒

世人的良知，改变这种末世衰败的状况，《围炉夜话》体现出他的这种强烈的历史责任感。

王永彬身上也体现着儒家的"修身、齐家、治国平天下"的崇高思想境界和道德情操。书中的劝世之语，生动活泼，而且颇具哲理性，振聋发聩，令人有顿开茅塞之感，对今人具有重要的借鉴意义和参考价值。

阅读链接

王永彬一生勤于著述，有《历代帝统年表》《先正格言集句》《朱子治家格言》《六书辨略》《音义辨略》《禊帖集字楹联》《孝经衬解》《围炉夜话》各一卷，合称《桥西山馆杂著八种》。另有《讲学录》《说古韵言》等。

其中的《围炉夜话》正如其名，疲倦地送走喧嚣的白昼，炉边围坐，会顿感世界原来是这样的宁静。在如此宁静而温暖的氛围下，白昼里浊浊红尘嘈杂的种种烦闷，会不自觉地升华为对生活、对生命的洞然。

民间智慧《增广贤文》

《增广贤文》是我国明代时期编写的儿童启蒙书目。又名"昔时贤文""古今贤文"。书名最早见之于明代万历年间的戏曲《牡丹亭》，据此可推知此书最迟写成于明万历年间。

清代人物

《增广贤文》集结了从古到今的各种格言、谚语。后来，经过明清两代文人的不断增补而成。此书的作者一直未见任何书载，应该是民间创作的结晶。

《增广贤文》从表面上看似乎杂乱无章，但只要认真通读全书，不难发现有其内在的逻辑。

该书对人性的认识以及"性本恶"为前提，以冷峻的目光洞察社会人生、亲情被金钱污染。

比如："贫居闹市无人问，富在深山

有远亲"；友情只是一句谎言，"有酒有肉多兄弟，急难何曾见一人"；尊卑由金钱来决定，"不信但看筵中酒，杯杯先敬有钱人"。

法律和正义为金钱所操纵，比如："衙门八字开，有理无钱莫进来"；人性被利益扭曲，"山中有直树，世上无直人"；世故导致人心叵测，"画虎画皮难画骨，知人知面不知心"；人言善恶难辨，"入山不怕伤人虎，只怕人情两面刀"。

《增广贤文》把社会诸多方面的阴暗现象高度地概括起来，冷冰冰地陈列在人们面前，其中的绝大多数句子都来自"经史子集"、诗词曲赋、戏剧小说以及文人杂记，其思想观念都直接或间接地来自儒释道各家经典。

■ 清代叩拜之礼

衙门 又称六扇门，是我国古代官吏工作的官僚机关。衙门是由"牙门"转化而来的，牙门中的"牙"指的是猛兽的利牙。我国古时常用野兽的牙来象征武力，因此"牙门"是古代军事用语，是军旅营门的别称。

■ 清人家庭处事图

崇文重教的蔚然民风

典故 原指旧制、旧例，也是汉代掌管礼乐制度等史实者的官名。后来一种常见的意义是指关于历史人物、典章制度等的故事或传说。典故这个名称由来已久。最早可追溯到汉朝，《后汉书·东平宪王苍传》中记载："亲屈至尊，降礼下臣，每赐宴见，辄兴席改容，中宫亲拜，事过典故。"

从广义上来说，《增广贤文》和戏曲相似，是雅俗共赏的"经"的普及本，不需讲解就能读懂，同样能领会到经文的思想观念和人生智慧。除此之外，《增广贤文》还是谚语的选集。

《增广贤文》的内容大致有这样几个方面：一是谈人及人际关系；二是谈命运；三是谈如何处世；四是表达对读书的看法。

在《增广贤文》描述的世界里，人是虚伪的，人们为了一己之私变化无常，嫌贫爱富，趋炎附势，从而使世界布满了陷阱和危机。文中有很多强调命运和报应的内容，认为人的一切都是命运安排的，人应行善，才会有好的际遇。这些内容有其消极的一面，但它倡导行善做好事，则是值得肯定的。

《增广贤文》有大量篇幅叙述如何待人接物，这部分内容是全文的核心。文中对忍让多有描述，认为忍让是消除烦恼祸患的方法。在主张自我保护、谨慎忍让的同时，也强调人的主观能动性，认为这是做事的原则。其中不乏劝人向善之语，如"害人之心不可有，防人之心不可无"。

《增广贤文》虽以道家思想为主，但对儒家的说教并不排斥。文中强调了读书的重要、孝义的可贵。这些观点体现了正统的儒家精神，与全书所弥漫的道家思想有所不合。但也正是由于这种庞杂，不同思想的人都可以从中看到自己认可的格言，使之具有了广泛的代表性。

《增广贤文》以汉语韵律的谚语和文献佳句选编而成，其内容十分广泛，从礼仪道德、典章制度到风物典故、天文地理，几乎无所不含，而又语句通顺、易懂，但中心是讲人生哲学、处世之道。

《增广贤文》中的一些谚语、俗语，反映了中华

韵律 即平仄和押韵规范。诗词创作要重视艺术性，并重几个方面，其中之一是韵律，要讲究字词的搭配、音调的和谐，在这些方面，古人有许多精辟的论述，常见有《诗品》《词品》《曲品》等著作。

■ 清代大家庭

清代儿童教育塑像

民族千百年来形成的勤劳朴实、吃苦耐劳的优良传统，成为宝贵的精神财富，如"一年之计在于春，一日之计在于晨"等。

一些谚语、俗语总结了千百年来人们同自然斗争的经验，成为简明生动的哲理式的科学知识，如"近水知鱼性，近山知鸟音""近水楼台先得月，向阳花木早逢春"等。

书中还有许多关于社会、人生方面的内容，经过人世沧桑的千锤百炼，成为警世喻人的格言，如"良药苦口利于病，忠言逆耳利于行""善有善报，恶有恶报""乐不可极，乐极生悲"等。

一定的文化是一定的社会政治经济在观念形态上的反映，《增广贤文》也不例外。由于时代和历史的局限，必然打上那个时代的印记。因此在阅读时要明察扬弃，批判地继承，吸取其有营养的成分，古为今用。

阅读链接

《增广贤文》中有一句"有心栽花花不开，无心插柳柳成荫"，是告诉人应该目光远大，这与"塞翁失马"的故事是一个道理。

古代有个精通术数的人叫塞翁，他的马跑到了胡人的领地。人们都来安慰他，他说："这也许是好事。"过了几个月，他的马带领着胡人的骏马回来了。人们都来祝贺他，他又说："这也许是坏事。"后来，塞翁的儿子在骑马时摔骨折了。后来胡人入侵长城一带，他的儿子因为腿伤的缘故，没有被征去打仗，父子俩的性命得以保全。